……にあたって

　本書は，銀行業務検定試験「年金アドバイザー3級」（CBT方式を含む）の受験参考書として刊行されたものです。過去の試験問題については『年金アドバイザー3級問題解説集』（銀行業務検定協会編）に収録されておりますが，本書は試験問題を解くための必要知識について要点を解説し，試験合格に向けてのサポート役として活用していただくことを第一義に編集しています。

　公的年金は老後の収入の柱となるものであるため，本格的な少子高齢社会を迎えたわが国の国民の関心はますます高まり，シルバーステージにとって重要なものとなっています。

　年金制度は近年数次にわたって大幅な改正が行われ，金融機関では顧客から年金に関する相談や照会を受ける機会が増えています。これらに適切かつ親身になって対応することが，個人取引，なかでも特にその重要性が指摘されているシルバー層との取引推進において大きなポイントとなることは確実です。

　本書は，数次にわたる年金制度の改正点等にも触れてわかりやすく整理し，実務的・実用的に解説していますので，実務の手引書としても役立つ内容になっています。

　本書を『年金アドバイザー3級問題解説集』と併せて有効に活用し，銀行業務検定試験「年金アドバイザー3級」に合格され，日常の業務活動により一層邁進されることを祈念してやみません。

2024年6月

経済法令研究会

目　次

第3編 障害給付

第4編 遺族給付

第 5 編　その他の年金

資 料 編

本書の利用のしかた

　本書は，銀行業務検定試験「年金アドバイザー3級」受験(CBT方式を含む)のための受験参考書です。

　本試験問題は五答択一式50問となっていますが，出題範囲および各問題数は「わが国の社会保険制度とその仕組み」「年金制度とその仕組み」「年金給付の種類と支給要件」「企業年金・個人年金の仕組みの要点」「年金請求手続と年金受給者の手続」「その他」の中から，〔基本知識〕が30問，〔技能・応用〕として事例付10事例20問です。

　本書各編でとりあげる項目（テーマ）は，過去の試験問題で出題され，その頻度の高いものを精選していますので，必ず一度は目を通し理解するまで読まれることをおすすめします。

　なお，本書には次の特長を設けています。

〈巻頭　出題項目一覧〉直近4回試験の出題テーマを一覧にしています。

〈本文　直近4回試験の出題頻度〉直近の出題傾向を5つ星で表しています。頻度が高いものほど★マークが多くなっています。

〈本文　学習のポイント（吹き出し）〉要点整理や理解を深めるためのポイントを記載しています。

〈本文　理解度チェック〉本文の内容の理解度をはかるために設けています。問題を解きながら要点を押さえましょう。

〈側注　関連過去問題〉銀行業務検定試験で過去に実際に出題され，本文に関連する問題の出題年と問題番号を掲載しています。

〈側注　重要用語〉本文を理解するうえで押さえておきたい用語をピックアップして，一部には解説を加えているものもあります。

〈側注　補足〉本文の説明を補足する内容またはポイント等をまとめています。主に理解を深めるために役立つものを扱っています。

〈側注　参照〉その箇所が他の編にも関連している場合に，参照として付記しています。また，本文の参考となる文献や出典についても付記しています。

〈側注　注意〉とくに留意すべき点をまとめています。

〈巻末　重要用語索引〉重要用語（上記参照）を索引で引くことができます。

　本書を読まれ内容につき理解されましたら，過去の試験問題にチャレンジしてみましょう。そのためには，別に刊行されている『年金アドバイザー3級問題解説集』

（銀行業務検定協会編）を利用されることをおすすめします。実際の問題を解いてみて，誤ったところは再度本書で確かめてください。その繰返しの学習により理解は一層深まるでしょう。

▶ **わが国の社会保険制度とその仕組み**

1　一般関連知識（公的年金制度に関わる事項）

　①わが国の人口動向（平均寿命や65歳の平均余命，合計特殊出生率，高齢化率等），②高齢者世帯の状況（所得等），③公的年金の現況（社会保障給付費や公的年金の積立金等）　等

2　社会保険制度の概要等

　①公的年金制度の概要および沿革，②医療保険制度・介護保険制度，③最近の年金法改正の内容　等

▶ **年金制度とその仕組み**

1　国民年金

　①被保険者，②資格の取得・喪失と被保険者期間，③保険料（保険料免除制度と学生納付特例制度および追納制度等）　等

2　厚生年金保険

　①適用事業所，②被保険者，③資格の取得・喪失，被保険者期間，④保険料（率），⑤標準報酬月額・標準賞与額，⑥総報酬制，⑦育児休業・産前産後休業期間中の保険料免除，⑧被用者年金制度の一元化　等

▶ **年金給付の種類と支給要件**

1　年金の通則事項

　①国民年金・厚生年金保険の年金給付，②年金額の改定（マクロ経済スライド等），③公的年金の給付（支払期間や支払期月を含む），④年金の支給停止と受給権の消滅　等

2　老齢基礎年金・付加年金

　①受給資格期間と支給開始年齢，②保険料納付済期間・保険料免除期間，③合算対象期間，④年金額（計算），⑤繰上げ・繰下げ支給，⑥振替加算　等

3　老齢厚生年金

　①特別支給の老齢厚生年金，②年金額（計算・算式），③加給年金額，④支給開始年齢の引上げ，⑤在職老齢年金，⑥繰下げ支給，⑦老齢基礎年金の一部・全

部繰上げ，⑧経過的な繰上げ支給の老齢厚生年金，⑨65歳からの老齢厚生年金・経過的加算の額　等

4　障害基礎年金・障害厚生年金・障害手当金
①受給要件，②保険料納付要件，③年金額（計算・算式），④加給年金額と子の加算額　等

5　遺族基礎年金・遺族厚生年金
①受給要件，②保険料納付要件，③遺族の範囲，④年金額（計算・算式）・子の加算額，⑤中高齢寡婦加算と経過的寡婦加算　等

6　年金給付の併給調整等
①年金（給付）の併給調整，②雇用保険の失業給付（基本手当，高年齢求職者給付金）・高年齢雇用継続給付および年金との併給調整，③退職後の医療保険制度（協会けんぽ，国民健康保険，任意継続被保険者等）　等

7　その他の給付
①国民年金の寡婦年金・死亡一時金，②短期在留外国人に対する脱退一時金，③未支給年金，④年金生活者支援給付金　等

▶ 企業年金・個人年金の仕組みの要点
①国民年金基金，②厚生年金基金，③確定給付企業年金，④確定拠出年金，⑤個人年金保険　等

▶ 年金請求手続と年金受給者の手続
①年金請求手続と添付書類・提出時期・提出先，②年金受給権者　受取機関変更届，③65歳到達時の年金請求（諸変更裁定請求・ハガキ形式）　等

▶ その他
①年金の税制（社会保険料控除，雑所得の金額，税額計算等），②公的年金等の扶養親族等申告書，③退職一時金にかかる退職所得金額（計算），退職所得控除額（計算），④ねんきん定期便，⑤ねんきんネット，⑥最近の年金法等の改正等，⑦社会保障協定，⑧離婚時の厚生年金の分割制度　等

分野		出題項目	2024年3月(第157回)	2023年10月(第156回)	2023年3月(第154回)	2022年10月(第153回)
公的年金制度とその仕組み	一般関連知識	わが国の最近の人口動向等	○	○	○	○
		わが国の公的年金制度の現況	○	○		○
		わが国の公的年金制度の沿革			○	
		医療保険制度等	○	○	○	○
	国民年金	国民年金の被保険者	○	○	○	○
		国民年金の第１号被保険者の保険料	○	○	○	○
		国民年金の保険料免除制度	○	○	○	○
	厚生年金保険	厚生年金保険の被保険者	○	○	○	○
		厚生年金保険の標準報酬月額・標準賞与額	○	○	○	○
		厚生年金保険の保険料（率）	○	○	○	○
		厚生年金保険・国民年金の受給権	○			
公的年金給付の種類と支給要件	保険給付の概要	公的年金の被保険者の資格取得・喪失・被保険者期間	○	○	○	○
		公的年金の年金額改定の対象			○	○
		令和５年度の年金額等		○		
	老齢給付	老齢基礎年金	○	○	○	○
		老齢基礎年金の合算対象期間（等）				
		老齢基礎年金の振替加算	○	○	○	○
		老齢厚生年金の加給年金額	○	○	○	○
		特別支給の老齢厚生年金	○	○	○	○
		65歳以上の在職老齢年金			○	○
		特例的な繰下げみなし増額制度	○	○		
	障害給付	障害基礎年金	○	○	○	○
		障害厚生年金	○	○	○	○
	遺族給付	遺族基礎年金	○	○	○	○
		遺族厚生年金	○	○	○	○
		遺族厚生年金の中高齢寡婦加算	○	○	○	○
		寡婦年金と死亡一時金	○	○	○	○
	併給調整	年金給付の併給調整			○	
		公的年金と他の制度との支給調整	○	○		○
		雇用保険からの給付・給付金と老齢厚生年金との併給調整等	○	○	○	○
その他の年金	企業年金	個人型確定拠出年金	○	○	○	○
		確定給付企業年金	○	○	○	○
	年金の税制	年金の税制	○	○	○	○
	その他	年金生活者支援給付金	○	○	○	○
		ねんきん定期便・ねんきんネット（等）	○	○	○	○
		社会保障協定と脱退一時金	○	○		○

分野		出題項目	2024年3月(第157回)	2023年10月(第156回)	2023年3月(第154回)	2022年10月(第153回)
年金受給のための手続・アドバイス等	老齢給付	老齢給付	○	○	○	○
		老齢基礎年金の受給資格期間	○	○	○	○
		老齢基礎年金の年金額	○	○	○	○
		国民年金保険料の追納および老齢給付等	○	○	○	
		経過的な繰上げ支給の老齢厚生年金	○	○	○	○
		繰上げ支給の老齢基礎年金の年金額計算	○		○	
		経過的な繰上げ支給の老齢厚生年金の年金額計算		○		
		老齢給付の繰下げ				○
		特別支給の老齢厚生年金の年金額			○	
		老齢厚生年金の年金額の計算	○	○		○
		老齢厚生年金に加算される経過的加算	○	○	○	○
		在職老齢年金	○	○	○	○
		高年齢求職者給付金		○		
	併給調整	高年齢雇用継続給付および在職老齢年金との併給調整	○		○	○
	障害給付	障害給付	○	○	○	○
		障害基礎年金の年金額	○	○	○	○
	遺族給付	国民年金の遺族給付	○	○	○	○
		遺族厚生年金	○	○	○	○
	医療保険	健康保険の任意継続被保険者	○	○	○	○
年金等と税金		公的年金等にかかる雑所得の金額，源泉徴収税額	○			
		年金から源泉徴収される所得税額		○	○	○
		課税対象となる退職所得金額	○	○	○	○
変更等諸届出書作成上のアドバイス		年金請求手続	○	○	○	○
		65歳到達時の年金請求書	○	○	○	○
		年金受取口座の変更手続	○	○		
		年金受給権者　受取機関変更届			○	○

〈参考〉
年金法等法令改正の動向について

　本書は，令和6年4月1日時点での年金制度の内容にもとづいて解説しています
ので，今後の法令改正等にご留意ください。

　令和6年度の年金額は，令和5年度からはプラス2.7％の引上げとなりました。

改定による主な年金額（昭和31年4月2日以後生まれ）

（単位：円）

	令和5年度	令和6年度
老齢基礎年金	795,000	816,000
障害基礎年金（1級）	993,750	1,020,000
障害基礎年金（2級）	795,000	816,000
遺族基礎年金	795,000	816,000
遺族基礎年金加算（1，2子）	228,700	234,800
遺族基礎年金加算（3子以上）	76,200	78,300
厚生年金加給年金額（配偶者・1，2子）	228,700	234,800
厚生年金配偶者特別加算額 （昭和18年4月2日以後生まれ）	168,800	173,300
厚生年金加給年金額（3子以上）	76,200	78,300

　※（参考）老齢基礎年金額（令和6年度，昭和31年4月2日以後生まれ）
　　　＝780,900円[注1]×1.045≒816,000円
　　（注1）平成16年改正後の規定に定める額

年金額の改定ルール

　年金額は，物価変動率や名目手取り賃金変動率に応じて，毎年度改定を行う仕組みとなっています。物価変動率が名目手取り賃金変動率を上回る場合は，支え手である現役世代の方々の負担能力に応じた給付とする観点から，名目手取り賃金変動率を用いて改定することが法律で定められています。

　このため，令和6年度の年金額は，名目手取り賃金変動率（3.1%）を用いて改定します。

　また，令和6年度のマクロ経済スライドによる調整（▲0.4%）が行われます。

　よって，令和6年度の年金額の改定率は，2.7%となります。

■参考：令和6年度の参考指標

・物価変動率　　　　　　　　　　　　　　　　　　　　　　　　：3.2%
・名目手取り賃金変動率※1　　　　　　　　　　　　　　　　　　：3.1%
・マクロ経済スライドによるスライド調整率※2　　　　　　　　　：▲0.4%

※1　「名目手取り賃金変動率」とは，2年度前から4年度前までの3年度平均の実質賃金変動率に前年の物価変動率と3年度前の可処分所得割合変化率（0.0%）を乗じたものです。

◆名目手取り賃金変動率（3.1%）

　＝実質賃金変動率（▲0.1%）＋物価変動率（3.2%）＋可処分所得割合変化率（0.0%）
　（令和2～4年度の平均）　　（令和5年の値）　　　　（令和3年度の値）

※2　「マクロ経済スライド」とは，公的年金被保険者の変動と平均余命の伸びに基づいて，スライド調整率を設定し，その分を賃金と物価の変動がプラスとなる場合に改定率から控除するもので，この仕組みは，平成16年の年金制度改正により導入されました。

　マクロ経済スライドによる調整を計画的に実施することは，将来世代の年金の給付水準を確保することにつながります。

◆マクロ経済スライドによるスライド調整率（▲0.4％）

　＝公的年金被保険者総数の変動率（▲0.1％）＋平均余命の伸び率（▲0.3％）

　　　（令和２〜４年度の平均）　　　　　　　　　（定率）

（資料）厚生労働省（令和６年１月）

令和6年度の年金額の改定について

○ 年金額は、物価や賃金の変動に応じて毎年度改定を行う仕組みとなっており、物価変動率が名目賃金変動率を上回る場合は、支え手である現役世代の負担能力に応じた給付とする観点から、名目賃金変動率を用いて改定する。
○ この結果、令和6年度の年金額は、前年度から＋2.7%のプラス改定となる。

(1) 物価変動率と賃金変動率を比べ

前年の消費者物価指数（CPI）の変動率

[＋3.2%]（令和5年）

物価変動率

[＋3.2%]

2〜4年度前（直近3年度平均）の実質賃金変動率

＋[▲0.1%]（令和2〜令和4年度平均実績値）

前年の消費者物価指数（CPI）の変動率

[＋3.2%]（令和5年）

名目賃金変動率

[＋3.1%]

物価＞賃金のため
賃金変動率を用いる

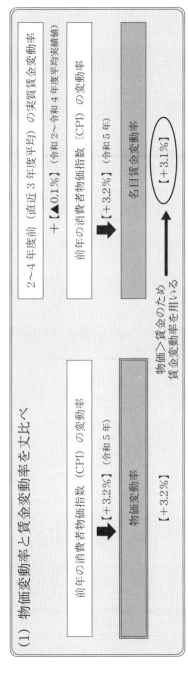

(2) マクロ経済スライドによる調整 【▲0.4%】

【▲0.4%】…令和6年度のマクロ経済スライド調整率（▲0.4%）
＝被保険者数の変化率（▲0.1%）＋平均余命の伸び率を勘案した一定率（▲0.3%）

年金額改定率（＋2.7%）

厚生労働省（令和6年1月）

《参考》年金法等法令改正の動向について

第 1 編

公的年金等の
仕組み

1 日本の人口動向と人口構造の変化

関連過去問題

✎2024年 3月
問1
✎2023年 10月
問1
✎2023年 3月
問1
✎2022年 10月
問1

重要用語

高齢化率
総人口に占める
65歳以上の人
の割合

平均寿命
0歳時の平均余
命

簡易生命表
毎年の死亡状況
が今後も変わら
ないと仮定して，
年齢ごとの死亡
率や平均余命な
どの指標によっ
て表示したもの。

補 足

国別の平均寿命
では，日本は男
女とも世界でトッ
プクラスである。
また，女性の平
均寿命は平成
14年に初めて
85年を超えた。

1 高 齢 化

▶ 1. 高齢化率

日本の高齢化は，他の主要国に比べてスピードが極めて速い。
日本の高齢化率は，昭和45年は7.1％であったが，「令和5年版高
齢社会白書」（内閣府）によると，令和4年10月1日現在の高齢
化率は，29.0％である。

「日本の将来推計人口」の令和5年推計（国立社会保障・人口問
題研究所，令和5年4月公表）によると，高齢化率は今後も増加
し続け，2038年には33.9％となり，人口の約3人に1人が高齢者
となることが予測されている。さらに，2070年には38.7％に達
し，人口の約2.6人に1人が65歳以上という比率になり，世界で
最も高齢化が進んだ国になると予測されている。

なお，令和5年推計では，日本の総人口が2070年に8,700万人
（2020年時点の69.0％）となると予測されている。

「令和4年人口動態統計」によると，令和4年1年間で日本人の
人口は70万人以上減少している。

▶ 2. 平均寿命

急速な高齢化の要因は，出生率の低下と平均寿命の伸びによる
ものといわれている。日本の平均寿命は，「令和4年簡易生命表」
（厚生労働省）によると，男性81.05年，女性87.09年であり，前
年より男女ともに下回った。

2　少子化

合計特殊出生率は，晩婚化や非婚化が進んだことから低下を続け，「令和4年人口動態統計（確定数）」（厚生労働省，令和5年9月公表）によると，令和4年は1.26であり，人口の置換水準の約2.07を大きく下回っている。

日本の年金制度は，現役世代が年金受給世代を支える「世代間扶養」の仕組みとなっている。年金受給者が増加し少子化により現役世代が減少すると，現役世代の保険料負担が重くなっていく。そのため，将来世代の負担を過重なものとしないよう，年金制度の見直しが行われている。

3　高齢者世帯の所得

「2022年国民生活基礎調査」（厚生労働省，令和5年7月公表）によると，令和3年の高齢者世帯の1世帯当たり平均所得金額は，318万3,000円であり，そのうち「公的年金・恩給」の割合が199万9,000円で，全体の62.8%を占めている（図表1-1-1参照）。

重要用語

合計特殊出生率
女性1人が一生のうちに出産する平均的な子供の数

重要用語

人口の置換水準
それ以下になると人口減少を招く出生率の水準

●図表1-1-1　高齢者世帯の所得の種類別1世帯当たり平均所得金額および構成割合

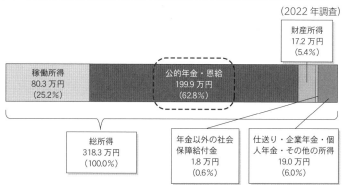

（資料）　厚生労働省令和5年7月「2022年国民生活基礎調査」をもとに作成

4 社会保障給付費

重要用語

社会保障給付費

　日本の社会保障給付費は，「令和３年度社会保障費用統計」（国立社会保障・人口問題研究所，令和５年８月公表）によると，令和３年度では約138.7兆円に達している。人口の高齢化にともない，社会保障給付費のうち，昭和55年を境に医療給付費よりも年金給付費が上回っている。令和３年度は，医療給付費が47兆4,205億円（34.2％）に対し年金給付費は55兆8,151億円で，社会保障給付費の40.2％を占めている（図表1-1-2参照）。

● 図表1-1-2　社会保障給付費および構成割合

（令和３年度）

医療 47.4 兆円 （34.2％）	年金 55.8 兆円 （40.2％）		

総計
138.7 兆円
（100.0％）

福祉その他
35.5 兆円
（25.6％）

介護対策
11.2 兆円
（8.1％）

（資料）　国立社会保障・人口問題研究所「令和３年度社会保障費用統計」をもとに作成

最新の統計数値を押さえておきましょう。

2 公的年金制度の仕組みと現況

1 公的年金制度の仕組み

　公的年金制度は，自分や家族が年をとったり，重い障害を負ったり，死亡したりなど，予測することができない将来のリスクに対して，社会全体で備える仕組みのことである。国が管理運営をして，保険給付を行っており，国民があらかじめ保険料を納めることで，必要なときに給付を受け取る「社会保険方式」で運営されている。

　現在の日本の公的年金制度は，「国民皆年金」の特徴をもっており，国民すべてが強制加入しなければならない。また，給付と負担については，「世代間扶養（世代と世代の支え合い）」の考え方（これを「賦課方式」という）がとられ，現役世代の保険料負担により，年金受給世代を支える仕組みになっている。

　公的年金制度の具体的な構造としては，20歳以上60歳未満の日本に居住するすべての人が加入する国民年金（基礎年金）による「1階部分」と，その上乗せとして会社員や公務員等が加入する厚生年金保険による「2階部分」の，いわゆる「2階建て」と呼ばれる構造となっている（図表1-2-1）。

　なお，公的年金と別に保険料を納め，公的年金に上乗せして給付を行う企業年金などは，いわば「3階部分」として，国民の自主的な努力によって高齢期の所得保障を充実させる役割を果たしている。

関連過去問題
* 2024年 3月 問2
* 2023年 10月 問2
* 2022年 10月 問2

重要用語
社会保険方式

重要用語
国民皆年金

重要用語
賦課方式

第1編

● 図表1-2-1　年金制度の仕組み（一元化後）

（数値は令和 5 年 3 月末現在）

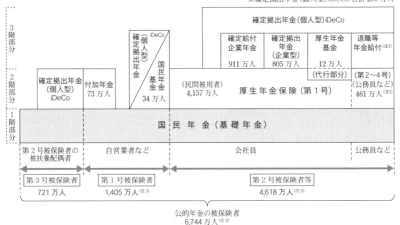

（注 1）被用者年金制度の一元化にともない，平成 27 年 10 月 1 日から公務員および私学教職員
　　　　も厚生年金保険に加入。また，共済年金の職域加算部分は廃止され，新たに退職等年金給
　　　　付が創設。ただし，平成 27 年 9 月 30 日までの共済年金に加入していた期間分については，
　　　　平成 27 年 10 月以降においても，加入期間に応じた職域加算部分を支給。
（注 2）国民年金の第 2 号被保険者等とは，厚生年金被保険者のことをいう（国民年金の第 2 号被
　　　　保険者のほか，65 歳以上で老齢，または，退職を支給事由とする年金給付の受給権を有
　　　　する者を含む）。
（注 3）第 1 号被保険者には，任意加入被保険者を含む。
（資料）厚生労働省，企業年金連合会等

2　公的年金の被保険者の種類

　国民年金（1 階部分）は，前述のとおり日本国内に住む20歳以
上60歳未満の人全員が強制加入し，被保険者となるが，働き方に
応じて，第 1 号被保険者（自営業者・農業従事者・学生など），第
2 号被保険者（会社員・公務員・私学教職員など），第 3 号被保険
者（専業主婦など）のいずれかに区分される。

　厚生年金保険（2 階部分）は，会社や国・自治体，学校等で働
く人が原則として加入する。また，それらの人は，厚生年金保険
に加入すると同時に，国民年金の第 2 号被保険者になる。厚生年
金被保険者の種別は，第 1 号厚生年金被保険者（会社員など），第

2号厚生年金被保険者（国家公務員など），第3号厚生年金被保険者（地方公務員など），第4号厚生年金被保険者（私学教職員など）のいずれかに区分される。また，厚生年金保険の実施機関は，次のとおりとなっている（平成27年10月改正）。

第1号厚生年金被保険者：厚生労働大臣（日本年金機構）
第2号厚生年金被保険者：国家公務員共済組合・連合会
第3号厚生年金被保険者：地方公務員共済組合等
第4号厚生年金被保険者：日本私立学校振興・共済事業団

3 公的年金の加入者数

現在の公的年金加入者数は，「令和4年度厚生年金保険・国民年金事業の概況」（厚生労働省，令和5年12月公表）によると，令和4年度末時点で6,744万人である。そのうち，第1号被保険者数が1,405万人，第2号被保険者（厚生年金保険第1～4号）が4,618万人，第3号被保険者数が721万人となっている。第2号被保険者数が最も多く，第1号被保険者数と第3号被保険者数の合計よりも多い。

令和4年度末の第1号厚生年金被保険者である短時間労働者数は，男子より女子のほうが多い。

4 公的年金の受給者数

公的年金の受給者数は，「令和4年度厚生年金保険・国民年金事業の概況」（厚生労働省，令和5年12月公表）によると，実受給権者数（重複を除いた何らかの公的年金の受給権を有する者の数）は，令和4年度末では3,975万人である。また，厚生年金保険（第1号）の老齢年金の受給者の平均年金月額は149,216円（基礎または定額あり）となっている。

5 国民年金保険料の納付率

国民年金の保険料の納付率は，「令和4年度の国民年金の加入・保険料納付状況」（厚生労働省，令和5年6月公表）によると，令和4年度（現年度分）は，76.1％である。令和4年度の最終納付率（令和2年度分保険料）は，80.7％となり，初めて80％を超えている。

また，推移をみると，ここ数年は上昇傾向にあることがわかる。

6 国民年金と厚生年金保険の積立金

公的年金制度の運営においては，年金財政の安全かつ効率的な運用を行うために，保険料のうち年金の支払い等に充てられなかったものを積み立てる年金積立金の制度がとられている。

国民年金と第1号厚生年金（旧厚生年金）の積立金は，GPIF（年金積立金管理運用独立行政法人）が管理・運用を行っている。

令和4年度末の国民年金と厚生年金保険（第1号〜第4号）の積立金の合計額（時価ベース）は，244.6兆円（うち国民年金と第1号厚生年金の合計額は207.9兆円）となっている。

統計数値の増加・減少の傾向についても押さえておくとよいでしょう。

補足
厚生年金保険などを合わせた公的年金加入者全体（保険料を免除・猶予されている人を含む）の割合でみると，約98％の人が保険料を納付している。

重要用語
GPIF（年金積立金管理運用独立行政法人）

3 公的年金制度の沿革

公的年金において，1つの制度が創設・実施されると，その仕組みは長く続いていくものであり，過去の制度改正が現在にも影響を与えているケースも少なくない。被保険者の受給資格期間や年金額等を計算する場合においても，制度の沿革を押さえておく

関連過去問題
🖊 2023年3月
問2

第1編

● 図表1-3-1　公的年金制度の変遷

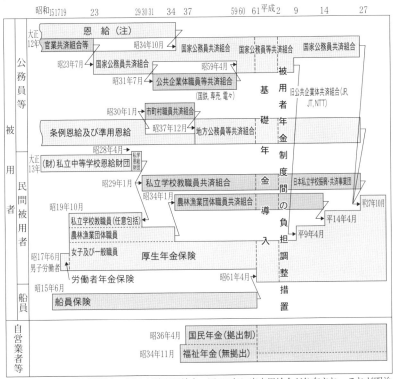

（注）明治8年に海軍退隠令，同9年陸軍恩給令，同17年に官史恩給令が公布され，これが明治23年，軍人恩給法，官史恩給法に集成され，これが大正12年恩給法に統一された。
（資料）厚生労働省

ことは不可欠である。

　日本の公的年金制度は，明治時代の軍人恩給制度から始まった。その後，昭和15年に船員保険制度，昭和17年に男子工場労働者等を対象とした「労働者年金保険制度」が実施され，民間の労働者にも年金制度が適用されるようになった。労働者年金保険は，昭和19年には事務系職員と女性にも適用が拡大され，名称も「厚生年金保険」に改称された（図表1-3-1参照）。

1 国民皆年金の実現

　昭和30年代には，医療の国民皆保険の制度づくりと対応して国民皆年金の実現が強く要望されるようになり，自営業者等を対象とした国民年金法（無拠出制の福祉年金）が昭和34年に制定された。さらに，昭和36年4月からは拠出制国民年金がスタートし，国民皆年金が実現した。この昭和36年4月からの拠出制国民年金により，すべての国民は何らかの公的年金制度の適用を受けるようになったのである。

2 物価スライド制の導入

　昭和48年改正では，長年の懸案事項であった物価を指標とするスライド制が実現された。この「物価スライド制」は，公的年金の実質的価値を維持するために，全国消費者物価指数が5％を超えて変動した場合に年金額が改定されるものであった。その後，平成元年改正により5％条項が撤廃され，平成16年10月からはマクロ経済スライドが導入されている。

3 基礎年金制度の導入

　昭和60年改正では，公的年金制度共通の「基礎年金」が導入された。それまで公的年金は，対象者の職域の違いなどから3種8

制度に分立していたが，昭和61年4月より1階部分の制度が基礎年金として一元化され，被用者年金制度が上乗せ支給されるいわゆる2階建ての年金制度に再編成された。また，被用者年金加入者の被扶養配偶者（サラリーマンの妻など）は，改正前は任意加入であったが，国民年金に強制加入することになり，女性の年金権が確立したといわれている。

4 厚生年金保険の支給開始年齢の引上げ

平成6年改正では，本格的な高齢社会に向けて年金財政の長期的安定化を図るため，60歳台前半の年金給付の見直しが行われた。60歳台前半に支給される特別支給の老齢厚生年金の支給開始年齢が引き上げられ，65歳までは報酬比例部分相当の老齢厚生年金に切り替えていくことになった。

平成12年改正では，さらに報酬比例部分相当の老齢厚生年金の支給開始年齢が段階的に引き上げられ，最終的に老齢厚生年金の支給は65歳からとなった。

また，同改正により，平成15年4月から賞与を含む年収で保険料を定める総報酬制が導入された。報酬比例部分の年金額の計算は，総報酬制導入前と導入後のそれぞれの被保険者期間の計算式で計算した額の合計額となる。

5 公的年金制度の見直し

公的年金制度は，少なくとも5年に一度，人口構造の変化や賃金・物価・金利の変動を踏まえた財政再計算により，制度の見直しが行われてきた。

平成16年改正では，5年ごとに財政の収支見通しを作成・公表し，財政均衡（概ね100年）を図ることになった。また，急速に進む少子高齢化を背景に，保険料引上げと給付の抑制であるマク

● 図表1-3-2　公的年金制度の主な沿革

昭和 15 年	船員保険法の施行（昭和 14 年制定）
昭和 17 年	労働者年金保険法の施行（昭和 16 年制定（工業系事業所等の男子へ適用），昭和 19 年に厚生年金保険法に改称，昭和 19 年 10 月より一般職員および女子への適用拡大）
昭和 36 年	拠出制の国民年金により国民皆年金の実現
昭和 48 年	物価スライド制，賃金再評価の導入
昭和 61 年	基礎年金制度の実施，第3号被保険者制度の実施
平成 元 年	完全自動物価スライド制の導入
平成 6 年	特別支給の老齢厚生年金の支給開始年齢の引上げ，育児休業期間中の厚生年金保険の保険料（本人分）免除制度の創設
平成 9 年	基礎年金番号の実施，NTT，JR，JT の共済組合の年金部門が厚生年金保険に統合
平成 12 年	報酬比例部分相当の老齢厚生年金の支給開始年齢の引上げ，国民年金保険料の学生納付特例制度の創設
平成 14 年	農林漁業団体職員共済組合が厚生年金保険に統合
平成 15 年	厚生年金保険等の総報酬制の導入
平成 16 年	厚生年金保険料の引上げ開始，マクロ経済スライドの創設
平成 17 年	国民年金保険料の引上げ開始，第3号被保険者の特例届出制度の創設，保険料納付猶予制度の導入，育児休業中の保険料免除の対象を3歳未満に拡充，特別支給の老齢厚生年金の定額部分の月数上限の引上げ，年金課税の見直し
平成 18 年	障害基礎年金と老齢厚生年金等の併給，国民年金保険料の4段階免除制度の導入
平成 19 年	離婚時の年金分割制度の実施，65 歳以後の老齢厚生年金の繰下げ制度の導入，70 歳以上の被用者に在職老齢年金の適用開始，子のない 30 歳未満の妻の遺族厚生年金の見直し，中高齢寡婦加算の支給対象の見直し
平成 20 年	第3号被保険者にかかわる厚生年金の分割制度の導入
平成 21 年	ねんきん定期便の送付開始
平成 22 年	社会保険庁廃止，日本年金機構発足
平成 23 年	ねんきんネットの開始
平成 26 年	産休期間中の保険料免除制度の開始，遺族基礎年金の支給対象が父子家庭へ拡大
平成 27 年	被用者年金制度の一元化，保険料納付機会の拡大
平成 28 年	短時間労働者に対する厚生年金保険・健康保険の適用拡大
平成 29 年	受給資格期間（10 年）の短縮
平成 30 年	マイナンバーによる年金請求開始
令和 4 年	繰上げ減額率の変更，繰下げ上限年齢の引上げ，被用者保険の適用拡大，在職老齢年金の改正，在職定時改定の導入
令和 5 年	特例的な繰下げみなし増額制度の導入

口経済スライドが導入された。さらに，生き方・働き方の多様化に対応するため，在職老齢年金の見直し，年金分割制度の創設，育児休業保険料免除の拡大，遺族年金の見直し，障害年金の改善などの改革が決定した。

公的年金制度の沿革のうち，重要な出来事は押さえておきましょう。

4 医療保険制度等

関連過去問題
- 2024年 3月
  問3, 48
- 2023年 10月
  問3, 48
- 2023年 3月
  問3, 48
- 2022年 10月
  問3, 48

公的医療保険とは，疾病，負傷，死亡，出産の際に必要な給付を行う社会保障制度である。

1 在職中の公的医療保険

在職中の公的医療保険には，主に次の種類がある。

● 図表1-4-1　在職中の公的医療保険の種類

種　類		主な対象者
健康保険	組合管掌健康保険	大企業等の会社員とその家族
	全国健康保険協会管掌健康保険	中小企業等の会社員とその家族
国民健康保険		自営業者世帯等
共済組合		公務員等

▶ 1. 健康保険

🔖 **重要用語**

健康保険

健康保険は，会社員とその家族を対象とする医療保険である。被保険者は，あらかじめ定められた標準報酬月額・標準賞与額に，保険料率を乗じて算出した額を保険料として事業主と半分ずつ負担する（組合管掌健康保険の場合，事業主の負担割合を半分以上にすることも可能）。なお，全国健康保険協会管掌健康保険（協会けんぽ）の保険料は，都道府県により異なっている（令和6年度は，最も低い新潟県は9.35％，最も高い佐賀県は10.42％）。

🔖 **重要用語**

全国健康保険協会管掌健康保険（協会けんぽ）

健康保険の標準報酬月額・標準賞与額は，厚生年金保険と同じ区分を使用する。ただし，上限と下限が異なっており，健康保険の標準報酬月額は，第1級5万8,000円（下限）から第50級139万円（上限）に区分されている。また，標準賞与額は，年度の累

計額で573万円が上限となっている。

▶ 2. 国民健康保険

国民健康保険は、自営業者世帯などを対象とする医療保険である。保険料は、前年の所得や世帯の人数等に応じて決定され、原則として世帯主が全額を納めることになる。ただし、倒産・解雇で失業した場合等については、保険料が軽減される制度がある。また、65歳以上75歳未満の者の国民健康保険料は、公的年金の金額が年額18万円以上の場合、原則として年金から徴収（特別徴収）される。

▶ 3. マイナ保険証

令和5年4月より、医療機関でのマイナ保険証の対応が義務化され、マイナンバーカードを健康保険証として利用できるようになった。

2　退職後の医療保険

健康保険の被保険者が退職したときの医療保険制度には、①任意継続被保険者になる、②家族の健康保険の被扶養者になる、③国民健康保険へ加入する、といった方法がある。

▶ 1. 任意継続被保険者制度

任意継続被保険者制度とは、健康保険被保険者期間が継続して2ヵ月以上加入していた人が、退職等で会社員でなくなったとき、次の要件を満たすことで、健康保険の資格を最長2年間(74歳まで)継続できる制度のことである。

---

① 申請の手続きは、退職日の翌日から20日以内に行う必要がある。

② 保険料は、「退職時の標準報酬月額」と「30万円（令和6年度協会けんぽ）」を比較して低い方の金額に保険料率を

乗じた額の全額を負担する。

③　保険料はその月の10日（土，日，祝日のときは翌営業日）までに納付しなければならず，正当な理由なく納付期限までに保険料を納めないと，納付期日の翌日に任意継続被保険者の資格を喪失する。

④　任意継続被保険者の任意脱退が可能となった（令和４年１月改正）

▶ 2.　健康保険の被扶養者

　退職後，原則として次の年収要件等をいずれも満たし，対象となる３親等内の親族で75歳未満の人は，その家族が加入している健康保険の被扶養者となることができる（続柄により同一世帯要件あり）。令和２年４月１日より認定要件に国内居住が追加された。

<同一世帯の場合>
①　60歳未満の場合は年収130万円未満，60歳以上または障害者の場合は年収180万円未満であること
②　被扶養者となる者の年収が被保険者の年収の２分の１未満であること
③　国内に居住していること（住民票が日本国内にあること）

　定年退職後における，健康保険の被扶養者，健康保険の任意継続被保険者，国民健康保険の被保険者を比較すると，図表1-4-2のとおりになる。

▶ 3.　後期高齢者医療制度

重要用語

後期高齢者医療制度

　後期高齢者医療制度は，75歳以上の人，または65歳以上で寝たきり状態にある人を対象としている医療保険である。被保険者は個人単位で保険料を支払う。保険料は，広域連合ごとによって

● 図表 1-4-2　退職後の医療保険制度の比較

（令和 6 年 4 月現在）

	健康保険の被扶養者	健康保険の任意継続被保険者	国民健康保険の被保険者
加入要件	＊三親等内の親族で年収 130 万円未満（60 歳以上または障害者は 180 万円未満）および被保険者との生計維持関係（国内居住） ＊続柄によって同居要件がある。子の扶養となる場合は，別居でもよい	＊資格喪失日前に，健康保険に継続して 2 ヵ月以上加入していること ＊退職日の翌日から 20 日以内に申請すること ＊加入期間は最長 2 年間	他の医療保険に加入していない人全員
保険料	負担なし	月額保険料＝退職時の標準報酬月額と 30 万円（協会けんぽ）を比べた低い方の額×保険料率（全額本人負担)(注1) 保険料率は都道府県および保険者等によって異なる	市区町村によって異なる

自己負担の割合	0 歳〜義務教育就学前	2割	2割	2割
	義務教育就学後〜69 歳	3割	3割	3割
	70 歳以上 75 歳未満　一般	2割	2割	2割
	70 歳以上 75 歳未満　現役並み所得者	3割	3割	3割

加入手続き	被保険者の加入している事業主を経由して全国健康保険協会または健康保険組合	全国健康保険協会または健康保険組合	都道府県・市区町村の国民健康保険課

（注 1）健康保険組合の場合は，改正により令和 4 年 1 月から「全被保険者の平均標準報酬月額を超え，資格喪失時の標準報酬月額未満の範囲内で規約で定める額」とすることも可能となった。

定められている。

　後期高齢者（75歳以上）の窓口自己負担割合について，現役世代の負担を抑えるために，令和4年10月より引き上げとなった。75歳以上の自己負担割合は，一般は1割，一定所得以上の人は2割，現役並み所得者は3割に引き上げとなった。

全国健康保険協会管掌健康保険（協会けんぽ）の保険料率は全国一律ではなく，都道府県により異なっている。

3　介護保険制度

　介護保険は，平成12年4月から実施されている社会保障制度である。40歳以上の人を被保険者とし，市区町村が保険者となって要介護・要支援の際の給付および介護予防事業を行う。また，市区町村は，国，都道府県，医療保険者，年金保険者により重層的に支えられている。

▶ 1. 被保険者

　介護保険の被保険者は，40歳以上で各市区町村に住所のある人で，年齢によって図表1-4-3の2種類に分かれている。

　被保険者の資格は，40歳に達したとき（誕生日の前日）などに取得する。

●図表1-4-3　介護保険の被保険者の区分

第1号被保険者	各市区町村に住所のある65歳以上の人
第2号被保険者	各市区町村に住所のある40歳以上65歳未満の医療保険加入者

▶ 2. 保険料

　介護保険の給付にかかる費用は，被保険者の保険料50％と，公費負担50％で賄われている。第1号被保険者と第2号被保険者と

では，保険料の計算方法が異なり，徴収方法も異なる。

　第1号被保険者のうち，年金受給者（老齢・退職年金，障害年金，遺族年金）で年金額が，その年の4月1日現在で年額18万円（月額1.5万円）以上の人は，年金から介護保険料が天引き（特別徴収）される。それ以外の第1号被保険者は，市区町村が個別に徴収（普通徴収）する。

　なお，第1号被保険者の保険料は定額であり，令和6年度からは，所得に応じて標準13段階に設定されている。

　第2号被保険者については，各医療保険者が医療保険料と一体的に介護保険料を徴収する。

▶ 3. 介護保険法の一部改正

　介護サービスの利用者負担割合について，公平性と持続可能性を高める観点から，2割負担者のうち特に所得の高い層の負担割合が3割に改正となった（平成30年8月1日施行）。

 重要用語

特別徴収
第1号被保険者で年金額が年額18万円以上の人は,介護保険料が年金より天引き(特別徴収)される。

介護保険の第1号被保険者の年齢に上限はない。

❶ 健康保険の標準報酬月額は，第1級から第32級までの32等級に区分されている。

❷ 全国健康保険協会管掌健康保険（協会けんぽ）の保険料率は，都道府県により異なっている。

❸ 倒産・解雇などにより失業（離職）した場合，国民健康保険の保険料（税）が軽減される制度がある。

❹ 介護保険の第2号被保険者とは，市区町村の区域内に住所がある65歳以上の者をいう。

解答　❶ ×　健康保険の標準報酬月額は，50等級に区分されている。
　　　　　❷ ○
　　　　　❸ ○
　　　　　❹ ×　介護保険の第2号被保険者とは，市区町村の区域内に住所がある40歳以上65歳未満の医療保険加入者をいう。

5 国民年金の被保険者

1 国民年金の仕組み

国民年金の保険者は政府で，老齢，障害，死亡について，すべての人に共通の基礎年金を支給している。

国民年金では，20歳以上60歳未満で日本国内に住所のある人は，すべて被保険者となる。また，20歳未満または60歳以上であっても，厚生年金保険の加入者は，同時に国民年金被保険者となる（図表1-5-1参照）。

基礎年金には，老齢，障害，死亡を支給事由とする①老齢基礎年金，②障害基礎年金，③遺族基礎年金の3つの年金がある（国年法15条）。また，自営業者など第1号被保険者の独自給付として，①付加年金，②寡婦年金，③死亡一時金，④脱退一時金の4つの

関連過去問題
- 2024年 3月 問4
- 2023年 10月 問4
- 2023年 3月 問4
- 2022年 10月 問4

📖 重要用語
国民年金

📖 重要用語
国民年金被保険者

第1編

● 図表1-5-1　国民年金被保険者の構成

（令和6年4月）

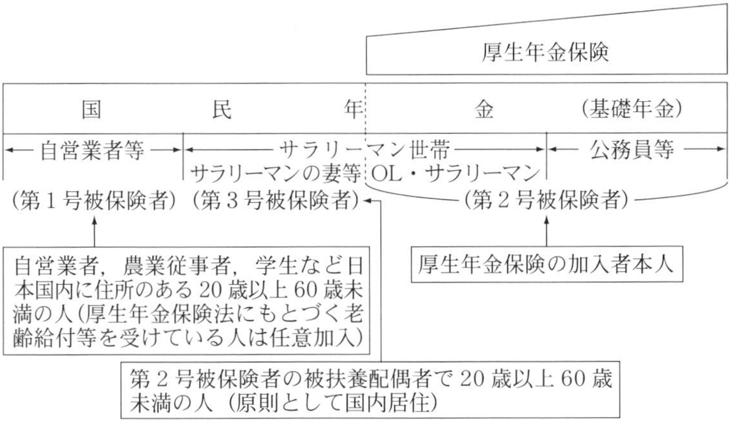

5　国民年金の被保険者　21

給付がある。

2 強制加入被保険者

国民年金の被保険者は，必ず加入しなければならない強制加入被保険者と，任意加入被保険者に区分されている。強制加入被保険者の種類は，図表1-5-2の３種類に分かれている（国年法７条）。

● 図表1-5-2　被保険者の要件

種　　別	第1号被保険者	第2号被保険者	第3号被保険者
基本的要件	第2号被保険者および第3号被保険者以外の人（自営業・農業従事者・学生など）	厚生年金保険の加入者（サラリーマン・OL・公務員など）	第2号被保険者の被扶養配偶者（サラリーマンの妻など）
国籍要件	なし	なし	なし
国内居住要件	あり	なし	原則あり
年齢要件	20歳以上60歳未満	なし*	20歳以上60歳未満

＊　65歳以上の厚生年金保険の被保険者で老齢基礎年金等の老齢給付等を受けることができる人を除く。

重要用語

第1号被保険者

補足

第1号被保険者は国内居住要件があるため，日本国籍があっても，海外在住などにより日本国内に住所のない20歳以上60歳未満の人は，強制加入被保険者ではなく任意加入被保険者となる。

重要用語

国籍要件

▶ 1. 第1号被保険者

日本国内に住所のある20歳以上60歳未満の人が対象となる。

自営業者，農業従事者，学生など，日本国内に住所のある20歳以上60歳未満の人で，第2号被保険者および第3号被保険者に該当しない人は，第1号被保険者となる。国籍要件はないので，日本国内に住所があれば外国籍の人も含まれる。したがって，日本国内に住所を有する外国人留学生も，20歳に達したときに第1号被保険者の資格を取得する。

20歳以上60歳未満の大学・専修学校等の学生は，平成３年４月１日より強制加入被保険者となっている。また，①国会議員・地方議会議員およびその配偶者，②厚生年金保険の障害厚生年金受給権者およびその配偶者，③厚生年金保険の遺族厚生年金受給者も，第2号被保険者に該当する場合を除き，第1号被保険者として強制加入である。

令和2年4月改正により，第1号被保険者および第3号被保険者から適用除外される人が規定された。適用除外として厚生労働省令で定められた人は次の人である。次の①または②に該当する場合は，第1号被保険者および第3号被保険者として国民年金に加入することはできない。

①　日本国籍を有しない人で入管法の規定にもとづく在留資格が「特定活動（医療滞在または医療滞在者の付添人）」の場合

　　日本に相当期間滞在して，病院もしくは診療所に入院し疾病もしくは傷害について医療を受ける活動または当該入院の前後に疾病もしくは傷害について継続して医療を受ける活動を行う人，およびこれらの活動を行う者の日常生活上の世話をする活動を行う人

②　日本国籍を有しない人であって，入管法の規定にもとづく在留資格が「特定活動（観光・保養等を目的とする長期滞在または長期滞在者の同行配偶者）」の場合

　　日本において1年を超えない期間滞在し，観光，保養その他これらに類似する活動を行う人

▶ 2. 第2号被保険者

厚生年金保険の加入者本人が対象となる。厚生年金保険に加入している人は，同時に国民年金の第2号被保険者となる。第2号被保険者の場合には，年齢要件はないので，厚生年金保険に加入している場合には20歳未満または60歳以上であっても第2号被保険者となる。ただし，65歳以上の厚生年金保険の被保険者で老齢基礎年金等の老齢給付等を受けることができる人は，国民年金の第2号被保険者とはならない（国年法附則3条）。

📖 重要用語
第2号被保険者

💡 補足
国内居住要件もないので，日本企業に在籍し，日本企業から給与を得ている海外赴任者も第2号被保険者である。

第1編

▶ 3. 第3号被保険者

📖 重要用語
第3号被保険者

厚生年金保険に加入する第2号被保険者の被扶養配偶者で，20歳以上60歳未満の人が対象となる（原則として国内居住）。

65歳以上の厚生年金保険の被保険者で老齢基礎年金等の老齢給付等を受けることができる人は，国民年金の第2号被保険者に該当しないため，その被扶養配偶者は，（60歳未満であっても）第3号被保険者に該当しない。つまり，厚生年金保険に加入している人でも第2号被保険者でない人の被扶養配偶者は，第3号被保険者には該当せず第1号被保険者となる。

📖 重要用語
被扶養配偶者
第3号被保険者の要件は，第2号被保険者の被扶養配偶者となることである。年収要件は，原則として年収130万円未満で，所得税の扶養親族の年収103万円以下とは異なる。

厚生年金保険に加入している会社員・公務員に扶養される配偶者（サラリーマンの妻など）は，以前は任意加入の扱いであったが，昭和61年4月から第3号被保険者として強制加入被保険者となっている。また，令和2年4月より，健康保険の被扶養者の認定要件および第3号被保険者の要件が「原則として国内居住」と改正となった。国内居住とは，住民基本台帳に住民登録がある場合（住民票が日本国内にある）が該当する。

📖 重要用語
国内居住

ただし，厚生労働省令で定められた以下の例外に該当する人は，海外に居住していても日本国内に生活基盤があると認められ第3号被保険者となる。

💡 補足
自営業者等の第1号被保険者の被扶養配偶者の場合には，専業主婦等であったとしても第1号被保険者となる。

① 外国において留学をする学生

② 外国に赴任する第2号被保険者に同行する人

③ 観光，保養またはボランティア活動その他就労以外の目的で一時的に海外に渡航する人

④ 第2号被保険者が外国に赴任している間に，その第2号被保険者との身分関係が生じた者であって，②に掲げる者と同等と認められる人

⑤ その他，渡航目的その他の事情を考慮して日本国内に生

活の基礎があると認められる人

被扶養配偶者の認定基準は，健康保険と同様に年収130万円未満（60歳以上または障害者は年収180万円未満）かつ，原則として第2号被保険者の年間収入の2分の1未満であること，となっている。この年間収入には，雇用保険の失業等給付，公的年金等の収入も含み，障害年金の収入も含まれる。また，失業等給付は，認定時の基本手当日額が3,612円（60歳以上は5,000円）以上の場合，失業給付受給中は被扶養者にはなれない。このため，年収が基準額以上の場合には，第1号被保険者または第2号被保険者となる。

強制加入被保険者の各要件について，整理して把握しておきましょう。

3 任意加入被保険者

任意加入被保険者制度により，60歳までに老齢基礎年金の受給資格期間を満たしていない，受給できる老齢基礎年金が満額に足りていない，という人などは，60歳以降も国民年金に任意で加入することができる。

国民年金は「日本に住む20歳以上60歳未満の人」が対象であり，60歳以上の人や，海外在住の日本人は対象外であるが，任意加入をすることで保険料を納付することができる。対象者は，以下に該当する人である。

① 日本国内に住所のある20歳以上60歳未満の人で，厚生年金保険法にもとづく老齢給付等を受けることができる人

重要用語
被扶養配偶者の認定基準

重要用語
年間収入

補足
婚姻の届出をしていない事実上の婚姻関係にある人も，健康保険の被扶養配偶者の認定を受ければ第3号被保険者となる。

重要用語
任意加入被保険者制度
任意加入のときは，申し出た日に被保険者の資格を取得し，いつでも申出により資格を喪失できる。ただし，65歳以上70歳未満の高齢任意加入の人は，老齢基礎年金の受給権を得たときには任意加入を続けることはできない。

第1編

（※）

②　日本国内に住所のある60歳以上65歳未満の人（※）

③　日本国籍を有する人で，日本国内に住所のない（海外に在住する）20歳以上65歳未満の人

④　〔高齢任意加入〕昭和40年4月1日以前に生まれた人で，老齢基礎年金の受給権のない65歳以上70歳未満の人（日本在住または日本国籍を有する人）（国年法附則（平6）11条，同附則（平16）23条）

（※）ただし，改正により令和3年4月より，厚生労働省で定める者(医療滞在ビザを有する者および長期観光ビザを有する者等)は除外され，国民年金の任意加入はできない。

特別支給の老齢厚生年金を受給している人も，任意加入できる。ただし，次の①〜③に該当する人は，任意加入することができない。

①　すでに20歳〜60歳の国民年金保険料を480ヵ月分すべて納付している（満額の年金を受給できる）人

②　老齢基礎年金を繰上げ受給している人

③　厚生年金保険，共済組合等に加入している人

なお，国内居住の人で厚生年金保険法の障害・遺族厚生年金の受給権者の場合には，20歳以上60歳未満の人は強制加入被保険者であるので，任意加入被保険者には該当しないが，60歳以上65歳未満の人は任意加入被保険者に該当する。

また，20歳以上60歳未満の大学・専修学校等の学生は，平成3年3月まで任意加入の扱いとなっていたが，加入しない間に障害状態になると無年金となってしまうなどの理由により，平成3

年４月１日より強制加入被保険者となっている。

国民年金に任意加入できる人の条件を確認して
おきましょう。

理解度チェック

❶ 外国に赴任している第２号被保険者に同行している被扶養配偶者は，第３号被保険者
に該当しない。

❷ 受給資格期間を満たしている65歳以上の厚生年金保険の被保険者の被扶養配偶者は，
60歳未満であっても第３号被保険者に該当しない。

❸ 第３号被保険者である被扶養配偶者の認定基準では，障害基礎年金の収入は年間収入
に含まれる。

❹ 日本国籍を有し日本国内に住所を有しない60歳以上65歳未満の者は，任意加入被保険
者となることができない。

解答 ❶ ✕ 外国に赴任している第2号被保険者に同行する被扶養配偶者は，第3号被保
険者(被扶養者)となることができる。
❷ ○
❸ ○
❹ ✕ 日本国籍を有する者で日本国内に住所を有しない20歳以上65歳未満の者
は，国民年金の任意加入被保険者となることができる。

6 | 国民年金の資格取得・喪失等

1 国民年金の資格取得

▶ 1. 強制加入被保険者の資格取得日

国民年金の強制加入被保険者は，次のいずれかに該当した日に被保険者の資格を取得する（国年法8条）。

●図表1-6-1　強制加入被保険者の資格取得日

種　別	取得日
第1号被保険者	① 20歳に達した日（誕生日の前日） ② 20歳以上60歳未満の人が日本国内に住所を有するに至った日 ③厚生年金保険法にもとづく老齢給付等を受けることができる人でなくなった日
第2号被保険者	厚生年金保険の被保険者の資格を取得した日（20歳未満で取得した場合でもその日）
第3号被保険者	① 20歳以上60歳未満で，第2号被保険者の被扶養配偶者となった日 ②第2号被保険者の被扶養配偶者が20歳に達したとき（誕生日の前日）

20歳以上60歳未満の国内在住者は，第1号被保険者・第2号被保険者・第3号被保険者のいずれかの資格を取得することになる。

また，厚生年金保険には，20歳以上60歳未満という年齢要件はない。このため，20歳未満で就職した場合も，厚生年金保険加入と同時に第2号被保険者の資格を取得する。

日本国内に住所を有する外国人留学生は，20歳に達したときに第1号被保険者の資格を取得する。

▶ 2. 任意加入被保険者の資格取得日

任意加入被保険者に該当する人は，任意加入の希望を申し出る

ことにより，申出の日に被保険者の資格を取得する（国年法附則5条）。申出の手続きは，市区町村の窓口で行う。

厚生年金保険に加入した人は，20歳未満であっても，厚生年金保険に加入した日に国民年金の第2号被保険者となる。

2 第3号被保険者の届出と種別変更

▶ 1. 届出と種別変更

　第2号被保険者の被扶養配偶者となり，第3号被保険者に該当したときには，「国民年金第3号被保険者関係届」を14日以内に提出し，確認を受けることが必要である（国年法12条）。

　第3号被保険者の資格取得の届出は，配偶者の事業主から管轄の年金事務所に届け出ることになっている（平成14年3月以前は，第3号被保険者本人が住所地の市区町村の窓口に提出することになっていた）。

　なお，届出が遅れた場合には，原則として時効前の直近2年間まで遡り，第3号被保険者期間として認定を受けることができる。ただし，平成16年改正により，平成17年4月より特例の届出ができる。昭和61年4月から平成17年3月までの未届期間について，特例の届出をした期間は，届出日以後，保険料納付済期間に算入される。また，平成17年4月1日以降分についても，届出を遅滞したことにやむを得ない理由があると認められた場合には，特例の届出をすることができる（国年法附則（平16）21条）。

　また，年金確保支援法により，第3号被保険者期間に重複する第2号被保険者期間が新たに判明し年金記録が訂正された場合などは，それに引き続く第3号被保険者期間を未届期間でなく保険料納付済期間のままとして取り扱い，年金が支給される（施行日：

重要用語

種別変更
第3号被保険者が被扶養配偶者でなくなったときは，第2号被保険者に該当する場合を除いて，第1号被保険者へ種別変更となる。

第1編

平成23年8月10日)。

▶ 2. 第3号不整合記録問題への対応

　平成25年6月26日に公布された「公的年金制度の健全性及び信頼性の確保のための厚生年金保険法等の一部を改正する法律」により，第3号不整合記録問題に対応することになっている。「第3号不整合記録」の例には，夫が会社を退職し第1号被保険者となった場合，本来であれば被扶養配偶者である妻は第3号被保険者から第1号被保険者となる種別変更の届出と国民年金保険料の納付が必要であるが，届出漏れにより第3号被保険者のままとなっている場合などがある。

　前記のような切替え漏れ期間（3号不整合期間）がある場合には，特定期間該当届を提出することにより，未納期間を受給資格期間に算入することができる（平成25年7月1日施行）。

> 補足
>
> 受給資格期間となった期間（過去10年間の不整合期間）について，平成27年2月から特例追納の申込みが開始となったが，平成30年3月31日で終了した。

20歳以上60歳未満の者は，第2号被保険者の被扶養配偶者となったときに第3号被保険者の資格を取得する。

3　国民年金の資格喪失

▶ 1. 強制加入被保険者の資格喪失日

　国民年金の強制加入被保険者の資格は，次のいずれかに該当した日に喪失する（国年法9条）。

---

① 　死亡した日の翌日
② 　日本国内に住所を有しなくなった日の翌日（第2号被保険者または第3号被保険者に該当するときを除く）
③ 　60歳に達した日（誕生日の前日）（第2号被保険者に該当するときを除く）

---

④　厚生年金保険法にもとづく老齢給付等を受けることができる人になった日

⑤　国民年金法の適用除外として厚生労働省令で定める人となった日の翌日

⑥　厚生年金保険の被保険者の資格を喪失した日（国民年金の強制加入被保険者に該当する場合を除く）

⑦　被扶養配偶者でなくなった日の翌日（第1号被保険者または第2号被保険者に該当するときを除く）

⑧　第2号被保険者が65歳に達した日（老齢年金の受給権を有しない場合を除く）

なお，第1号被保険者が60歳に達したときは，資格喪失届の市区町村への届出は不要である。

▶ 2.　任意加入被保険者の資格喪失日

任意加入被保険者は，いつでも市区町村へ申し出て被保険者の資格を喪失することができる。ただし，65歳以上70歳未満で特例任意加入の特例を受けている人は，老齢基礎年金等の受給権を取得した日の翌日に資格を喪失する（国年法附則5条）。

国民年金の任意加入被保険者は，次のいずれかに該当した日等に被保険者の資格を喪失する。

①　死亡した日の翌日

②　65歳に達した日（誕生日の前日）（昭和40年4月1日以前生まれの特例任意加入の人は，70歳に達するまでの間に老齢基礎年金等の受給権を取得した日の翌日または70歳に達した日（誕生日の前日））

③　厚生年金保険の被保険者の資格を取得した日

④　資格喪失の申出が受理された日

⑤ 保険料を滞納し督促状の指定期限までに納めないときは，指定期限の翌日

⑥ 保険料納付済月数等の合計が480ヵ月に達した日（平成17年4月改正）

「死亡した日の翌日」「60歳に達した日（誕生日の前日）」「厚生年金保険の被保険者の資格喪失日（退職日の翌日）」を整理しておきましょう。

4 被保険者期間の計算

被保険者期間は，月を単位として計算し，被保険者の資格を取得した月から喪失した月の前月までの月数で計算する。転職などで被保険者期間が継続していなくとも，それぞれの加入期間を1ヵ月単位で全部合算することができる（国年法11条）。

理解度チェック

① 20歳未満で厚生年金保険の被保険者資格を取得した者は，20歳に達したときに国民年金の第2号被保険者となる。

② 日本国内に住所を有する外国人留学生は，20歳に達したときに国民年金の第1号被保険者の資格を取得する。

③ 20歳以上60歳未満の者は，第2号被保険者の被扶養配偶者となったときに第3号被保険者の資格を取得する。

④ 65歳未満の厚生年金保険の被保険者は，退職した日の翌日に第2号被保険者の資格を喪失する。

⑤ 第3号被保険者は，配偶者が厚生年金保険の被保険者でなくなった場合，第1号被保険者への種別変更の届出をしなければならない。

解答 ① ×　20歳未満で厚生年金保険の被保険者資格を取得した者は，資格を取得したときから第2号被保険者となる。
② ○
③ ○
④ ○
⑤ ○

7 | 国民年金の保険料

 重要用語

国庫負担

1 国民年金の費用負担

　国民年金の給付に要する費用は，第1号被保険者が負担する国民年金保険料と，政府および実施機関である共済組合等からの拠出金および国庫負担によって賄われている。ただし，寡婦年金など国民年金の独自給付に要する費用については，第1号被保険者の保険料のみで賄われている。

　国庫負担は，基礎年金給付費の3分の1相当額であったが，今後の保険料増額を抑制するために，平成16年改正により，平成21年度からは国庫負担割合を2分の1とする所要の措置が講じられた。

●図表1-7-1　国民年金の費用負担の仕組み

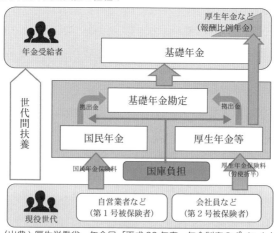

（出典）厚生労働省　年金局「平成23年度　年金制度のポイント」をもとに作成

▶ 1. 第1号被保険者の保険料

　第1号被保険者の令和6年度の保険料は，定額で月額16,980円である（国年法87条）。原則として被保険者本人に納付義務があるが，本人に収入がないときは，世帯主または配偶者が連帯して納付する義務を負う（国年法88条）。

● 図表1-7-2　国民年金の被保険者の区分ごとの保険料

（令和6年度）

第1号被保険者	第2号被保険者	第3号被保険者
○保険料は定額　月額16,980円	○保険料は報酬額に比例 　厚生年金保険料率：平成29年9月より18.30％（第2号・第3号被保険者の基礎年金および厚生年金保険（報酬比例部分）に充当） ○労使折半で保険料を負担	○被保険者本人は負担を要しない ○夫（妻）が加入している年金の保険者が負担

　各月の保険料は，通知される納付書などにより，金融機関，郵便局，コンビニなどで直接納めるか，口座振替・クレジットカードにより納付する。また，インターネットを利用して電子納付することもできる。原則として，翌月の末日までに納付しなければならない（国年法91条・92条）。口座振替の早割（当月保険料を当月末引落し）にすると，保険料が60円割引になる。各月の保険料は，2年経過すると時効により納めることができなくなる。

　また，保険料は前納することができる（国年法93条）。この場合，2年単位，1年単位および6ヵ月単位などの前納期間に応じて一定割合が割り引かれる。前納した保険料の期間については，前納にかかる期間の各月が経過したときに，それぞれの月の保険

補足

クレジットカードで納付するときは事前の申請が必要である。クレジットカードは被保険者本人名義のほか，親族等の本人名義以外のクレジットカードも利用できる。

重要用語

前納

● 図表1-7-3　令和6年度の国民年金前納割引額（口座振替）

振替方法	1回当たりの納付額	割引額
2年前納	397,290円	16,590円
1年前納	199,490円	4,270円
6ヵ月前納	100,720円	1,160円
当月末納付	16,920円	60円

料が納付されたものとみなされる。

▶ 2. 第2号被保険者・第3号被保険者の保険料

第2号被保険者と第3号被保険者の保険料は，厚生年金保険の実施者たる政府または実施機関たる共済組合等が，加入者と被扶養配偶者の数に応じて，徴収した保険料のなかから基礎年金の給付費用をまとめて（基礎年金拠出金という）国民年金制度へ拠出する。そのため，個別に国民年金の保険料を納める必要はない（国年法94条の2・94条の3）。

なお，第3号被保険者の基礎年金費用は，国庫負担と政府および実施機関である共済組合等からの拠出金によって賄われている。厚生年金保険の被保険者とその被扶養配偶者（第3号被保険者）にかかる基礎年金拠出金は，次の計算式により算出される。

$$\text{基礎年金の給付に要する費用} \times \frac{\text{厚生年金保険の被保険者総数} + \text{厚生年金保険の被保険者の被扶養配偶者総数}}{\text{国民年金の被保険者総数}}$$

保険料は納期限から2年を経過すると時効により納付することができなくなる。

2 国民年金の付加年金

重要用語

付加保険料

▶ 1. 付加保険料の納付

第1号被保険者（65歳未満の任意加入被保険者を含む）は，厚生労働大臣に申し出ることにより，申出をした日の属する月以後の各月について，国民年金保険料のほかに，月額400円の付加保険料を納めることができる。

付加保険料の納付は，第1号被保険者のみに限られており，農業者年金基金の被保険者は，原則として，すべて付加保険料を納

付する人となる（農業者年金基金法17条）。なお，保険料の免除を受けている人（一部免除者および学生納付特例による納付猶予者を含む），国民年金基金の加入員は，付加保険料を納付することはできない（国年法87条の２第１項）。

付加保険料の納付は，通常の国民年金保険料を納めた月についてのみ行うことができる（国年法87条の2第2項）。ただし，年金機能強化法により，国民年金保険料と同様に，納付期限から２年間は納付できるように改正された（施行：平成26年４月）。追納することはできないが，国民年金保険料とともに前納することはできる。

▶ 2. 付加年金の給付

付加年金は，付加保険料の納付済期間のある人が，老齢基礎年金の受給権を取得したときに支給される（国年法43条）。老齢基礎年金に加算される年金であるため，障害基礎年金や遺族基礎年金を受給する場合には加算されない。

老齢基礎年金の支給の繰上げまたは繰下げの申出をしたときには，同時に付加年金の支給の繰上げまたは繰下げの申出をしなければならない。繰上げまたは繰下げの付加年金の年金額は，老齢基礎年金と同じ割合で減額または増額される（国年法46条，同附則９条の２）。

付加年金の年金額は，200円に付加保険料納付済期間の月数を乗じて得た額である。ただし，年金額について賃金や物価に応じたスライドは適用されない（国年法44条）。

付加年金の年金額 ＝200 円×付加保険料納付済期間の月数

老齢基礎年金が全額支給停止されているときは，その間，付加年金も支給停止される。また，付加年金の受給権は，受給権者が死亡したときに消滅する（国年法47条・48条）。

●図表1-7-4　付加年金保険料と給付額

(単位：円)

付加保険料納付月数	12ヵ月	36ヵ月	60ヵ月	120ヵ月	180ヵ月
付加保険料納付総額	4,800	14,400	24,000	48,000	72,000
付加年金の年金額	2,400	7,200	12,000	24,000	36,000
	付加年金受給累計				
65歳	2,400	7,200	12,000	24,000	36,000
66歳	4,800	14,400	24,000	48,000	72,000
67歳	7,200	21,600	36,000	72,000	108,000
68歳	9,600	28,800	48,000	96,000	144,000
69歳	12,000	36,000	60,000	120,000	180,000
70歳	14,400	43,200	72,000	144,000	216,000

60歳以上65歳未満の任意加入被保険者は，付加保険料を納付することができる。

3　保険料の免除制度

重要用語
保険料の免除制度

　第1号被保険者には保険料の免除制度があり，免除と認められた期間（免除期間）は，年金受給資格期間に算入することができる。ただし，任意加入被保険者は，保険料免除制度の対象とならない。また，免除には，申請免除と法定免除がある（国年法89条・90条。図表1-7-5参照）。

▶ 1. 法定免除

重要用語
法定免除

　法定免除の場合，該当した人は届出をすることで，保険料が全額免除される。保険料免除期間は，免除事由に該当した月の前月から，該当しなくなった月までである。

▶ 2. 申請免除

重要用語
申請免除

(1)　**申請免除の期間**

　申請免除の場合には，保険料の納付期限から2年を経過してい

●図表1-7-5　国民年金保険料の免除

（令和6年4月現在）

	対象者の要件	手続き
法定免除	①　障害基礎年金その他公的年金の障害年金の受給権者であるとき ②　生活保護法による生活扶助を受けているとき ③　ハンセン病療養所，国立脊椎療養所，国立保養所等の施設に入所しているとき	届出先は市区町村
申請免除 （全額免除，4分の3免除，半額免除，4分の1免除）	①　前年の所得が一定額（その扶養親族等の有無および数に応じて）以下のとき ②　生活保護法による生活扶助以外の扶助を受けているとき ③　地方税法に定める障害者または寡婦，未婚のひとり親等で前年所得135万円以下のとき ④　保険料納付が著しく困難なとき	届出先は市区町村

（注）　「前年の所得」は，1月から6月までの月分の保険料は前々年の所得。

ない期間（申請時点から2年1ヵ月前までの期間）について，免除申請ができる（平成26年4月以降。平成24年改正前は，申請時点の直近7月までであった）。ただし，被保険者に収入がなくとも被保険者の属する世帯の世帯主や配偶者に負担能力がある場合には，申請免除は認められない。

⑵　申請免除の要件

申請免除は，厚生労働大臣に申請することにより，保険料が免除される。

なお，保険料の申請免除の要件のなかで，「保険料を納付することが著しく困難であるとき」とは，申請のあった日の属する年度またはその前年度において次に該当するときである（国年法施行規則77条の7）。

①　震災，風水害，火災などによる家財等の被害金額がその価格の概ね2分の1以上である損害を受けたとき
②　失業等により保険料納付が困難なとき

③　配偶者からの暴力（DV）により保険料納付が困難なとき

(3)　申請免除の保険料額

　免除される額は，所得基準（図表1-7-6）に応じて，保険料額の全額，４分の３，半額，４分の１とされる（図表1-7-7）。

●図表1-7-6　保険料免除の所得基準

（令和３年７月改正）

区　分	対象基準
全額免除	前年の合計所得金額が 「（扶養親族等の数＋1）×350,000円＋320,000円」以下
4分の3免除	前年の合計所得金額が「扶養親族等控除額＋社会保険料控除額等 ＋880,000円」以下
半額免除	前年の合計所得金額が「扶養親族等控除額＋社会保険料控除額等 ＋1,280,000円」以下
4分の1免除	前年の合計所得金額が「扶養親族等控除額＋社会保険料控除額等 ＋1,680,000円」以下

（注）　合計所得金額は，①総所得金額，②退職所得金額，山林所得金額，③土地等にかかる事業所得等の金額，④長・短期譲渡所得金額，⑤商品先物取引にかかる雑所得等の金額の合計額。ただし，地方税法313条8項および9項の規定による控除前の金額。

●図表1-7-7　免除制度の保険料額

（令和６年度）

免除	保険料額
全額免除	0 円
4分の3免除	4,250 円
半額免除	8,490 円
4分の1免除	12,740 円

(4)　申請免除の追納

重要用語

追納

　後日になり保険料を支払えるときには，10年以内であれば免除期間の保険料の全部または一部をまとめて納付（追納）することができる。一部の期間について追納するときは，原則，先に経過した月の分から順次追納が行われる。

　追納する場合，保険料は免除を受けた当時の保険料の額に，政

令で定める一定の率を乗じた額となる（国年法94条３項）。なお，保険料の徴収時効となるまでの２年間には加算額はない。

　平成26年４月からは，改正により，国民年金保険料を前納した後に免除に該当した場合，免除該当日前に納付された前納保険料のうち免除に該当した月分以後の分にかかるものについては，還付が可能となった。

(5)　申請免除の受給額

　免除期間は，受給資格期間についてはそのままの期間で計算されるが，国庫負担の割合が平成21年度より，３分の１から２分の１へ引き上げられたため，受給できる年金額を計算する際には（図表1-7-8参照），全額免除期間は２分の１，４分の３免除期間は８分の５，半額免除期間は４分の３，４分の１免除期間は８分の７の期間で計算される（平成21年度以降，国年法27条・85条）。

● 図表1-7-8　多段階保険料免除

免除	老齢基礎年金の給付	
	平成 21 年3月まで	平成 21 年4月から
全額免除	3分の1	2分の1
4分の3免除	2分の1	8分の5
半額免除	3分の2	4分の3
4分の1免除	6分の5	8分の7
免除なし	満　　額	満　　額

（注）追納がなかった場合。

過去２年（２年１カ月前）まで遡って保険料免除の申請をすることができる。

4 保険料の学生納付特例制度

　20歳以上60歳未満の学生は，以前は任意加入の取扱いになっていた。しかし，加入していない間に障害者になった場合には無年金になってしまうため，平成3年4月からは学生も第1号被保険者として強制加入となっている。

　学生の保険料については，以前は親元世帯の所得に応じて免除を受けられる仕組みになっていたが，平成12年改正により，親元世帯の収入要件はなくなり，学生本人の前年所得が128万円以下（半額免除と同様，令和6年度）の場合には，申請により保険料の後払いができる保険料納付猶予制度（学生納付特例制度）が設けられた（国年法90条の3）。対象となるのは，大学，大学院，短期大学，高等学校，高等専門学校，専修学校および各種学校その他の教育施設の一部に在学する学生等で，夜間部と定時制課程および通信制課程の学生も対象となっている。

　学生納付特例期間は，対象期間4月〜翌年3月まで承認されるが，継続するには毎年申請が必要である。平成26年4月から，改正により申請時点から2年1ヵ月前までの期間について，遡って学生納付特例を申請できるようになった。なお，学生納付特例の承認期間は，年金額の計算上は免除期間とならない。つまり，年金受給資格期間には算入されるが，老齢基礎年金の年金額の計算には反映されない。ただし，直近10年以内であれば追納することができ，追納があった期間については，保険料納付済期間となる。

　また，この学生納付特例期間中に障害者となったり死亡した場合には，障害基礎年金または遺族基礎年金が支給される。なお，学生納付特例を利用することができる第1号被保険者には，申請免除制度は適用されない（国年法90条）。申請窓口は，住所地の市区町村の国民年金係，年金事務所，一部の在学中の学校等であ

る。

学生納付特例の承認期間は，年金受給資格期間には算入されるが，老齢基礎年金の年金額には反映されない。

5 納付猶予制度

学生でなく無職の人やフリーターなどで低所得者は，親と同居しているために保険料免除の所得要件を満たすことができず，保険料未納となっているケースが多くあった。そこで，平成16年改正により，平成17年4月から平成27年6月までの時限措置として「納付猶予制度」が創設された。なお，改正法で，期間延長が行われ，令和12年6月までとなっている。

納付猶予制度では，第1号被保険者で50歳未満の人（申請免除および学生を除く）の場合，本人および配偶者の所得が単身67万円，夫婦2人世帯102万円以下である場合には，世帯主（親など）の所得に関係なく，申請により保険料の納付が猶予される。

猶予対象期間は，7月から翌年6月までである。なお，平成26年4月から，改正により申請時点の2年1ヵ月前の月分まで遡って申請ができるようになった。

「納付猶予」の期間は，老齢基礎年金の受給資格期間に算入されるが，年金額には反映されない。納付猶予期間中に障害や死亡事故が発生した場合には，障害基礎年金または遺族基礎年金が支給される。

納付猶予期間については，10年以内に保険料を追納することができ，追納した場合には，保険料納付済期間となる（国年法附則（平16）19条）。

第1編

📖重要用語
納付猶予制度

世帯主の所得にかかわらず，本人と配偶者の所得で判定されることを押さえておこう。

6 産前産後の保険料免除

　法改正により，国民年金の第１号被保険者の産前産後期間の保険料が，全額免除となる（平成31年４月施行）。免除期間は出産予定日または出産日が属する月の前月から原則４ヵ月間（多胎妊娠は出産予定日または出産日の属する月の３ヵ月前から６ヵ月間）である。なお，この免除期間は，老齢基礎年金の年金額の計算においては保険料納付済期間として反映される。

　また，令和６年１月より，国民健康保険の産前産後期間の保険料免除制度が開始されている。

　国民年金保険料については，平成31年４月より，産前産後期間の保険料免除制度があるが，育児期間保険料免除については創設が検討されている。

老齢基礎年金の年金額の計算においては，この免除期間は，保険料納付済期間として反映されることを押さえておこう。

理解度チェック

① 国民年金の第1号被保険者の保険料等は，保険料の納期限から2年を経過すると納付することができない。

② 60歳以上65歳未満の任意加入被保険者は，付加保険料を納付することができない。

③ 口座振替で当月分の保険料を当月末引落としで納付した場合，月額60円割引される。

④ 国民年金の第1号被保険者は，過去10年まで遡って保険料免除の申請をすることができる。

解答　① 〇
　　　　② ✕　60歳以上65歳未満の任意加入被保険者は，付加保険料を納付することができる。
　　　　③ 〇
　　　　④ ✕　国民年金保険料の免除承認期間は，過去2年（2年1ヵ月前）まで遡って保険料免除の申請をすることができる。

8 厚生年金保険の被保険者

関連過去問題
- 2024年 3月 問7, 9
- 2023年 10月 問7, 9
- 2023年 3月 問7, 9
- 2022年 10月 問7, 9

📖 **重要用語**

強制適用事業所

1 適用事業所

　厚生年金保険が適用される事業所または船舶を適用事業所といい，加入が義務付けられている強制適用事業所と，加入が任意である任意適用事業所の2種類がある（図表1-8-1参照）。

▶ 1. 強制適用事業所

　強制適用事業所は，事業主および従業員の意思や国籍を問わず，法律上当然に適用を受け，加入が義務付けられている事業所である。株式会社や有限会社といった法人の事業所は，社長1人であっても強制適用事業所となっている。このため，強制適用から除かれる事業所は，サービス業の一部や農業・漁業などの個人の事業所に限られている。

　強制適用事業所には，以下の事業所が該当する（厚年法6条1項）。

　また，法改正により，令和4年10月から，弁護士，税理士，社会保険労務士等の士業で，常時5人以上の従業員がいる個人事務所は強制適用事業所に追加となった。

> ① 常時1人以上の従業員を使用する法人の事業所（国，地方公共団体も同様）
> ② 常時5人以上の従業員を使用する適用業種の個人の事業所
> ③ 船員を使用する5トン以上の船舶，30トン以上の漁船

● 図表1-8-1　厚生年金保険の適用事業所

規模 ＼ 業種等	適用業種 製造業，土木建築業，鉱業，物品販売業等		非適用業種 農林水産業，飲食店，サービス業等	
	法人	個人	法人	個人
5人以上	○	○	○	△（※）
1〜4人	○	△	○	△

○＝強制適用事業所　△＝任意適用事業所
※令和4年10月から法律・会計業務等の士業は強制適用事業所

▶ 2.　任意適用事業所

任意適用事業所は，強制適用でない業種を行う個人の事業所，または常時5人未満の従業員を使用する個人の事業所が該当する。任意適用事業所に該当する場合，従業員の2分の1以上の同意を得て厚生労働大臣の認可を受ければ，厚生年金保険に加入することができる（厚年法6条3項）。

重要用語
任意適用事業所

2　被保険者

厚生年金保険の被保険者の種類は，本人の意思にかかわらず法律上当然に被保険者となる強制加入被保険者と，任意加入被保険者の2種類がある。

さらに，被保険者の種別は，図表1-8-2のとおり5つに分かれ

重要用語
厚生年金保険の
被保険者

● 図表1-8-2　厚生年金保険の被保険者区分

第1種被保険者 （第1号厚生年金被保険者）	一般男子（第3種被保険者または第4種被保険者および船員任意継続被保険者でない人）
第2種被保険者 （第1号厚生年金被保険者）	女子（第3種被保険者または第4種被保険者および船員任意継続被保険者でない人）
第3種被保険者 （第1号厚生年金被保険者）	船員または坑内員（第4種被保険者および船員任意継続被保険者でない人）
第4種被保険者	任意継続被保険者
船員任意継続 被保険者	旧船員保険法による任意継続被保険者で，施行日に厚生年金保険の資格を取得した任意継続被保険者

第1編

ており，この種別によって保険料率や被保険者期間の計算，年金の支給開始年齢などが異なる（厚年法附則(60) 5条）。

📖 重要用語

強制加入被保険者

▶ 1. 強制加入被保険者

平成12年改正により，平成14年4月から厚生年金保険の被保険者の適用が65歳未満から70歳未満まで引き上げられ（厚年法9条），適用事業所に使用される70歳未満の人は，国籍や賃金の額などにかかわらず，適用除外とされる人を除き，原則としてすべて強制加入被保険者となる。

適用事業所に使用される70歳未満の人で，適用除外となるのは図表1-8-3のとおりであるが，所定の期間を超えて引き続き使用

● 図表1-8-3　被保険者の適用除外と資格取得

＜適用除外＞	＜被保険者の資格取得の例外＞
日々雇い入れられる人（船員を除く）	引き続き1ヵ月を超えて使用されることになったときから被保険者となる。
2ヵ月以内の期間を定めて使用される人であって，当該定めた期間を超えて使用されることが見込まれない人（船員を除く）	左の期間を超えて引き続き使用されることになったときから被保険者となる。
清酒の醸造など季節的業務（4ヵ月以内）に使用される人（船員を除く）	継続して4ヵ月を超えて使用される見込みの人は，当初から被保険者となる。
博覧会など臨時的事業の事業所（6ヵ月以内）に使用される人	継続して6ヵ月を超えて使用される見込みの人は，当初から被保険者となる。
所在地の一定しない事業所に使用される人	

されるようになったときなどは被保険者となる（厚年法12条）。ただし、2ヵ月以内の期間を定めた期間を超えて使用されることが見込まれるときは、当初から被保険者となる（令和4年10月施行）。

　厚生年金保険の被保険者は70歳になるまで厚生年金保険の保険料を負担するが、65歳以上の厚生年金保険の被保険者で老齢基礎年金等の老齢給付等を受けることができる人は、国民年金の第2号被保険者とはならない。

　なお、「使用される人」とは、事実上その事業主のもとで使用され、労働の対償として給与を受けている人である。法律上の雇用契約があるかどうかは必ずしも関係なく、代表取締役や役員も法人に使用され報酬を受ける人として被保険者となる。また、国籍は関係なく、20歳未満であっても被保険者となる。

　ただし、個人事業の事業主本人は雇用主のため、従業員を常時5人以上使用していても厚生年金保険の被保険者にはなれない。

▶ 2. パートタイム労働者と短時間労働者

　パートタイム労働者の場合、平成28年10月1日以降は「1週間の所定労働時間」および「1ヵ月の所定労働日数」が同一の事業所に使用される通常の労働者の所定労働時間および所定労働日数の4分の3以上であれば、厚生年金保険の被保険者となる。

　なお、平成24年8月成立の改正法により、短時間労働者の適用が拡大された（平成28年10月施行）。

　平成28年10月1日以降は、前記の「4分の3基準」を満たさなくとも、次の基準をすべて満たした短時間労働者へ適用が拡大となった。

①　週の所定労働時間20時間以上
②　月額賃金8.8万円以上（年収106万円以上）

③ 雇用期間2ヵ月を超えて見込まれる

④ 学生（昼間部）は適用除外

⑤ 特定適用事業所*1, 任意特定適用事業所*2, 国・地方公
共団体に属する事業所に勤めていること

  *1 常時101人以上の被保険者を使用する適用事業所（令
和6年10月から事業所規模50人超に拡大）

  *2 常時100人以下で労使合意にもとづき申し出た適用
事業所

平成29年4月からは，任意特定適用事業所の会社でも，労使で
合意すれば厚生年金保険の被保険者となることができる。

また，法律改正により，企業規模の対象は，令和4年10月より
従業員数100人超に，さらに令和6年10月より従業員数50人超
が対象に，短時間労働者等の適用が拡大となる。

適用基準の勤務期間「1年以上」の要件は，令和4年10月より
「2ヵ月超」へ改正された。

● 図表1-8-4　短時間労働者等の適用拡大

	事業所の規模 （従業員数）	勤務期間	労働時間	賃金
令和4年9月まで	501人以上	1年以上見込み	週所定労働時間 20時間以上	月額88,000円 以上
令和4年10月〜	100人超	2ヵ月超見込み		
令和6年10月〜	50人超	2ヵ月超見込み		

※学生は適用対象外

 重要用語

任意加入被保険者

▶ 3. 任意加入被保険者

厚生年金保険が適用されていない事業所に勤務する従業員等は，
厚生労働大臣の認可を受けて，厚生年金保険に任意加入すること
ができる。なお，任意加入被保険者には，①任意単独被保険者，
②高齢任意加入被保険者，および③第4種被保険者（任意継続被

保険者）の３つの種類がある（図表1-8-5参照）。

● 図表1-8-5　任意加入被保険者の区分

任意単独被保険者	保険料は事業主と被保険者とで折半 保険給付は一般と同じ
高齢任意加入被保険者	保険料は全額自己負担 （事業主の同意があれば事業主が半額負担） 保険給付は一般と同じ
第4種被保険者	保険料は全額自己負担 保険給付は一般と同じ

(1)　任意単独被保険者

適用事業所以外に勤務する70歳未満の人は，事業主の同意と厚生労働大臣の認可を得て，厚生年金保険に単独で任意加入することができる。保険料は事業主と労使折半となる（厚年法10条）。

(2)　高齢任意加入被保険者

70歳に達しても老齢基礎年金の受給権を有しない人は，受給権を取得するまで厚生年金保険に任意加入することができる（厚年法附則4条の３）。

高齢任意加入被保険者の資格は，実施機関に資格取得の申出をし，受理された日に取得する。ただし，加入について事業主の同意が得られない場合には，本人が保険料の全額を負担する。

(3)　第４種被保険者（任意継続被保険者）

第４種被保険者制度は，昭和60年改正により昭和61年4月から原則として廃止されたが，経過的に限定された適用が残されている。ただし，原則として昭和61年４月１日の前日に第４種被保険者であった人，または昭和16年４月１日以前生まれで一定の要件を満たす人に限られている（厚年法附則(60)43条・44条）。

個人事業の事業主本人は雇用主のため，従業員の人数にかかわらず被保険者とならない。

補足

厚生年金保険の適用事業所でない事業所に使用されている70歳以上で受給権のない人も，事業主の同意があり申出が厚生労働大臣に認可されれば，高齢任意加入被保険者となることができる（厚年法附則4条の5）。

被用者年金制度の一元化

被用者年金制度の一元化等を図るための厚生年金保険法等の一部を改正する法律が平成24年8月10日に成立し，厚生年金保険に公務員および私学教職員も加入し，共済組合等の2階部分は厚生年金保険に統一された（平成27年10月1日施行）。

国家公務員，国立大学法人等職員，地方公務員および私学教職員も厚生年金保険に加入することとなり，一元化後の厚生年金保険の被保険者は，次のように区分される（図表1-8-6参照）。

● 図表1-8-6　一元化後の厚生年金保険の被保険者の区分

種別（号別）	略称	対象者	実施機関
第1号厚生年金被保険者	一般厚年	民間被用者	厚生労働大臣
第2号厚生年金被保険者	公務員厚年	国家公務員等	国家公務員共済組合連合会
第3号厚生年金被保険者		地方公務員等	地方公務員共済組合等
第4号厚生年金被保険者	私学厚年	私学教職員	日本私立学校振興・共済事業団

4　厚生年金保険の資格取得・喪失

▶ 1. 厚生年金保険の資格取得

被保険者の資格は，以下に該当したときに取得する（厚年法13条）。

① 入社の日など厚生年金保険の適用事業所に使用されることとなった日

② 厚生年金保険が適用されていない事業所が厚生年金保険の適用事業所となった日

③ 適用除外の該当者が適用除外に該当しないこととなった日

▶ 2. 厚生年金保険の資格喪失

被保険者の資格は，以下に該当したときに喪失する（厚年法14条）。

---

① 適用事業所の業務に使用されなくなった日（退職日）の翌日

② 退職した日に別の適用事業所で被保険者の資格を取得した日

③ 死亡した日の翌日

④ 適用除外に該当した日の翌日

⑤ 事業所が廃止になった日の翌日

⑥ 任意適用事業所の適用取消の認可があった日の翌日

⑦ 70歳に達した日（誕生日の前日）

> **補足**
> 被保険者期間に上限はなく，年数による喪失はない。また，年金受給権を得ても被保険者の資格は喪失しない。

②について，第1号厚生年金被保険者が退職した日に第2号厚生年金被保険者（共済組合の組合員）の資格を有するにいたったときは，その日に第1号厚生年金被保険者の資格を喪失する。

▶ 3. 同一事業所における再雇用の取扱い

平成25年4月からは，定年退職かどうかにかかわらず，60歳以上の人が退職後に継続して再雇用された場合には，再雇用された月から再雇用後の給与を基礎とした標準報酬月額が適用されることとなった（平成25・1・25　年年発0125第1号）。これにより，定年退職時や再雇用時にいったん被保険者資格を喪失し，再雇用後の新給与をもとに資格取得することができる。保険料および在職老齢年金の計算には，新給与を基礎とした標準報酬月額が適用されることになる。

この取扱いを受ける手続きは，「厚生年金保険被保険者資格喪失届」と「厚生年金保険被保険者資格取得届」に，退職後，新たな

雇用契約を結んだことを明らかにできる書類（事業主の証明書等）等を添付して，年金事務所に提出する。

厚生年金保険の被保険者資格は，70歳に達した日（誕生日の前日）に喪失する。

5 被保険者期間の計算

<table>
<tr><td>🔦 補足</td></tr>
</table>

補足

同一月内に資格の取得と喪失があった場合には，その月を1ヵ月として計算する。

補足

被保険者の種別に変更があった場合には，変更月は変更後の種別による被保険者であったとみなされる。

補足

転職などで適用事業所が変わっても，それぞれの被保険者期間は合算される（厚年法19条3項）。

　厚生年金保険の被保険者期間は，月を単位として計算し，被保険者の資格を取得した月から資格を喪失した月の前月までを被保険者期間とする（厚年法19条1項）。月を単位とするため，資格を取得した日が月の初日であっても末日であっても，その月は1ヵ月として計算する。また，資格喪失日が月の初日であっても末日であっても，その月は被保険者期間に算入されない。

　たとえば，月末退職の場合，資格喪失日は翌月1日であるので，その前月である退職月まで被保険者期間に算入される。ただし，月末に70歳の誕生日を迎えた場合，誕生日の前日が70歳に達した日（＝資格喪失日）となるので，その月は被保険者期間に算入されない。

　厚生年金保険の資格を取得した月にその資格を喪失し，その月（同一月内）に国民年金の資格を取得したときは，厚生年金保険の資格をカウント（算入）しない（保険料は国民年金のみ負担する）。

●図表1-8-7　資格の取得月と喪失月

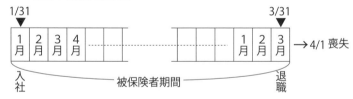

月末退職の場合と月末に70歳の誕生日を迎え
た場合の被保険者期間に注意しましょう。

理解度チェック

① 常時従業員を使用する法人事業所の代表者は，厚生年金保険の被保険者となる。

② 厚生年金保険の適用事業所に使用される70歳未満の者は，国籍にかかわらず原則として被保険者となる。

③ 厚生年金保険の被保険者の資格を取得した月内に退職し，同一月内にさらに別の被保険者の資格を取得した場合，最後の資格が被保険者期間とされる。

④ 厚生年金保険の被保険者が死亡したときは，死亡した日に被保険者の資格を喪失する。

解答　① ○
　　　② ○
　　　③ ○
　　　④ ×　厚生年金保険の被保険者資格の喪失日は，死亡した日の翌日である。

9 厚生年金保険の保険料

1 第1号厚生年金被保険者の費用負担

　厚生年金保険の保険料は，被保険者期間の計算の基礎となる各月につき，被保険者資格を取得した月から資格喪失日の属する月の前月分まで徴収される。第1号厚生年金被保険者の保険料は，被保険者と事業主がそれぞれ折半で負担する。事業主は，使用する被保険者および自己の負担する保険料を納付する義務を負っており，毎月の保険料は，翌月末日までに納付しなければならない（厚年法81条・82条・83条）。

　なお，事業主は，被保険者に対する給与支払いの際に，前月分の保険料を当月分の給与から控除（天引き）することができる（厚年法84条）。月の末日に退職した場合，事業主は前月分と当月分の2ヵ月分，被保険者負担分の保険料を，退職月の給与から控除することができる。

2 総報酬制導入後の保険料（第1号厚生年金被保険者）と年金額

　以前は，第1号厚生年金被保険者の保険料は，月額保険料17.35％＋特別保険料1％が徴収されていた。しかし，平成12年改正により平成15年4月から総報酬制が導入され，賞与等（年3回まで）も保険料の賦課対象となり，月収と賞与等にかかる保険料率は，同率の13.58％となった（図表1-9-1参照）。また，平成16年改正により，保険料率は毎年引き上げられていたが，平成29年9

重要用語

保険料率
第2号・第3号厚生年金被保険者の保険料率は，毎年9月に0.354％ずつ引き上げられ，平成30年9月から18.30％に固定された。第4号厚生年金被保険者の保険料率は，毎年4月に0.354％ずつ引き上げられ，令和9年4月に18.30％で固定される。

● 図表1-9-1　総報酬制導入後の第1号厚生年金被保険者の保険料率の算出

(平成 29 年 9 月改正)

	平成 15 年 3 月まで	平成 15 年 4 月から	平成 29 年 9 月から
月額給与の保険料	標準報酬月額 × 17.35% (労使 8.675%ずつ)	標準報酬月額 × 13.58% (労使 6.79%ずつ)	標準報酬月額 × 18.30% (労使 9.150%ずつ)
賞与等の保険料	賞与等支給額×1% (労使 0.5%ずつ) ＊給付に反映しない ＊上限下限なし	標準賞与額× 13.58% (労使 6.79%ずつ) ＊給付に反映 ＊賦課対象上限 150 万円 ＊ 1,000 円未満は切捨て	標準賞与額× 18.30% (労使 9.150%ずつ)

月からは18.30％で固定されている。

　総報酬制導入後は，賞与等にかかる保険料も年金給付に反映される。総報酬制導入後の被保険者期間については，標準報酬月額と保険料の賦課対象となった標準賞与額をもとに年金額が計算される。これにより，総報酬制導入後の年金額は，導入前の被保険者期間は従来どおりの方法で，導入後の被保険者期間（平成15年4月以後の被保険者期間）については新たな給付乗率を用いて計算し，この２つの計算で算出された額の合計となる。

第４号厚生年金被保険者（私学教職員）の保険料率は，毎年引き上げられ令和９年４月に18.30％で固定される。

3　賞与の保険料（第1号厚生年金被保険者）

　総報酬制導入後の賞与等については，支給時ごとに保険料が徴収され，支給額の1,000円未満を切り捨て，月収と同じ保険料率18.30％（平成29年９月〜）を乗じて保険料を算出する。賦課上限額は150万円であり，これは標準報酬月額の上限の月収を受けている人の平均的な年間賞与額の２分の１に相当している。

4 育児休業者の保険料

▶ 1. 申出（書類提出）により保険料免除

「育児休業・介護休業等育児又は家族介護を行う労働者の福祉に関する法律」にもとづき，平成17年４月から，３歳未満の子を養育するため育児休業等をしている被保険者については，育児休業中の給与支払いの有無にかかわらず，被保険者の育児休業取得の申出により，事業主が実施機関へ「育児休業等取得者申出書」を提出し，本人負担分および事業主負担分の保険料が全額免除される（厚年法81条の２）。免除される期間は，育児休業等開始日の月から，育児休業等終了日の翌日が属する月の前月までである。

令和４年10月より，免除要件の改正があり，１ヵ月以下の短期間の育児休業でも同月内に14日以上であれば保険料が免除される。ただし，賞与保険料免除は，賞与を支払った月の末日を含んだ連続した１ヵ月を超える育児休業のみ免除となる。

育児休業により保険料を免除された期間は，厚生年金保険の保険給付の計算に際しては，保険料を納付した期間と同様に取り扱われる。

> 📖 重要用語
>
> **育児休業等取得者申出書**

●図表1-9-2　養育期間標準報酬月額の年金額計算の特例

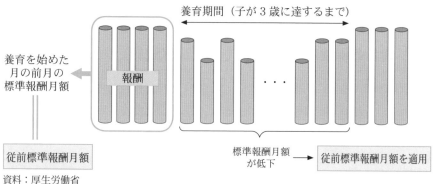

資料：厚生労働省

　平成16年改正により，子が3歳となるまでの養育期間については，職場復帰後に育児短時間勤務などにより給料（標準報酬月額）が下がった場合は，「厚生年金保険養育期間標準報酬月額特例申出書」を提出すれば，育児休業前と同額の従前標準報酬月額を用いて年金額が計算される。

5　産休期間中の保険料免除

　平成26年4月より，次世代育成支援の観点から，産前産後休業を取得した人の厚生年金保険料免除制度が開始した。

　平成26年4月分以降の保険料が本人負担分および事業主負担分とも免除となる（厚年法81条の2の2）。産前産後休業期間は，「出産日（予定日後の出産は出産予定日）以前42日（多胎妊娠の場合は98日）から出産日後56日までの間」において，妊娠または出産を理由として労務に従事しなかった期間である。事業主が実施機関へ「産前産後休業取得者申出書」を提出する必要がある。

重要用語
産前産後休業取得者申出書

第1編

理解度チェック

❶ 第1号厚生年金被保険者が10月末日に退職した場合，事業主は9月分と10月分の厚生年金保険の保険料を10月分の報酬から控除することができる。

❷ 第1号厚生年金被保険者の保険料は，事業主と被保険者が2分の1ずつ負担する。

❸ 第1号厚生年金被保険者の産前産後休業期間中の保険料は，被保険者負担分のみ免除される。

解答　❶ ○
　　　　 ❷ ○
　　　　 ❸ ×　被保険者負担分・事業主負担分とも免除される。

10 | 厚生年金保険の標準報酬

重要用語

標準報酬

重要用語

標準報酬月額

参照

資料編の(資料4)参照

補足

60歳以上の者で退職後1日も空くことなく継続再雇用された場合, 使用関係が一旦中断したものとみなされ, 同日得喪の特例により, 再雇用後の給与(報酬)に応じて標準報酬月額が決定される。

1 標準報酬月額の区分

標準報酬とは, 保険料徴収および保険給付の基礎となるものである。厚生年金保険では, 被保険者が受ける報酬を基礎に32等級の標準報酬に区分されている。令和2年9月から厚生年金保険の標準報酬月額は, 第1級88,000円から第32級650,000円までの区分が定められている(厚年法20条)。

高齢任意加入被保険者の場合も, 一般の被保険者と同様に標準報酬月額を決定する。

2 標準報酬月額の対象

標準報酬の対象となる報酬とは, 金銭, 現物を問わず, 被保険者が事業主から労働の対償として受けるすべてのものをいう。たとえば, 基本給のほか, 通勤手当(通勤手当は, 全額が標準報酬月額の対象となり, 上限額は設けられていない), 残業手当, 家族手当なども労働の対償であれば報酬となる(厚年法3条1項)。なお, 食事や住宅などの現物支給は, その地方の時価によって都道府県ごとの標準価額が定められており, 金銭に換算する。

被保険者が同時に2ヵ所以上の事業所に勤務し, 2ヵ所以上から報酬を得る場合には, 各事業所について算定した報酬額を合計した額により, 1つの事業所にて標準報酬月額を決定する。

3 標準賞与額

年3回以下支払われる賞与等は，報酬の対象とならず，標準賞与額の対象となる（すなわち，3ヵ月ごとに年4回支払われる賞与等は，賞与の対象とならず，標準報酬月額の対象となる）。賦課対象の賞与は標準賞与額として年金給付の計算に含まれる。

標準賞与額は，原則として被保険者が受けた月の賞与額の1,000円未満の端数を切り捨てた額となる。ただし，受け取った賞与の額が1ヵ月につき150万円を超える場合は，標準賞与額を150万円として計算する。

4 標準報酬月額の決定・改定

標準報酬を決める時期には，①資格取得時決定，②定時決定，③随時改定の3つがあり，それぞれ図表1-10-1のとおりである（厚年法21条・22条・23条）。

📖重要用語

賞与等
同一月に複数回に分けて賞与が支払われた場合，支払われた賞与の合算額が標準賞与額の対象とされる。

📖重要用語

標準賞与額

●図表1-10-1 標準報酬の決定時期

	決定時期	有効期間
資格取得時決定 （資格取得届）	被保険者になったとき。	1～5月の決定はその年の8月まで。 6～12月の決定は翌年の8月まで。
定時決定 （算定基礎届）	毎年7月。「被保険者報酬月額算定基礎届」により，4月・5月・6月の3ヵ月間に受けた報酬の平均月額から標準報酬月額を決定する（注）。	9月から翌年8月まで。
随時改定 （月額変更届）	報酬のうち固定的賃金に変動があり，変動月から3ヵ月間の報酬の平均月額が，原則として従前の標準報酬月額と2等級以上の差が生じたとき。	1～6月の改定はその年の8月まで。 7～12月の改定は翌年の8月まで。

（注）　平成23年度より，定時決定の方法に加え，業務の性質上4月から6月の報酬額が他の月に比べて著しく変動する場合，過去1年間（前年7月から当年6月）の月平均報酬額を標準報酬月額とすることができる。

重要用語
資格取得時決定

重要用語
定時決定

重要用語
随時改定

資格取得時決定では，被保険者の資格を取得したときの報酬を標準報酬月額表にあてはめ，標準報酬月額を決定する。

定時決定では，毎年1回，「被保険者報酬月額算定基礎届」により標準報酬の見直しを行う。4月・5月・6月の3ヵ月間に受けた報酬額の平均をもとに，その年の9月から翌年8月までの標準報酬月額を決定する。

随時改定は，昇給や降給によって固定的賃金（基本給や諸手当など）に変動があり，変動月以後3ヵ月間の給与を平均した標準報酬と現在の標準報酬に2等級以上の差が生じたときに行われる。随時改定に該当したときには，変動月から引き続く3ヵ月の翌月（変動月から4ヵ月目）から標準報酬月額が改定される。

● 図表1-10-2　標準報酬月額の決定・改定の例

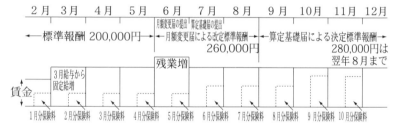

理解度チェック

❶ 厚生年金保険の標準報酬月額の上限額は，650,000円である。

❷ 通勤手当は，その全額が厚生年金保険の標準報酬月額の対象となる報酬に含まれる。

❸ 厚生年金保険の標準賞与額は，原則として被保険者が受けた月の賞与額の10,000円未満の端数を切り捨てた額である。

❹ 3ヵ月ごとに年4回支払われる賞与は，厚生年金保険の標準報酬月額の対象とされる。

解答　❶ ○
　　　❷ ○
　　　❸ ×　その月に受けた賞与額の1,000円未満の端数を切り捨てた額である。
　　　❹ ○

11 年金の受給権

1 年金受給権の発生

関連過去問題
📝 2024年3月
問8

年金の受給権は，受給権者の請求にもとづいて実施機関が裁定する。実施機関は，国民年金の場合は厚生労働大臣（日本年金機構）であり，厚生年金保険の場合は第1号～第4号のそれぞれの種別による実施機関である。なお，実際は，年金請求書を年金事務所等に提出することによって行われる。

2 受給権の保護と公課の禁止

年金受給権は一身専属の権利であるので，他人に譲渡したり借金の担保に供したり，差し押さえたりすることはできない。ただし，独立行政法人福祉医療機構の公的年金担保融資制度を利用する場合（法改正により令和4年3月末で新規受付を終了）など，別に法律で定めるところにより年金の受給権を担保に供する場合には，担保に供することもできる。なお，老齢基礎年金，付加年金，および老齢厚生年金の受給権は，国税滞納処分により差押えができる（国年法24条，厚年法41条）。

また，年金給付は受給権者の生活安定に資するものであるため，租税その他の公課は原則として非課税である。ただし，老齢基礎年金，付加年金，老齢厚生年金など，老齢および退職を支給事由とする給付については，雑所得として所得税が課税される（国年法25条，厚年法41条2項）。

3 年金の支払期月

　年金の請求手続を行い，年金を受給する権利が確定すると，請求した日や裁定が行われた日ではなく，年金を受給できる事実が発生した月（受給権を取得した月）の翌月分から年金が支給されることになる。具体的には，65歳になったときに受給権を得た人の場合，65歳になった日（誕生日の前日）が属する月からではなく，その翌月分から支給が開始となる。その後は，死亡などにより権利がなくなった月まで支給される。なお，同一月内に支給停止事由とその消滅事由がある場合，その月分の年金は支給される。

　年金は，1年分がまとめて支払われるのではなく，毎年偶数月（2月・4月・6月・8月・10月・12月）の6回に分けて，前月までの2ヵ月分ずつが支払われる（図表1-11-1参照）。ただし，初めて年金証書を受けたときや年金額が増額されたときなどには，支払期月でないときでも年金が支払われることがある（国年法18条，厚年法36条，国年法附則(60)32条）。

　年金の支払いは，受給権者が選択した金融機関（銀行，信用金庫，信用組合，労働金庫，農業協同組合など）またはゆうちょ銀行において，口座振込または振替預入（または送金現金）により行われる。なお，支払日は15日で営業店が休日のときは前日となる。具体的には，15日が土曜日の場合は14日，日曜日の場合は13日となる。

　「年金額改定通知書・年金振込通知書」は，ハガキにより年1回（6月）に送付される。ただし，年度途中に年金額の改定など支払額の変更や，受取機関の変更があった場合や，ゆうちょ銀行で年金を現金で受け取る受給者には，そのつど「年金振込通知書」，「年金額改定通知書」や「送金通知書」などの通知がある。

●図表1-11-1　年金の支払月

支払月	支払日	支払月分	支払額
2月	2月15日	前年12月・1月の2ヵ月分	年金額の6分の1ずつ
4月	4月15日	2月・3月の2ヵ月分	
6月	6月15日	4月・5月の2ヵ月分	
8月	8月15日	6月・7月の2ヵ月分	
10月	10月15日	8月・9月の2ヵ月分	
12月	12月15日	10月・11月の2ヵ月分	

4　年金額の端数処理

　年金額（年額）に1円未満の端数が生じた場合には，50銭未満の端数は切り捨て，50銭以上1円未満の端数は1円に切り上げる（国年法17条，厚年法35条）。

　また，各支払期月の支払額（年額の6分の1）に1円未満の端数が生じた場合には，その端数は切り捨て，切り捨てた金額の合計額を翌年2月の支払期に，年金額に加算される（国年法18条の2，厚年法36条の2）。

5　年金相談と不服申立て

　年金相談は，全国の年金事務所のほか，街角の年金相談センターで行うことができる。

　また，年金法による行政処分（年金給付等の裁定，年金額の改定，年金の支給停止など）について不服があるときには，審査請求をすることができる（第1号厚生年金被保険者以外は，実施機関である共済組合へ審査請求）。審査請求は，その処分を知った日の翌日から3ヵ月以内に，各都道府県地方厚生局の社会保険審査官に対して行う（社会保険審査官及び社会保険審査会法4条1項）。審査請求をした日から2ヵ月以内に決定がないときは，審査請求人は社会保険審査官が審査請求を棄却したものとみなすこと

重要用語
審査請求

重要用語
社会保険審査官

第1編

ができる。さらに，社会保険審査官の決定に不服がある場合には，厚生労働省の社会保険審査会（各共済組合は，各共済組合審査会）に再審査請求をすることができる（国年法101条，厚年法90条）。なお，不服の申立ては，口頭または文書で理由などを申し立てればよく，費用はかからない。

重要用語
社会保険審査会

6 未支給年金

年金を受給している人や，年金の受給権があるにもかかわらず請求していなかった人が死亡した場合，その人に支給されるはずの年金（未支給年金）・一時金があるときには，遺族に支給される。

重要用語
未支給年金

未支給年金は，遺族の名で請求し，一時金として支給される。請求できる遺族の順位は，受給権者の死亡当時，死亡した人と生計を同じくしていた３親等以内の親族（甥，姪，子の配偶者等）までに，平成26年４月より拡大改正された（図表1-11-2参照）。

受けられる順位は，①配偶者，②子，③父母，④孫，⑤祖父母，⑥兄弟姉妹，⑦これらの者以外の３親等内の親族，となっている。

●図表1-11-2　未支給年金の支給範囲

【改正前】		【改正後】
生計を同じくしていた	→	生計を同じくしていた
・配偶者		・配偶者
・子		・子
・父母		・父母
・孫		・孫
・祖父母		・祖父母
・兄弟姉妹		・兄弟姉妹
		・甥，姪
		・子の配偶者
		・おじ，おば
		・曾孫，曾祖父母
		・上記の者の配偶者　等

●図表1-11-3　未支給年金請求書

国民年金・厚生年金保険・船員保険・共済年金・年金生活者支援給付金

未支給年金・未支払給付金請求書

様式第514号

二次元コード

45	46	48	【職員記入欄】 死亡した方が年金生活者支援給付金を受給されていた場合は右欄に ☑	

死亡された方

死亡した受給権者

❶ 基礎年金番号 および年金コード

基　礎　年　金　番　号	年金コード（複数請求する場合は 右の欄に記入）

❷ 生 年 月 日　明治・大正・昭和・平成・令和　　　年　　　月　　　日

❸ (フリガナ)　氏　名　(氏)　　　　(名)

❹ 死亡した年月日　昭和・平成・令和　　　年　　　月　　　日

◆ 死亡した方が厚生年金保険・船員保険・統合共済の年金以外に共済組合等で支給する共済年金も受給していた場合、あわせて共済の未支給年金（未済の給付）の請求を希望しますか。※共済年金と国民（基礎）年金のみ受けていた方に、別途共済組合等に請求が必要です。　　　　　はい ・ いいえ

請求される方

請求者

❺ (フリガナ)　氏　名　(氏)　　　(名)　　　❻ 続柄　※続柄

❽ 郵 便 番 号　　ⓐ 電 話 番 号
－　　　　　－　　　－

❾ (フリガナ)　※住所コード　　　　　市区町村
住　所

個人番号　　→請求される方の個人番号（マイナンバー）をご記入ください。

ⓑ 年 金 受 取 機 関
1. 金融機関（ゆうちょ銀行を除く）
2. ゆうちょ銀行（郵便局）
☐ 公金受取口座として登録済の口座を指定

(フリガナ)　口座名義人 氏　名

年金送金先

金融機関	金融機関コード	支店コード	(フリガナ) 銀行・金庫・信組 農協・漁協 信連・信漁連	本店・支店 出張所・本所 支所	預金種別 1.普通 2.当座	口座番号（左詰めで記入）
ゆうちょ銀行	貯 金 通 帳 の 口 座 番 号 記 号（左詰めで記入） － 番 号（右詰めで記入）			金融機関またはゆうちょ銀行の証明欄 ※ 請求者の氏名フリガナと口座名義人氏名フリガナが同じであることをご確認ください。		

※貯蓄預金口座または貯蓄貯金口座への振込みはできません。
※通帳等の写し（金融機関名、支店名、口座名義人氏名フリガナ、口座番号の面）を添付する場合などは、金融機関の証明は不要です。

ⓒ 受給権者の死亡当時、受給権者と生計を同じくしていた方がいましたか。

配偶者	子	父 母	孫	祖 父 母	兄 弟 姉 妹	その他3親等内の親族
いる・いない	いる・いない	いる・いない	いる・いない	いる・いない	いる・いない	いる・いない

ⓓ 死亡した方が三共済（JR、JT、NTT）・農林共済年金に関する共済年金を受けていた場合にご記入ください。
死亡者からみて、あなたは相続人ですか。　　　　　　　　　はい ・ いいえ
（相続人の場合には、続柄についてもご記入ください。）　(続柄　　　)

ⓔ 備　　考

ⓕ 別世帯となっていることについての理由書

請求される方が、別世帯の配偶者または子の場合

次の理由により、住民票上、世帯が別となっているが、受給権者の死亡当時、その者と生計を同じくしていたことを申立します。
（該当の理由に〇印をつけてください。）　　　　　請求者氏名

理　由
1. 受給権者の死亡当時、同じ住所に二世帯で住んでいたため。
　（請求者が配偶者または子である場合であって、住民票上、世帯が別であったが、住所が同じであったとき。）
2. 受給権者の死亡当時、別世帯であったが、世帯主の死亡により、世帯主が変更されたため。

死亡した受給権者と請求者の住所が住民票上異なっていたが、生計を同じくしていた場合は「別居していたことについての理由書」などが必要となります。用紙が必要な方は、「ねんきんダイヤル」またはお近くの年金事務所などにお問い合わせください。
詳しくは、5ページの「生計同一に関する添付書類一覧表」をご覧ください。

令和　　　年　　　月　　　日　提出

年金事務所記入欄	
※遺族給付同時請求	有 ・ 無
※死亡届の添付	有 ・ 無

市区町村 受付年月日

実施機関等 受付年月日

◎◎◎◎
「記入上の注意」などをよく読んでからご記入ください。
基礎年金番号・年金コードが不明なときは、記入しないでください。
「※」印欄は、記入しないでください。
基礎年金番号・年金コードが不明なときは、年金事務所の窓口でご相談ください。

第1編

3

遺族の同順位者が２人以上あるときには，１人のした請求は全員のためその全額につきしたものとみなされ，その１人に対してした支給は全員に対してしたものとみなされる（国年法19条，厚年法37条）。

未支給年金の請求者の範囲について確認しておきましょう。

7 併給調整

公的年金制度においては，「1人1年金」を原則としている。2つ以上の受給権を同一の人が取得する場合には，本人の選択により１つの年金を支給し，一方を支給停止する（国年法20条，厚年法38条，国年法附則（60）11条）。例としては，図表1-11-4のようなものがある。

なお，基礎年金と上乗せの厚生年金保険等は２階建てで１つの年金とされているため，老齢基礎年金と老齢厚生年金など，同一の支給事由によるものについては併給される。ただし，遺族厚生

● 図表1-11-4　新法・新法の組合せの併給調整の例

（令和６年度）

		国民年金法による年金				厚生年金保険法による年金			
		老齢基礎年金		障害基礎年金	遺族基礎年金	老齢厚生年金	障害厚生年金	遺族厚生年金	
		65歳前	65歳以後					65歳前	65歳以後
国民年金法による年金	老齢基礎年金	—	—	⊖	⊖	☆	⊖	⊖	☆
	障害基礎年金	⊖	⊖	△注	⊖	☆*	同一支給事由 ☆／上記以外 ⊖	⊖	☆
	遺族基礎年金	⊖	⊖	⊖	⊖	⊖	⊖	同一支給事由 ☆／上記以外 ⊖	同一支給事由 ☆／上記以外 ☆

（凡例）　—あり得ない組合せ　⊖いずれか一方を選択する　☆併給される　△併合認定

☆* 65歳以上の人の場合は併給が可能

（注）　２つの障害を合わせた障害の程度により障害基礎年金を受給するときは，前から受給していた障害基礎年金を受給する権利はなくなる。

（資料）日本年金機構の資料より作成

年金だけは，特例的に，老齢基礎年金と遺族厚生年金（65歳以降）の組合せを選択することができる。

　障害基礎年金と老齢厚生年金など，異なった支給事由によるものは併給できないので，この場合には障害給付か老齢給付を選択していたが，平成16年改正により，平成18年4月からは65歳以降は，障害基礎年金と老齢厚生年金または遺族厚生年金の併給が可能となった。

理解度チェック

① 年金の受給権は，原則として他人に譲り渡し，担保に供し，差し押さえることはできない。

② 年金は，支給すべき事由が生じた月の翌月分から権利が消滅した月分まで支給される。

③ 未支給年金を受けることができる者の範囲は，死亡した者と生計を同じくしていた配偶者，子，父母，孫，祖父母または兄弟姉妹である。

④ 社会保険審査官に対する審査請求は，厚生労働大臣による年金給付等の処分を知った日の翌日から原則として60日以内に行わなければならない。

解答　① ○
　　　② ○
　　　③ ×　未支給年金を受けることができる者の範囲は，死亡した者と生計を同じくしていた配偶者，子，父母，孫，祖父母または兄弟姉妹および甥，姪，子の配偶者などの3親等内の親族である。
　　　④ ×　3ヵ月以内に行わなければならない。

12 | 年金の通則的事項

1 年金額改定の仕組みと物価スライド特例措置

　国民年金・厚生年金保険では，少なくとも5年に一度の財政再計算期ごとに，国民の賃金や生活水準にあわせ，法改正によって保険料と年金額の見直しが行われてきた。

　また，この間の年金の価値を保つため，物価変動による年金額の実質価値の変動があった場合（総務省が作成する年平均の「全国消費者物価指数」が，前年の1月から12月の年平均に対して変動した場合）は，完全自動物価スライド制により，図表1-12-1のように翌年4月以後の年金額が自動的に改定されてきた（平成16年改正前の国年法16条の2）。

● 図表1-12-1　物価スライドの仕組み（平成16年改正前）

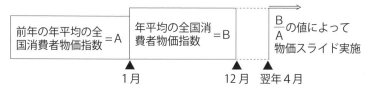

　この物価スライドは，平成12年改正で定められた年金額の基準となった平成10年の年平均の全国消費者物価指数（物価スライドが実施されたときは，その前年の全国消費者物価指数）に対して上下したときに増減することになっていた。

　しかし，平成12年度，平成13年度，平成14年度ともに全国消費者物価指数が下落したため，特例法により物価スライド率を

1.000とし，年金額を据え置くという措置がとられた。平成15年度については，現役世代との均衡を保つべきとの観点から，平成14年の年平均の全国消費者物価指数が前年の年平均に対して0.9％下落したため，平成15年度の物価スライド率は0.991となり，初めて年金額が引下げとなった。

　平成16年改正により，老齢基礎年金は平成12年改正による年金額804,200円から2.9％（平成11年～平成15年の消費者物価指数の下落分）を減額した780,900円に改定率を乗じて得た額と規定された。

　しかし，このまま適用をすると，前年の年金額より1.7％も年金額が下がってしまうため，物価スライド特例措置による従前額保障の経過措置が設けられている。この規定では，改正後の規定により計算した額が，改正前の規定により計算した額に満たない場合には，改正前の規定による額を給付額とすることが定められている（国年法27条・同附則（平16）7条）。

　令和6年4月からの年金額では，物価変動率がプラス3.2％，賃金水準の変動（名目手取り賃金変動率）がプラス3.1％であった。マクロ経済スライドによるマイナス0.4％により，改定は，賃金変動率（プラス2.7％）が用いられた。

2　新法と旧法の適用区分

　昭和61年4月の基礎年金制度の導入により年金制度が再編成されたことから，導入前を「旧法」，導入後を「新法」と呼んでいる。

　老齢給付の場合，新法が適用されるのは，法律の施行日である昭和61年4月1日において60歳未満である人（大正15年4月2日以降生まれの人）である。ただし，60歳未満であっても，すでに旧法の老齢給付の受給権を得ていた人は，既得権を尊重する趣旨

● 図表1-12-2　全国消費者物価指数と物価スライドの動向

	物価指数の 対前年比		スライド率 （改定率）	老齢基礎 年金額
平成 12 年度	▲ 0.3%		特例措置により据置	804,200 円
平成 13 年度	▲ 0.7%	▲ 1.7%	特例措置により据置	804,200 円
平成 14 年度	▲ 0.7%		特例措置により据置	804,200 円
平成 15 年度	▲ 0.9%		0.991	797,000 円
平成 16 年度	▲ 0.3%	▲ 1.2%	0.988	794,500 円
平成 17 年度	0.0%		0.988	794,500 円
平成 18 年度	▲ 0.3%		0.985	792,100 円
平成 19 年度	0.3%		0.985	792,100 円
平成 20 年度	0.0%		0.985	792,100 円
平成 21 年度	1.4%		0.985	792,100 円
平成 22 年度	▲ 1.4%		0.985	792,100 円
平成 23 年度	▲ 0.7%		0.981	788,900 円
平成 24 年度	▲ 0.3%		0.978	786,500 円
平成 25 年4月	0.0%		0.978	786,500 円
平成 25 年 10 月	―		0.968	778,500 円
平成 26 年度	0.4%		0.961	772,800 円
平成 27 年度	2.7%		―	780,100 円
平成 28 年度	0.8%		―	780,100 円
平成 29 年度	▲ 0.1%		0.998	779,300 円
平成 30 年度	0.5%		0.998	779,300 円
平成 31 年度	1.0%		0.999	780,100 円
令和 2 年度	0.5%		1.001	781,700 円
令和 3 年度	0.0%		1.000	780,900 円
令和 4 年度	▲ 0.2%		0.996	777,800 円
令和 5 年度(新規裁定者)	2.5%		1.018	795,000 円
令和 6 年度(＊)	3.2%		1.045	816,000 円

＊　昭和 31 年 4 月 2 日以後生まれ

● 図表1-12-3　改正後の老齢基礎年金額

平成 16 年改正の法律規定額	令和 6 年度（昭和 31 年4月2日以後生まれ）
780,900 円×改定率	816,000 円

＊　令和 6 年度の改定率（昭和 31 年 4 月 2 日以後生まれ)＝1.045

から旧法による年金が支給される。

　なお，障害給付の場合は障害認定日が，遺族給付の場合は死亡した日が昭和61年４月１日以後である場合には，新法が適用される。

第2編

老齢給付

1 | 老齢基礎年金の仕組み

関連過去問題
/2024年3月
問12, 31
/2023年10月
問12, 31
/2023年3月
問12, 31
/2022年10月
問12, 31

重要用語

老齢基礎年金

重要用語

受給資格期間

1 受給資格期間

老齢基礎年金は，10年（平成29年7月までは原則として25年）以上の受給資格期間（図表2-1-1参照）を満たし，65歳に達したときに支給される。「65歳に達したとき」とは，65歳の誕生日の前日である。受給権は，誕生日の前日に発生する。なお，65歳に達したときに受給資格期間を満たしていない場合には，受給資格期間を満たしたときに老齢基礎年金の受給権が発生する（国年法26条，同附則9条，同附則（60）18条1項）。

必要とされる老齢基礎年金の受給資格期間は，次の3つの期間が含まれる（国年法26条・同附則9条）。なお，平成24年8月成立の改正法により，将来の無年金者の発生を抑制するという観点から，老齢基礎年金等の受給資格期間が10年に短縮された（施行日：平成29年8月1日）。

● 図表2-1-1　老齢基礎年金の受給資格期間

厚生年金保険・共済組合の加入期間(20歳以上60歳未満の期間)	+	国民年金保険料納付済期間	+	国民年金保険料免除期間，学生納付特例等	+	合算対象期間（カラ期間）

保険料納付済期間

⇩

受給資格期間＝これらの期間を合計して10年以上（※）

（※）平成29年7月までは原則として25年以上（期間短縮の特例に該当する場合は15〜24年）

① 保険料納付済期間

② 保険料免除期間（法定免除または申請免除期間），学生納付特例期間，納付猶予期間

③ 合算対象期間（いわゆるカラ期間）

▶ 1. 保険料納付済期間

保険料納付済期間とは，国民年金の保険料を納めた期間および産前産後の免除を受けた期間であり，任意加入による期間も含まれる。

また，保険料を滞納している期間は，保険料納付済期間とならない。保険料納付済期間となる期間は，次のとおりである（国年法5条，同附則5条・同附則（60）8条）。

① 国民年金の第1号被保険者（任意加入被保険者を含む）期間および昭和61年3月以前の国民年金の被保険者期間のうち，保険料を納めた期間（半額免除制度により保険料の半額を納めた期間，4分の1免除，4分の3免除の制度によりそれぞれ保険料の4分の3，4分の1を納めた期間を除く），産前産後の免除を受けた期間

② 国民年金の第2号被保険者期間（厚生年金保険の被保険者）のうち，20歳以上60歳未満の期間

③ 国民年金の第3号被保険者期間

④ 昭和36年4月から昭和61年3月までの厚生年金保険・船員保険の被保険者期間・共済組合加入期間のうち，20歳以上60歳未満の期間

● 図表2-1-2　国民年金の保険料納付済期間となる期間

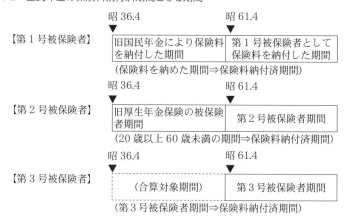

第2号被保険者の場合には，昭和36年4月以後の厚生年金保険等に加入していた期間のうち，20歳以上60歳未満の期間が保険料納付済期間となる。また，昭和61年4月からの第3号被保険者期間も保険料納付済期間となっている（国年法5条1項）。

なお，第2号被保険者期間のうち20歳未満と60歳以後の期間は，厚生年金保険料を支払っていても，老齢基礎年金の年金額の基礎とされず，計算では保険料納付済期間ではなく合算対象期間となる。また，脱退手当金を受けた期間も合算対象期間となる。

▶ 2.　第3種被保険者の被保険者期間の特例

厚生年金保険の第3種被保険者（坑内員・船員）の被保険者期間については，厚生年金保険において特例が設けられている。このため，基礎年金の被保険者期間についても，次のように計算される（図表2-1-3参照）。

● 図表2-1-3　第3種被保険者の被保険者期間

① 昭和61年3月31日までの期間については，実際の被保
険者期間を3分の4倍したものを被保険者期間とする。
② 昭和61年4月1日から平成3年3月31日までの期間に
ついては，実際の被保険者期間を5分の6倍したものを被
保険者期間とする。

ただし，この特例は，老齢基礎年金の年金額を計算する際には
適用されない（厚年法附則（60）47条）。

▶ 3. 保険料免除期間

保険料免除期間となる期間は，保険料の納付を免除された期間
を合算した期間であり（国年法5条2項～6項，同附則（60）8
条1項），次のものがある。

重要用語
保険料免除期間

① 法定免除期間
② 申請免除期間
　a　保険料全額免除期間　　b　保険料4分の3免除期間
　c　保険料半額免除期間　　d　保険料4分の1免除期間

法定免除および申請免除により国民年金の保険料免除を受けた
場合には，免除された期間を受給資格期間に算入することができ
る。ただし，b～dの承認を受けた期間の納付すべき保険料を納
付しなかった場合，その期間は未納期間となり，受給資格期間に
算入されず老齢基礎年金の年金額にも反映されない。

なお，保険料を免除されていた期間について，後日10年以内に
保険料を追納した期間は保険料納付済期間となる。

▶ 4. 学生納付特例制度

平成12年4月からの「学生納付特例制度」により，学生の納付

重要用語
学生納付特例制
度

特例の承認（保険料の納付が全額猶予）を受けた期間は，老齢基礎年金の受給資格期間に算入することができる。学生の納付特例期間について，10年以内に保険料を追納した場合には，保険料納付済期間となる。

なお，学生納付特例の承認を受け，保険料を納付猶予された期間は，法定免除や申請免除とは異なり，追納しなかった場合には受給資格期間には算入されるが，老齢基礎年金の年金額の計算には算入されない（国年法27条・90条の3）。

▶ 5. 納付猶予制度

学生でなく無職の人やフリーターなどで低所得者は，親と同居しているために保険料免除の所得要件を満たすことができず，保険料未納となっているケースが多くあった。そこで，平成17年4月に「納付猶予制度」が創設された（年齢要件は，50歳未満）。この制度は，令和12年6月までの期限で実施されている。

「納付猶予」の期間は，老齢基礎年金の受給資格期間に算入されるが，老齢基礎年金の年金額には反映されない。なお，10年以内に保険料を追納することができ，追納した場合には保険料納付済期間となる。

▶ 6. 産前産後の保険料免除

法改正により，国民年金の第1号被保険者の産前産後期間の保険料が，全額免除となる（平成31年4月施行）。この免除期間は，老齢基礎年金の年金額計算においては保険料納付済期間として反映される。

▶ 7. 合算対象期間

合算対象期間（カラ期間）とは，以前は任意加入とされていた期間等で，老齢基礎年金の受給資格期間には算入されるが，年金額の計算対象とはならない期間である（国年法附則9条）。主な合算対象期間には，図表2-1-4のようなものがある。

サラリーマンの妻など被用者年金制度の加入者に扶養される配偶者は，昭和61年３月（第３号被保険者制度ができた昭和61年４月より前）までは国民年金に任意加入とされていたため，任意加入せずに未加入であった場合，老齢基礎年金を受給するための10年に足りないということもある。そのため，昭和36年４月から昭和61年３月まで被用者年金制度の配偶者が国民年金に任意加入しなかった期間（20歳以上60歳未満の期間）は，合算対象期間として受給資格期間に算入することができ，保険料納付済期間と合算対象期間を合算して10年以上とすることで老齢基礎年金を受給することができる。

　そのほか，学生・海外在住者であった期間，脱退手当金の計算基礎となった期間などが該当する。平成３年３月までは，20歳以上60歳未満の学生は任意加入の取扱いであったので，任意加入しなかった期間は合算対象期間となる。

　国民年金の任意加入被保険者（基礎年金制度導入前のサラリーマンの妻や，基礎年金導入後の海外在住者など）が保険料を納付しなかった期間は，改正前は未納期間となっていたが，平成26年４月から改正により，任意加入被保険者が保険料を納付しなかった場合，法改正の施行日以降は当該期間（平成26年３月以前の期間も含め，20歳以上60歳未満の期間）は合算対象期間となる（図表2-1-6参照）。

　合算対象期間は，老齢基礎年金の年金額には反映されないので，この合算対象期間のみで受給資格期間10年（平成29年７月までは原則として25年）を満たすという人には，原則として老齢基礎年金は支給されない。ただし，振替加算相当額の老齢基礎年金が支給される場合がある（国年法附則（60）15条）。

　なお，厚生年金保険・船員保険の加入期間については，昭和36年３月までの期間は老齢基礎年金の保険料納付済期間とならない

●図表2-1-4　老齢基礎年金の主な合算対象期間

●厚生年金保険等の加入者の場合

① 昭和 36 年 4 月以後昭和 61 年 3 月までの厚生年金保険等の被保険者期間および国民年金の第 2 号被保険者期間のうち，20 歳未満の期間と 60 歳以後の期間
② 昭和 36 年 3 月以前の厚生年金保険・船員保険の被保険者期間（昭和 36 年 4 月以後の公的年金の加入期間を合算して 1 年以上ある人に限る）
③ 昭和 36 年 4 月まで引き続く昭和 36 年 3 月以前の共済組合の組合員の期間
④ 厚生年金保険・船員保険から脱退手当金を受けた期間で，昭和 36 年 4 月以後の期間（昭和 61 年 4 月から 65 歳に達する日の前日までに国民年金の加入期間がある場合に限る）
　（注）支給日が昭和 61 年 3 月 31 日以前であるものに限る。

●厚生年金保険等の加入者の配偶者（サラリーマンの妻など）の場合

① 昭和 36 年 4 月から昭和 61 年 3 月までに，20 歳以上 60 歳未満の厚生年金保険等の被保険者の被扶養配偶者（サラリーマンの妻など）が，国民年金に任意加入しなかった期間
② 厚生年金保険または一元化法改正前の共済組合にかかる老齢（退職）年金受給権者とその配偶者，障害年金受給者とその配偶者，遺族年金受給者について，国民年金の任意加入であるが任意加入しなかった期間のうち，昭和 36 年 4 月から昭和 61 年 3 月までの 20 歳以上 60 歳未満の期間

●海外在住者，学生などの場合

① 昭和 36 年 4 月以後平成 3 年 3 月以前に，国民年金に任意加入しなかった 20 歳以上 60 歳未満の学生の期間（平成 3 年 4 月からは強制加入）
② 昭和 36 年 4 月以後の期間で，国民年金に任意加入しなかった 20 歳以上 60 歳未満の間の日本人の海外在住期間
③ 昭和 61 年 3 月以前に，60 歳になるまでに被保険者期間が 25 年にならないため，任意脱退の申出をして承認され，国民年金の被保険者にならなかった期間
④ 昭和 36 年 5 月以後日本国籍を取得した人，永住許可を受けた外国籍を有する人等について，20 歳以上 60 歳未満の間の在日期間のうち，国民年金の被保険者とならなかった昭和 36 年 4 月から昭和 56 年 12 月までの期間
⑤ 昭和 36 年 5 月以後日本国籍を取得した人，永住許可を受けた外国籍を有する人などについて，20 歳以上 60 歳未満の間の海外在住期間のうち，昭和 36 年 4 月から帰化により日本国籍を取得した日等の前日までの期間
⑥ 任意加入したが保険料が未納となっている 20 歳以上 60 歳未満の期間

●図表2-1-5　主な合算対象期間の早見表

	昭和36.4	37.12	55.4	57.1	61.4	平成3.4
被用者年金制度加入期間 (20歳～59歳)	合算対象期間※1	保険料納付済みなし期間			保険料納付済期間 (第2号被保険者期間)	
被用者年金制度加入期間 (20歳未満, 60歳以後)	合算対象期間 (20歳未満, 60歳以後の期間)					
被用者年金制度加入者の配偶者期間(20歳～59歳)		合算対象期間 (任意未加入期間)			強制加入期間または保険料納付済期間 (第3号被保険者期間)	
老齢(退職)年金の受給資格期間満了者および受給権者		合算対象期間 (任意未加入期間)			強制加入期間	
その配偶者期間 (20歳～59歳)		合算対象期間 (任意未加入期間)			強制加入期間	
被用者年金制度の障害・遺族給付受給権者		合算対象期間 (任意未加入期間)			強制加入期間	
その配偶者期間(遺族給付は除く)(20歳～59歳)		合算対象期間 (任意未加入期間)			強制加入期間	
学　生 (20歳～59歳)		合算対象期間 (任意未加入期間)				強制加入期間
国会議員 (20歳～59歳)		合算対象期間 (適用除外期間)	合算対象期間 (任意未加入期間)		強制加入期間	
その配偶者期間 (20歳～59歳)		合算対象期間 (任意未加入期間)			強制加入期間	
地方議会議員およびその配偶者期間(20歳～59歳)		強制加入期間	合算対象期間 (任意未加入期間)		強制加入期間	
日本人の海外居住期間 (20歳～59歳)		合算対象期間 (適用除外期間)			合算対象期間 (任意未加入期間)	
日本に帰化した人, 永住許可を受けた人などの在日期間(20歳～59歳)		合算対象期間 (適用除外期間)※2		強制加入期間		
日本に帰化した人, 永住許可を受けた人などの海外在住期間(20歳～59歳)		合算対象期間(適用除外期間)				
厚生年金保険の脱退手当金の支給を受けた期間		合算対象期間　※3				

▲昭和36.4　▲37.12　▲55.4　▲57.1　▲61.4　▲平成3.4

太枠内の期間 = 合算対象期間

※1　厚生年金保険・船員保険については, 昭和36年4月以後に厚生年金保険・船員保険の被保険者となったり, 共済組合の加入員となったり, 国民年金の保険料納付済期間や保険料免除期間があること。または, 昭和61年4月以後に保険料納付済期間や保険料免除期間がある人で, 昭和36年4月前後の期間を合算した期間が1年以上あることが条件である。(共済組合については, 昭和36年4月まで引き続いた期間が対象となる)

※2　昭和36年4月から日本に帰化(日本国籍を取得)した日などの前日までの期間(20歳～59歳)

※3　昭和61年4月から65歳に達する日の前日までに保険料納付済期間または保険料免除期間があることが条件である。

(資料)　厚生労働省

● 図表2-1-6　任意加入未納期間の合算対象期間への算入

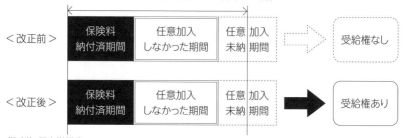

（資料）厚生労働省

が，合算対象期間として受給資格期間に算入される（昭和36年4月以後に公的年金の加入期間がある人に限る）。20歳未満および60歳以後の厚生年金保険等の被保険者期間も，老齢基礎年金の保険料納付済期間にはならないが合算対象期間となる。また，脱退手当金を受けた人の脱退手当金の計算基礎となった期間のうち，昭和36年4月以後の期間については合算対象期間となる（国年法附則（60）8条）。

2 受給資格期間（原則25年）の期間短縮の特例

老齢基礎年金の受給には，保険料納付済期間と保険料免除期間および合算対象期間を合計した期間が10年以上必要であるが，平成29年7月までは原則として25年以上とされていた。その際に，一定年齢以上で要件を満たすことが困難な人や，旧被用者年金（厚生年金保険・共済組合）制度から移行するための経過措置として期間短縮の特例が残っている。

なお，受給資格期間が10年に短縮されたことによって，その特例措置は老齢基礎年金においては必要がなくなった。しかし，遺族基礎年金や遺族厚生年金の資格期間においては従来どおり25年以上とされているため，この特例措置はそのまま適用されている。

▶ 1. 昭和 5 年 4 月 1 日以前に生まれた人の特例（平成 29 年 7 月
　　まで）

　国民年金発足の昭和36年 4 月に31歳以上の人は，25年の受給
資格期間を満たすことが困難な場合がある。このため，保険料納
付済期間と保険料免除期間および合算対象期間を合計して，生年
月日に応じて次の期間があれば受給資格期間を満たしたものとし，
老齢基礎年金が支給される（国年法附則（60）12条 1 項）。

生　　年　　月　　日	期　　間
大正 15 年 4 月 2 日〜昭和 2 年 4 月 1 日	21 年
昭和 2 年 4 月 2 日〜昭和 3 年 4 月 1 日	22 年
昭和 3 年 4 月 2 日〜昭和 4 年 4 月 1 日	23 年
昭和 4 年 4 月 2 日〜昭和 5 年 4 月 1 日	24 年

▶ 2. 厚生年金保険の加入期間の特例

　旧被用者年金制度の老齢給付は，受給資格期間が20年以上であ
ったため，経過措置が設けられている。このため，厚生年金保険・
船員保険，共済組合の加入期間を合算した期間が，生年月日に応
じて次の期間があれば受給資格期間を満たしたものとし，老齢基
礎年金が支給される（国年法附則（60）12条）。

生　　年　　月　　日	期　　間
大正 15 年 4 月 2 日〜昭和 27 年 4 月 1 日	20 年
昭和 27 年 4 月 2 日〜昭和 28 年 4 月 1 日	21 年
昭和 28 年 4 月 2 日〜昭和 29 年 4 月 1 日	22 年
昭和 29 年 4 月 2 日〜昭和 30 年 4 月 1 日	23 年
昭和 30 年 4 月 2 日〜昭和 31 年 4 月 1 日	24 年

▶ 3. 厚生年金保険の中高齢者の特例

　旧厚生年金保険では，40歳（女子と坑内員・船員は35歳）以
後の被保険者期間が15年以上あれば老齢給付が支給されていた。
この制度を経過的に引き継ぐため，40歳（女子と坑内員・船員は

35歳）以後の第1号厚生年金被保険者期間が，生年月日に応じて次の期間があれば受給資格期間を満たしたものとし，老齢基礎年金が支給される（国年法附則（60）12条）。

生　年　月　日	期　間
大正 15 年 4 月 2 日〜昭和 22 年 4 月 1 日	15 年
昭和 22 年 4 月 2 日〜昭和 23 年 4 月 1 日	16 年
昭和 23 年 4 月 2 日〜昭和 24 年 4 月 1 日	17 年
昭和 24 年 4 月 2 日〜昭和 25 年 4 月 1 日	18 年
昭和 25 年 4 月 2 日〜昭和 26 年 4 月 1 日	19 年

　なお，40歳（女子と坑内員・船員は35歳）に達してから厚生年金保険に加入した人のみでなく，40歳前（女子と坑内員・船員は35歳前）から加入していた人でも，40歳（女子と坑内員・船員は35歳）に達した月以後に15〜19年の期間があればよい（国年法附則（60）12条1項）。

　なお，以上の3つの特例のほか，坑内員・船員の特例，恩給等を受けられる人の特例，沖縄県の特例などがある。

3 失　権

　老齢基礎年金の受給権は，受給権者が死亡したときにのみ消滅（失権）する（国年法29条）。

理解度チェック

① 50歳未満の国民年金保険料の納付猶予制度の適用を受けた期間は，保険料の追納がなければ老齢基礎年金の年金額の基礎とされない。

② 厚生年金保険の被保険者期間のうち20歳前の期間は，老齢基礎年金の年金額の基礎とされる。

解答　① ○
　　　② × 20歳未満の期間は，老齢基礎年金の年金額の基礎とされない。

2 | 老齢基礎年金の年金額

関連過去問題
- 2024年 3月　問33
- 2023年 10月　問33
- 2023年 3月　問33
- 2022年 10月　問33

1 老齢基礎年金の年金額の計算

老齢基礎年金の支給開始年齢は，原則として65歳である。ただし，受給資格期間を満たしている人は，支給開始年齢を60歳以上65歳未満に繰り上げることや，66歳以上に繰り下げることもできる。

重要用語

老齢基礎年金の
支給開始年齢

▶ 1. 老齢基礎年金額の改定

改正前は，老齢基礎年金額は5年に一度の財政再計算時に法改正がされ，次期改正までの間は物価スライド制によって改定されるという仕組みであった。平成16年改正では，この仕組みが変わり，毎年度政令によって改定されることになった。このため，老齢基礎年金額は，「780,900円×改定率」とされた（国年法27条）。

この規定により，令和6年度は816,000円（780,900円×1.045）となっている（昭和31年4月1日以前生まれは813,700円）。

▶ 2. 保険料納付済期間と年金額

重要用語

老齢基礎年金の
年金額

老齢基礎年金の年金額（昭和31年4月2日以後生まれ）は，令和6年度価格で816,000円で月額68,000円である（国年法27条）。これは20歳から60歳までの40年（480ヵ月）分の保険料をすべて納めた場合の満額であって，合算対象期間（カラ期間）や未納期間がある場合には，その月数分が減額される。

ただし，国民年金制度が発足した昭和36年4月に，すでに20

生　年　月　日	加入可能年数
大正 15 年4月2日〜昭和 2 年4月1日	25 年（300 ヵ月）
昭和 2 年4月2日〜昭和 3 年4月1日	26 年（312 ヵ月）
昭和 3 年4月2日〜昭和 4 年4月1日	27 年（324 ヵ月）
昭和 4 年4月2日〜昭和 5 年4月1日	28 年（336 ヵ月）
昭和 5 年4月2日〜昭和 6 年4月1日	29 年（348 ヵ月）
昭和 6 年4月2日〜昭和 7 年4月1日	30 年（360 ヵ月）
昭和 7 年4月2日〜昭和 8 年4月1日	31 年（372 ヵ月）
昭和 8 年4月2日〜昭和 9 年4月1日	32 年（384 ヵ月）
昭和 9 年4月2日〜昭和 10 年4月1日	33 年（396 ヵ月）
昭和 10 年4月2日〜昭和 11 年4月1日	34 年（408 ヵ月）
昭和 11 年4月2日〜昭和 12 年4月1日	35 年（420 ヵ月）
昭和 12 年4月2日〜昭和 13 年4月1日	36 年（432 ヵ月）
昭和 13 年4月2日〜昭和 14 年4月1日	37 年（444 ヵ月）
昭和 14 年4月2日〜昭和 15 年4月1日	38 年（456 ヵ月）
昭和 15 年4月2日〜昭和 16 年4月1日	39 年（468 ヵ月）
昭和 16 年4月2日以後	40 年（480 ヵ月）

歳以上である昭和16年4月1日以前生まれの人は，40年の加入期間を満たすことはできない。そこで，図表2-2-1のように生年月日に応じて25〜40年の加入可能年数のすべてが保険料納付済期間であれば，満額の816,000円が支給される（国年法附則（60）13条）。

　また，厚生年金保険加入者の第2号被保険者の期間については，昭和36年4月以降の20歳以上60歳未満の期間のみが，老齢基礎年金の年金額を計算するときの保険料納付済期間となる。

▶ 3. 年金額の計算

老齢基礎年金の年金額の計算式は，次のとおりである（平成21年4月以降）。

● 図表2-2-2　老齢基礎年金の年金額（昭和31年4月2日以後生まれ）

（令和6年度）

$$\frac{816{,}000\text{ 円}^* \times \left[\begin{array}{c}\text{保険料納}\\\text{付済期間}\\\text{の月数}\end{array}\right] + \left[\begin{array}{c}\text{保険料全}\\\text{額免除期}\\\text{間の月数}\end{array}\times\frac{1}{2}\right] + \left[\begin{array}{c}\text{保険料 ¾}\\\text{免除期間}\\\text{の月数}\end{array}\times\frac{5}{8}\right] + \left[\begin{array}{c}\text{保険料半}\\\text{額免除期}\\\text{間の月数}\end{array}\times\frac{3}{4}\right] + \left[\begin{array}{c}\text{保険料 ¼}\\\text{免除期間}\\\text{の月数}\end{array}\times\frac{7}{8}\right]}{\text{加入可能年数}\times 12 \text{（上限 480 ヵ月）}}$$

（注）　法改正により，基礎年金の国庫負担割合が平成21年度より，3分の1から2分の1に引き上げられた。引上げ前（平成21年3月以前）の480ヵ月以内の免除期間については，全額免除期間は3分の1，4分の3免除期間は2分の1，半額免除期間は3分の2，4分の1免除期間は6分の5で計算される。
＊昭和31年4月1日以前生まれの人は813,700円

保険料全額免除期間は，「保険料全額免除月数×2分の1」で計算する。また，保険料半額免除期間は，「保険料半額免除月数×4分の3」で計算する（国年法27条）。平成18年7月から適用されている保険料4分の3免除期間は，「保険料4分の3免除月数×8分の5」で計算し，保険料4分の1免除期間は，「保険料4分の1免除月数×8分の7」で計算する。なお，追納した期間については，保険料納付済期間として取り扱われる。

また，「学生納付特例制度」および「納付猶予制度」により保険料を納付猶予された期間は，追納しない場合には年金額に反映されない。

● 図表2-2-3　保険料納付済期間に応じた年金額（昭和31年4月2日以後生まれ）

（令和6年4月，単位：円）

納付済期間	10 年	15 年	20 年	25 年	30 年	35 年	40 年
年金額	204,000	306,000	408,000	510,000	612,000	714,000	816,000

2 付加年金額

　国民年金の第１号被保険者であり，国民年金保険料16,980円
（令和６年度）のほかに付加保険料（月額400円）を納めた人は，
老齢基礎年金の受給権を得たとき，老齢基礎年金に加えて「200
円×付加保険料納付済月数分の付加年金」が支給される（国年法
43条・44条）。

3 | 老齢基礎年金の振替加算

関連過去問題
- 2024年3月
  問13, 32
- 2023年10月
  問13, 32
- 2023年3月
  問13, 32
- 2022年10月
  問13, 32

1 受給要件

　昭和61年4月より，基礎年金制度の導入と同時に，被扶養配偶者であるサラリーマンの妻も国民年金の第3号被保険者として強制加入となった。これにより，第3号被保険者も65歳から自分自身の老齢基礎年金を受給することができるようになったが，旧法のときに任意加入していなかった期間は合算対象期間（カラ期間）となり，老齢基礎年金が低額になる。

　そこで，65歳に達した日の前日に，夫（配偶者）が受給する老齢厚生年金および1級・2級の障害厚生年金の配偶者加給年金額の対象となっている人には，生年月日に応じて，振替加算が妻（本人）の老齢基礎年金に加算される（国年法附則（60）14条1項）。ただし，夫（配偶者）・妻（本人）についての要件がある。なお，老齢基礎年金が満額である人も，受給要件を満たしていれば振替加算が加算される。

　振替加算を受給するための夫（配偶者）の要件は，次のとおりである。

📖 **重要用語**

振替加算

---

① 大正15年4月2日以後生まれであること
② 第1号～第4号厚生年金被保険者期間が20年（240ヵ月）以上（第1号厚生年金被保険者は中高齢の特例を含む）の老齢厚生年金・退職共済年金の受給権者であること。または，障害等級が1級または2級の障害厚生年金の受給権

者であること

　なお，昭和61年3月31日以前に老齢（退職）年金の受給権が
あった人は，旧法の適用を受けるので振替加算は支給されず，65
歳以上になっても，引き続き配偶者加給年金額が加算される。
　また，振替加算を受給するための妻（本人）の要件は，次のと
おりである。

---

① 　大正15年4月2日から昭和41年4月1日までに生まれ
　　た人であること
② 　老齢基礎年金の受給権者（合算対象期間のみの人を含む）
　　であること
③ 　第1号～第4号厚生年金被保険者期間の合計が20年
　　（240ヵ月）以上（第1号厚生年金被保険者は中高齢の特例
　　あり）の老齢厚生年金または退職共済年金の受給権者等で
　　ないこと（国年法経過措置政令（61）25条）
④ 　65歳に達していること
⑤ 　配偶者に生計を維持されていること（事実上婚姻関係に
　　ある内縁の配偶者を含む）
⑥ 　65歳に達した日の前日において，配偶者が受け取ってい
　　る老齢厚生年金，障害等級が1級または2級の障害厚生年
　　金の配偶者加給年金額の計算基礎となっていたこと

　配偶者には，婚姻の届出をしていないが事実上婚姻関係にある
内縁の配偶者も含まれる。生計維持の要件は，年収850万円を将
来にわたって得られないことであり，加給年金額の要件と同様と
なっている。
　また，受給資格期間が合算対象期間のみで10年（平成29年7

月までは原則として25年）以上ある人には，老齢基礎年金は支給
されないが，振替加算の受給要件を満たしていれば，振替加算相
当額のみを老齢基礎年金として受給できる（国年法附則（60）15
条1項）。

受給権者（妻）が，被保険者期間が原則20年以
上ある老齢厚生年金を受給できるときは加算さ
れない。

2 振替加算の時期と加算額

　振替加算は，受給権者が65歳になった月の翌月から支給され
る。老齢基礎年金の繰上げ支給を受けていても，65歳に達した日
の属する月の翌月からの支給となる（国年法附則（60）14条4

● 図表2-3-1　振替加算の仕組み

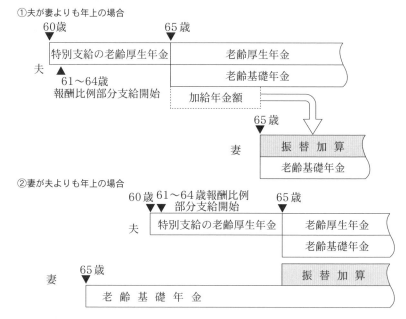

項）。なお，老齢基礎年金の繰下げ支給を受ける場合には，老齢基礎年金の支給開始のときから支給される。ただし，振替加算の加算額は，繰下げによって増額されない。

　妻が夫よりも年上のケースなどで，受給権者（妻）が65歳に達した日の後に，配偶者（夫）が老齢厚生年金等の受給権を取得した場合には，その翌月から受給権者（妻）に振替加算が支給される。

　振替加算の額は，令和6年度については図表2-3-2の金額234,100円×（生年月日に応じて1〜0.067）である。

　振替加算の加算額は，大正15年4月2日生まれから昭和2年4月1日生まれ（昭和61年4月1日に59歳）の人については，配偶者の加給年金額と同額の234,100円となっている。それ以後は，図表2-3-2のとおり受給権者の生年月日に応じて減額される（国年法附則（60）14条1項，同経過措置政令（61）24条）。

　振替加算が図表2-3-2のように受給権者である妻の生年月日に応じて減額となっているのは，昭和61年4月に基礎年金が導入された当時20歳以上の人は40年加入ができず，満額の老齢基礎年金を受給できないことを補うために支給されるからである。

　したがって，昭和61年4月当時20歳未満であった昭和41年4月2日以降生まれの人は，満額の老齢基礎年金を受給することが可能であるため，振替加算は支給されない。

● 図表2-3-2　振替加算額

(令和6年度，単位：円)

振替加算が加算される本人の生年月日	加算額
大正 15 年4月2日　〜　昭和　2 年4月1日	234,100
昭和　2 年4月2日　〜　昭和　3 年4月1日	227,779
昭和　3 年4月2日　〜　昭和　4 年4月1日	221,693
昭和　4 年4月2日　〜　昭和　5 年4月1日	215,372
昭和　5 年4月2日　〜　昭和　6 年4月1日	209,051
昭和　6 年4月2日　〜　昭和　7 年4月1日	202,965
昭和　7 年4月2日　〜　昭和　8 年4月1日	196,644
昭和　8 年4月2日　〜　昭和　9 年4月1日	190,323
昭和　9 年4月2日　〜　昭和 10 年4月1日	184,237
昭和 10 年4月2日　〜　昭和 11 年4月1日	177,916
昭和 11 年4月2日　〜　昭和 12 年4月1日	171,595
昭和 12 年4月2日　〜　昭和 13 年4月1日	165,509
昭和 13 年4月2日　〜　昭和 14 年4月1日	159,188
昭和 14 年4月2日　〜　昭和 15 年4月1日	152,867
昭和 15 年4月2日　〜　昭和 16 年4月1日	146,781
昭和 16 年4月2日　〜　昭和 17 年4月1日	140,460
昭和 17 年4月2日　〜　昭和 18 年4月1日	134,139
昭和 18 年4月2日　〜　昭和 19 年4月1日	128,053
昭和 19 年4月2日　〜　昭和 20 年4月1日	121,732
昭和 20 年4月2日　〜　昭和 21 年4月1日	115,411
昭和 21 年4月2日　〜　昭和 22 年4月1日	109,325
昭和 22 年4月2日　〜　昭和 23 年4月1日	103,004
昭和 23 年4月2日　〜　昭和 24 年4月1日	96,683
昭和 24 年4月2日　〜　昭和 25 年4月1日	90,597
昭和 25 年4月2日　〜　昭和 26 年4月1日	84,276
昭和 26 年4月2日　〜　昭和 27 年4月1日	77,955
昭和 27 年4月2日　〜　昭和 28 年4月1日	71,869
昭和 28 年4月2日　〜　昭和 29 年4月1日	65,548
昭和 29 年4月2日　〜　昭和 30 年4月1日	59,227
昭和 30 年4月2日　〜　昭和 31 年4月1日	53,141
昭和 31 年4月2日　〜　昭和 32 年4月1日	46,960
昭和 32 年4月2日　〜　昭和 33 年4月1日	40,620
昭和 33 年4月2日　〜　昭和 34 年4月1日	34,516
昭和 34 年4月2日　〜　昭和 35 年4月1日	28,176
昭和 35 年4月2日　〜　昭和 36 年4月1日	21,836
昭和 36 年4月2日　〜　昭和 37 年4月1日	15,732
昭和 37 年4月2日　〜　昭和 38 年4月1日	15,732
昭和 38 年4月2日　〜　昭和 39 年4月1日	15,732
昭和 39 年4月2日　〜　昭和 40 年4月1日	15,732
昭和 40 年4月2日　〜　昭和 41 年4月1日	15,732
昭和 41 年4月2日以後	—

理解度チェック

① 老齢基礎年金の振替加算の額は，受給権者（妻）の生年月日に応じて定められている。

② 老齢基礎年金を繰下げ受給した場合，振替加算も同じ増額率で増額して加算される。

解答 ① ○
　　　　② ×　振替加算は増額されない。

4 | 老齢基礎年金の支給の繰上げ・繰下げ

関連過去問題

✎ 2024年 3月
問17, 34, 40
✎ 2023年 10月
問12, 17, 34
✎ 2023年 3月
問12, 34
✎ 2022年 10月
問12, 34

 重要用語

繰上げ支給

1 支給の繰上げ

▶ 1. 繰上げ支給の要件

老齢基礎年金の受給開始は，原則として65歳であるが，本人の希望により，60歳から65歳未満の間に繰り上げることができる（国年法附則9条の2）。繰上げ支給を受けるための要件は，次のとおりである。

---

① 60歳以上65歳未満であること

② 老齢基礎年金の受給資格期間を満たしていること

③ 任意加入被保険者でないこと

繰上げの請求をした場合には，繰り上げた月数によって減額され，65歳以降も変わらず一生涯減額された年金額が支給される。なお，老齢基礎年金の繰上げ請求をする場合には，次の点に留意する必要がある。

---

① 昭和16年4月2日以後生まれの人は，厚生年金保険の被保険者であっても繰上げ支給の老齢基礎年金を請求できる（国年法附則（平6）7条）。

② 老齢基礎年金と老齢厚生年金と併せて繰上げ請求する必要がある。

③ 老齢基礎年金の繰上げ支給を受けた場合であっても，振

替加算の支給は65歳からとなる。

④　老齢基礎年金の繰上げ支給を受けた場合，国民年金の任意加入被保険者となれない（国年法附則9条の2の2）。

⑤　老齢基礎年金の繰上げ支給の受給権が発生した後は，障害者となった場合でも，事後重症などによる障害基礎年金の受給権の取得と支給停止の解除は行われない（国年法附則9条の2の3）。

⑥　老齢基礎年金の繰上げ支給を受けた場合，国民年金の独自給付である寡婦年金の受給権を失う（国年法附則9条の2第5項）。

⑦　老齢基礎年金の繰上げ支給の受給権が発生した後は，老齢基礎年金の年金額は一生減額された年金額となり，65歳に達しても引き上げられることはない（付加年金も同様に減額）。

⑧　老齢基礎年金の繰上げ支給の受給権が発生した後には，繰上げ支給の裁定の取消または変更はできない。

⑨　配偶者の死亡などにより遺族厚生年金の受給権を得たとき，65歳になるまでは遺族厚生年金と繰上げ支給の老齢基礎年金のいずれか1つの年金を選択しなければならない（国年法附則9条の2の4）。

⑩　老齢基礎年金の繰上げ請求をした後は，原則として障害者の特例および長期加入者の特例措置を受けることができない。

⑪　受給権は，年金請求書が受理された日に発生し，年金の支払いは受給権が発生した日の属する月の翌月分から開始される。

▶ 2．繰上げ支給による減額率

重要用語

減額率

　減額率は，以前は請求時の年齢によって年単位で決まっていたが，平成13年４月から月単位の仕組みに改正され，請求した日の属する月から65歳になる月の前月までの月数に0.4％を乗じて減額される（国年法施行令12条）。

　令和４年４月から改正により，繰上げ減額率の係数が0.5％から0.4％に改正となった。改正後は，最大減額率が60ヵ月×0.4％＝24％となる。ただし，0.4％となる対象者は，昭和37年4月2日以降生まれの者である。

> 新減額率（令和４年４月～）＝繰上げ請求月から65歳になる月の前月までの月数×0.4％

● 図表2-4-1　繰上げ支給の支給率

●昭和 37 年４月２日以降生まれの人　繰上げ月数× 0.4％減額（最大 24％）　　　　　（単位：％）

月 年齢	0ヵ月	1ヵ月	2ヵ月	3ヵ月	4ヵ月	5ヵ月	6ヵ月	7ヵ月	8ヵ月	9ヵ月	10 ヵ月	11 ヵ月
60 歳	76	76.4	76.8	77.2	77.6	78	78.4	78.8	79.2	79.6	80	80.4
61 歳	80.8	81.2	81.6	82	82.4	82.8	83.2	83.6	84	84.4	84.8	85.2
62 歳	85.6	86	86.4	86.8	87.2	87.6	88	88.4	88.8	89.2	89.6	90
63 歳	90.4	90.8	91.2	91.6	92	92.4	92.8	93.2	93.6	94	94.4	94.8
64 歳	95.2	95.6	96	96.4	96.8	97.2	97.6	98	98.4	98.8	99.2	99.6
65 歳	100	100	100	100	100	100	100	100	100	100	100	100

●昭和 37 年４月１日以前生まれの人　繰上げ月数× 0.5％減額（最大 30％）
※繰上げ支給を希望するときは月単位で支給率が異なる。　　　　　　　　　　　　　（単位：％）

月 年齢	0ヵ月	1ヵ月	2ヵ月	3ヵ月	4ヵ月	5ヵ月	6ヵ月	7ヵ月	8ヵ月	9ヵ月	10 ヵ月	11 ヵ月
60 歳	70	70.5	71	71.5	72	72.5	73	73.5	74	74.5	75	75.5
61 歳	76	76.5	77	77.5	78	78.5	79	79.5	80	80.5	81	81.5
62 歳	82	82.5	83	83.5	84	84.5	85	85.5	86	86.5	87	87.5
63 歳	88	88.5	89	89.5	90	90.5	91	91.5	92	92.5	93	93.5
64 歳	94	94.5	95	95.5	96	96.5	97	97.5	98	98.5	99	99.5
65 歳	100	100	100	100	100	100	100	100	100	100	100	100

（注）　減額率 ＝0.5％×繰上げ請求月から 65 歳到達月の前月までの月数。１ヵ月単位で繰上げができる。

具体的には，65歳から受給開始予定の人が，60歳0ヵ月で請求した場合には，60ヵ月×0.4％＝24％が減額され，65歳から受給できる老齢基礎年金額の76％が支給される。なお，付加年金も同様の減額率で繰上げとなる。

　ただし，昭和37年4月1日以前生まれの人は，改正前の旧減額率0.5％（最大30％）が適用される。

● 図表2-4-2　繰上げ支給したときの受給累計額

(昭和37年4月2日以降生まれ。繰上げ月数×0.4％減額)　　　　　　（単位：円）

年齢	60歳0ヵ月	61歳0ヵ月	62歳0ヵ月	63歳0ヵ月	64歳0ヵ月	65歳0ヵ月
60歳時	620,160					
61歳時	1,240,320	659,328				
62歳時	1,860,480	1,318,656	698,496			
63歳時	2,480,640	1,977,984	1,396,992	737,664		
64歳時	3,100,800	2,637,312	2,095,488	1,475,328	776,832	
65歳時	3,720,960	3,296,640	2,793,984	2,212,992	1,553,664	816,000
70歳時	6,821,760	6,593,280	6,286,464	5,901,312	5,437,824	4,896,000
71歳時	7,441,920	7,252,608	6,984,960	6,638,976	6,214,656	5,712,000
72歳時	8,062,080	7,911,936	7,683,456	7,376,640	6,991,488	6,528,000
73歳時	8,682,240	8,571,264	8,381,952	8,114,304	7,768,320	7,344,000
74歳時	9,302,400	9,230,592	9,080,448	8,851,968	8,545,152	8,160,000
75歳時	9,922,560	9,889,920	9,778,944	9,589,632	9,321,984	8,976,000
76歳時	10,542,720	10,549,248	10,477,440	10,327,296	10,098,816	9,792,000
77歳時	11,162,880	11,208,576	11,175,936	11,064,960	10,875,648	10,608,000
78歳時	11,783,040	11,867,904	11,874,432	11,802,624	11,652,480	11,424,000
79歳時	12,403,200	12,527,232	12,572,928	12,540,288	12,429,312	12,240,000
80歳時	13,023,360	13,186,560	13,271,424	13,277,952	13,206,144	13,056,000
81歳時	13,643,520	13,845,888	13,969,920	14,015,616	13,982,976	13,872,000
82歳時	14,263,680	14,505,216	14,668,416	14,753,280	14,759,808	14,688,000
83歳時	14,883,840	15,164,544	15,366,912	15,490,944	15,536,640	15,504,000
84歳時	15,504,000	15,823,872	16,065,408	16,228,608	16,313,472	16,320,000

(注)　1.　繰上げ支給をしなかったときの年金額816,000円（令和6年度価格）で計算したもの。
　　　2.　太線よりも長生きした場合，65歳で受給したほうが受給総額が多くなる。

2 支給の繰下げ

▶ 1. 繰下げ支給の要件

老齢基礎年金の支給開始年齢は65歳であるが，65歳で受け取らずに66歳以後の希望するときに支給を繰り下げて増額された年金を受給することもできる（国年法28条）。

重要用語

繰下げ支給

繰下げ支給は，66歳以後75歳になるまで（昭和27年4月1日以前生まれは70歳）の受給開始を希望するときに申し出ればよい。改正により，令和4年4月1日より繰り下げ上限年齢が70歳から75歳に引き上げとなった。

ただし，75歳まで繰下げすることができる対象者は，昭和27年4月2日以降生まれの人（施行日の前日（令和4年3月31日）において70歳に達していない者）である。

また，65歳になる前に60歳台前半の老齢厚生年金を受給していた人も，66歳に達するまでに老齢基礎年金の支給の請求をしなかった場合には，繰下げ支給の申出をすることができる。

老齢基礎年金の繰下げ支給を受けるための要件は，次のとおりである。

---

① 66歳に達する前に年金請求をしていないこと
② 65歳に達した日から66歳に達した日までの間に，付加年金以外の国民年金の年金給付，老齢を支給事由とする年金給付以外の厚生年金保険法の年金給付の受給権を有しないこと（国年法経過措置令（61）23条）

したがって，65歳に達した日から66歳に達した日までの間に，遺族年金，障害年金の受給権者であった場合は，繰下げの申し出をすることができない。ただし，障害基礎年金のみ受給権のある

人は，老齢厚生年金のみに限り，繰下げ請求できる。

以前は，繰下げ受給をする予定で年金請求をしないでいた間に，障害・遺族年金の受給権が発生した場合には，老齢基礎年金は増額されずに65歳まで遡及して一括支給されていた。この点が平成16年改正で改善され，平成17年4月より，66歳に達した後の繰下げ待機中に他の年金の受給権（遺族年金など）が発生した場合には，その時点までの繰下げにより増額された老齢基礎年金を受給するか，65歳からの増額されていない老齢基礎年金を遡及請求するか，選択ができるようになった（国年法28条）。

▶ 2. 繰下げ支給による増額率

繰下げ支給の増額率は，平成13年4月より，年単位から月単位で0.7％ずつ増額計算される仕組みに改正された。昭和16年4月2日以後生まれの人は，65歳に達した日（またはその日以後の受給権を取得した日）の属する月から支給の繰下げを申し出た日の属する月の前月までの月数に0.7％を乗じた率が増額される（国年法施行令4条の5）。これにより，改正後の増額率は8.4〜84％となる（国年法28条4項）。

繰下げ増額率の算出に用いる月数の上限は，改正前の5年（60月）から10年（120月）に引き上げられた（昭和27年4月2日以降生まれ）。10年（120月）繰り下げた場合，増額率は，120ヵ月×0.7％＝84％となる。

繰下げの上限年齢：75歳

新増額率＝65歳になった月から繰下げ申出月の前月までの月数×0.7％（120ヵ月が限度）

増額率上限：84％（※）

※昭和27年4月1日以前生まれの人は増額率最大42％，繰下げ月数60ヵ月が限度

● 図表2-4-3　繰下げ支給の上限年齢（令和4年4月1日施行）

改正前

繰下げの上限年齢：70 歳
増額率上限：42％（60 月）

改正後

繰下げの上限年齢：75 歳
増額率上限：84％（120 月）
対象者：昭和 27 年 4 月 2 日以降生まれの人
　　　　受給権発生日が平成 29 年 4 月 1 日以降の人
　　　　（施行日の前日において受給権取得日から 5 年
　　　　経過していない者）

　　また，老齢基礎年金の繰下げ支給を受ける場合，付加年金があるときは，同様に支給が繰り下げられ増額される。ただし，振替加算については，支給を繰り下げられるが増額はされない。

　　令和 4 年4月からは繰下げの上限年齢が引上げとなったため，75歳以降に繰下げの申し出をした場合，75歳時点で繰下げの申し出があったものとして増額される。

▶ 3. 本来受給選択時の特例的な繰下げみなし増額（令和 5 年 4 月 1 日施行）

　　70歳以降に年金請求をし，繰下げ支給でなく，本来の65歳等受給権発生時に遡っての請求にする場合，時効により 5 年分のみ支給される。令和 5 年 4 月以降は，繰下げ上限年齢の引き上げ改正に伴い，70歳以降に繰下げ支給でなく，本来受給を選択するときは，請求 5 年前に繰下げ申し出したものとみなし，増額された 5 年分の年金が一括支給される（図表2-4-5参照）。

　　例えば，75歳到達時に，遡って本来受給を選択する場合，70歳時に繰下げ申し出をしたとみなし，5 年分の年金が一括して支

給される。

特例的な繰下げみなし増額制度の対象となるのは，次のいずれかに該当する人である。

---

① 昭和27年4月2日以降生まれの人
② 老齢基礎・老齢厚生年金の受給権を取得した日が平成29年4月1日以降の人

なお，80歳以降に請求する場合や，請求の5年前の日以前から障害年金や遺族年金の受給権がある人は，特例的な繰下げみなし増額制度は適用されない。

また，過去分の年金を一括受給することにより，過去に遡って医療保険・介護保険の自己負担や税金などが変更される場合がある。

● 図表2-4-4　繰下げ支給の増額率
● 昭和27年4月2日以後生まれの人（繰り下げなかった場合の年金額が816,000円の場合）

(令和6年度)

繰下げ申出時の年齢（繰下月数）	新増額率	年金額（円）
66歳（12ヵ月）	8.4%	884,544
67歳（24ヵ月）	16.8%	953,088
68歳（36ヵ月）	25.2%	1,021,632
69歳（48ヵ月）	33.6%	1,090,176
70歳（60ヵ月）	42.0%	1,158,720
71歳（72ヵ月）	50.4%	1,227,264
72歳（84ヵ月）	58.8%	1,295,808
73歳（96ヵ月）	67.2%	1,364,352
74歳（108ヵ月）	75.6%	1,432,896
75歳（120ヵ月）	84.0%	1,501,440

(注)　増額率＝0.7％×65歳到達月から繰下げ申出月の前月までの月数（120ヵ月が限度）。実際には，1ヵ月単位で繰下げができる。

● 図表2-4-5 特例的な繰下げみなし増額制度

(令和5年4月1日施行)

[例：71歳まで繰下げ待機し、71歳時点で年金の請求をする場合（本来の年金額：年額180万円）]

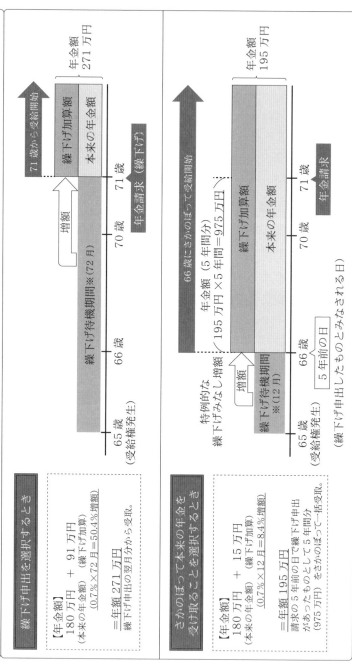

資料：厚生労働省

理解度チェック

① 付加年金を受給できる者が老齢基礎年金を繰下げ受給した場合，老齢基礎年金と同じ率で増額された付加年金を受給できる。

② 遺族厚生年金を受給している者は，66歳に達した日以後，老齢基礎年金の繰下げの申し出をすることができる。

解答　① ○
　　　② ×　遺族厚生年金の受給権者は繰下げ支給の申し出をすることができない。

5 | 受給資格期間（10年）の短縮

1 受給資格期間10年への改正

　納付した保険料に応じた給付と将来の無年金者の発生を抑制するという観点から，老齢基礎年金の受給資格期間は，保険料納付済期間（国民年金の保険料納付済期間，厚生年金保険，共済組合等の加入期間を含む）と国民年金の保険料免除期間および合算対象期間などを合算した期間が原則として「25年以上」必要であったが，平成29年8月1日より，受給資格期間が「10年以上」あれば老齢基礎年金の受給資格を得られるように改正となった。

　この受給資格期間の短縮が対象となる年金給付は，以下の表（図表2-5-1）のとおりである。

重要用語

受給資格期間の
短縮

●図表2-5-1　受給資格期間の短縮となる年金給付

受給資格期間を短縮する給付	受給資格期間を短縮しない給付
・老齢基礎年金 ・寡婦年金 ・老齢厚生年金 ・上記に準じる老齢給付（旧国民年金法，旧厚生年金保険法，旧船員保険法，旧共済組合各法によるもの）	・障害基礎年金 ・遺族基礎年金 ・障害厚生年金 ・遺族厚生年金 ・上記に準じる障害給付および遺族給付（旧国民年金法，旧厚生年金保険法，旧船員保険法，旧共済組合各法によるもの）

2　年金の請求と受取り

　受給資格期間が10年以上25年未満で短縮年金に該当する人には，日本年金機構から「年金請求書（短縮用）」の送付が平成29年2月から7月まで，生年月日に応じて順次送付された。

　法改正時に短縮年金に該当している場合，短縮年金の受給権発生は平成29年8月1日となるので，翌月の平成29年9月分より年金が支給される。

3　繰下げ請求

　短縮年金に該当する場合も，老齢基礎年金・老齢厚生年金の繰下げ制度を申請できる。

　平成29年8月1日時点で65歳以上の者は，「老齢年金の繰下げ意思についての確認」を記入し，年金請求書と同時に提出をする。

　繰下げの申し出ができるのは受給権発生の1年後からのため，平成29年8月1日に受給権の発生する人は，平成30年8月1日以降に老齢基礎年金・老齢厚生年金それぞれについて繰り下げて請求することが可能である。

　ただし，生年月日によって以下の表（図表2-5-2）とおり，繰下げ請求の増額率が異なる。

● 図表2-5-2　繰下げ請求の増額率

生年月日		増額率
昭和16年4月1日以前生まれ	老齢基礎年金	受給権発生日から1年を超え2年に達するまでの期間………12% 2年を超え3年に達するまでの期間………26% 3年を超え4年に達するまでの期間………43% 4年を超え5年に達するまでの期間………64% 5年を超えるときの期間………………………88%
	老齢厚生年金	増額率＝0.7%×受給権発生月から繰下げ申出月の前月までの月数
昭和16年4月2日以後生まれ	老齢基礎年金 ・ 老齢厚生年金	増額率＝0.7%×受給権発生月から繰下げ申出月の前月までの月数

4 加給年金額

平成29年8月1日以降，生計を維持している人がいて加給年金額の支給要件に該当する場合は，加給年金額が加算される。

5 振替加算

平成29年8月1日以降，配偶者に生計を維持されている人で，振替加算の支給要件に該当する場合は，振替加算が加算される。

6 任意加入

老齢基礎年金の受給資格期間が10年に満たない場合，65歳以上70歳未満の人は最長で70歳まで国民年金に任意加入することができる。

ただし，65歳以上70歳未満の任意加入者で受給資格期間の10年を満たした場合は，満たした時点で任意加入が終了となる。

7 遺族年金

受給資格期間の短縮は老齢基礎年金など老齢給付が対象となっている。

遺族年金の支給要件は改正されておらず，老齢基礎年金の受給資格期間が原則として25年以上あることなどに変更はない。

演習問題 I
老齢基礎年金

事例A

　Ｚ銀行の年金相談会にＡさん夫婦（平成４年７月結婚）が参加され，夫婦の年金について相談があった。夫婦それぞれの年金加入歴（予定を含む）は次のとおりで，妻は㈱Ｙ社を退職後ずっと専業主婦で加給年金額の対象となる要件を満たしている。

○夫（昭和36年10月12日生まれ）
・昭和59年４月～平成28年10月：㈱Ｙ社（厚生年金保険）
・平成28年11月～平成29年３月：国民年金（保険料納付）
・平成29年４月～65歳に達するまで：㈱Ｘ社（厚生年金保険）

○妻（昭和40年３月30日生まれ）
・昭和59年４月～平成元年６月：㈱Ｙ社（厚生年金保険）
・平成元年７月～平成４年６月：国民年金（保険料未納）
・平成４年７月～60歳に達するまで：国民年金

問題　老齢基礎年金の受給資格期間

　Ａさん夫婦の老齢基礎年金の受給資格期間等について，誤っているものは次のうちどれですか。

(1)　夫：昭和59年４月～平成28年10月の期間は，すべて保険料納付済期間となる。

(2)　夫：平成29年４月～65歳に達するまでの期間のうち，合算対象期間は60ヵ月である。

(3)　妻：昭和59年４月～平成元年６月の期間は，すべて保険料納付済期間となる。

(4)　妻：平成元年7月～平成4年6月の期間は，受給資格期間に算入されない。

(5)　妻：平成4年7月～60歳に達するまでの期間のうち，第3号被保険者期間は387ヵ月である。

要点

●老齢基礎年金の受給資格期間には，保険料納付済期間，保険料免除期間および合算対象期間が算入される。

●保険料納付済期間は，①第1号被保険者期間および昭和61年3月以前の国民年金の加入期間のうち保険料を納付した期間，②厚生年金保険，共済組合等の加入期間のうち昭和36年4月以後かつ20歳以上60歳未満の期間，③第3号被保険者期間等である。

●合算対象期間は，④厚生年金保険，共済組合等の被保険者・加入者の配偶者で国民年金に任意加入できた者が任意加入しなかった昭和61年3月以前の期間，⑤厚生年金保険，共済組合等の加入期間のうち昭和36年3月以前の期間および20歳前と60歳以後の期間等である。

解答

(1)　…正しい。夫の昭和59年4月～平成28年10月の期間は，要点②に該当し，すべて保険料納付済期間となる。

(2)　…正しい。夫の平成29年4月～65歳に達するまでの期間のうち，平成29年4月～令和3年9月（60歳到達月の前月）の期間が要点②に該当し保険料納付済期間となり，令和3年10月～65歳に達する（令和8年9月）までは要点⑤に該当し合算対象期間となり，その月数は60ヵ月である。

(3)　…誤り。妻の昭和59年4月～平成元年6月の期間のうち，20歳前の期間は要点⑤に該当し合算対象期間となり，20歳以後の期間が保険料納付済期間となる。

(4)　…正しい。妻の平成元年7月～平成4年6月の期間は，合算対象期間とならない。

(5)　…正しい。平成4年7月～60歳に達するまでの期間は，平成4年7月から夫が

㈱Y社を退職した平成28年10月までの期間，および夫が㈱X社在職で妻60歳までの期間（平成29年4月〜令和7年2月）が第3号被保険者期間となる。平成28年11月〜平成29年3月は第3号被保険者期間ではない。

答え：(3)

事例B

　B夫さん（昭和40年11月20日生まれ）は，妻と精肉店を営んでいる。B夫さんの年金加入歴（予定を含む）は，次のとおりである。
・昭和59年4月〜平成9年3月：厚生年金保険（156ヵ月）
・平成9年4月〜平成22年6月：国民年金（159ヵ月・保険料納付済期間）
・平成22年7月〜平成23年6月：国民年金（12ヵ月・保険料半額免除期間）
・平成23年7月〜60歳に達するまで：国民年金（172ヵ月・保険料4分の1免除期間）

問題　老齢基礎年金の年金額

　B夫さんが65歳から受給できる老齢基礎年金の年金額の計算式について，正しいものは次のうちどれですか（年金額は令和6年度価格）。

(1)　$816{,}000円 \times \dfrac{156カ月 + 159カ月 + 12カ月 \times \frac{1}{2} + 172カ月 \times \frac{3}{4}}{480カ月}$

(2)　$816{,}000円 \times \dfrac{156カ月 + 159カ月 + 12カ月 \times \frac{2}{3} + 172カ月 \times \frac{5}{8}}{480カ月}$

(3)　$816{,}000円 \times \dfrac{137カ月 + 159カ月 + 12カ月 \times \frac{3}{4} + 172カ月 \times \frac{7}{8}}{480カ月}$

(4)　816,000円× $\dfrac{137カ月+159カ月+9カ月\times\dfrac{2}{3}+3カ月\times\dfrac{3}{4}+172カ月\times\dfrac{5}{8}}{480カ月}$

(5)　816,000円× $\dfrac{137カ月+159カ月+9カ月\times\dfrac{1}{2}+3カ月\times\dfrac{3}{4}+172カ月\times\dfrac{7}{8}}{480カ月}$

要点

●老齢基礎年金の年金額は20歳から60歳になるまでの40年間（加入可能年数）すべて保険料納付済期間のときに支給される。40年に満たないときはその不足する期間に応じて減額される。

●保険料免除期間は，次に相当する月数として計算する。

免除	平成 21 年3月まで 480 ヵ月までの期間	平成 21 年4月から 480 ヵ月までの期間
全額免除	3分の1	2分の1
4分の3免除	2分の1	8分の5
半額免除	3分の2	4分の3
4分の1免除	6分の5	8分の7

解答

　B夫さんの場合，20歳前の厚生年金保険期間（昭和59年４月～昭和60年10月：19ヵ月）は合算対象期間となり，老齢基礎年金の年金額に反映されない。20歳以後の期間（昭和60年11月～平成９年３月：137ヵ月）が保険料納付済期間となる。

　平成22年７月からの半額免除12ヵ月は４分の３，平成23年７月からの４分の１免除期間172ヵ月は８分の７として計算する。

答え：(3)

事例Ｃ

　Ｃ夫さん（昭和39年４月２日生まれ）は，60歳に達した日に32年間勤務した㈱Ｔ社を退職した。Ｃ夫さんの年金加入歴は厚生年金保険に通算して38年間，国民年金に２年間である。

　Ｃ夫さんの退職後の年金見込額は，65歳からの老齢厚生年金は1,200,000円，老齢基礎年金は816,000円とする。なお，専業主婦の妻（昭和41年10月５日生まれ）と２人暮らしである。）

問題　繰上げ支給の老齢基礎年金の年金額

　Ｃ夫さんが令和６年10月中に繰上げ請求した場合，受給できる老齢基礎年金の年金額について，正しいものは次のうちどれですか。

(1)　479,762円

(2)　485,222円

(3)　561,672円

(4)　595,680円

(5)　639,744円

要点

●老齢基礎年金の年金額＝65歳からの老齢基礎年金の額×支給率

●支給率＝100％－0.4％×繰上げ請求月から65歳到達月の前月までの月数

●老齢基礎年金と老齢厚生年金は同時に繰上げ請求しなければならない。

解答

　Ｃ夫さんの場合，繰上げ請求月（令和６年10月）から65歳到達月の前月（令和11年３月）までの月数は54ヵ月であり，816,000円×（100％－0.4％×54ヵ月）＝639,744円となる。

答え：(5)

6 | 60歳台前半の老齢厚生年金

 重要用語

特別支給の老齢
厚生年金

1 受給要件

　老齢厚生年金は，老齢基礎年金の受給権を得たときに，老齢基礎年金に上乗せする形で65歳から支給される（厚年法42条，同附則14条）。60歳台前半の老齢厚生年金とは，「特別支給の老齢厚生年金」として，60歳から65歳になるまでの間だけ支給される厚生年金保険独自の給付である（図表2-6-1参照）。したがって，受給権者が65歳に達したとき，または死亡したときに受給権は消滅する（厚年法45条，同附則10条）。また，65歳に達したときに消滅するので，受給を繰り下げることはできない。

● 図表2-6-1　60歳台前半・後半の老齢厚生年金の仕組み

60歳		65歳	
特別支給の老齢厚生年金	加給年金額	加給年金額	
	報酬比例部分	老齢厚生年金	
	定額部分	老齢基礎年金	

重要用語

定額部分

重要用語

報酬比例部分

　60歳台前半の老齢厚生年金（特別支給の老齢厚生年金）は，定額部分と報酬比例部分を合算した額に加給年金額を加算した額となっている（支給開始年齢は図表2-6-4参照）。60歳台前半の老齢厚生年金の受給要件は，次のとおりである（厚年法附則8条，同附則（平6）19条・20条）。

① 男子または第2号〜第4号厚生年金被保険者である女子
　は昭和36年4月1日以前生まれ，第1号厚生年金被保険者
　である女子は昭和41年4月1日以前生まれであること
② 厚生年金保険の被保険者期間（共済組合等加入分も含む）
　が1年以上あり，老齢基礎年金の受給資格期間を満たして
　いること
③ 60歳以上で受給開始年齢に達していること（坑内員・船
　員は，支給開始年齢の特例がある）

　厚生年金保険の被保険者期間が1年未満の場合には，特別支給
の老齢厚生年金は支給されない。なお，第1号〜第4号厚生年金
被保険者期間のうち，2以上の種別（号別）の被保険者期間を有
する場合は，合算して1年以上であるかを判断する（厚年法附則
20条）。

2　支給開始年齢の引上げ

　改正前は，受給要件を満たした人には60歳から特別支給の老齢
厚生年金（定額部分＋報酬比例部分）が支給されていた。しかし，
平成6年改正および平成12年改正により，生年月日に応じて段階
的に支給開始年齢の引上げが行われた。最終的には60歳台前半の
老齢厚生年金は支給されなくなる。定額部分と報酬比例部分を合
算した額の特別支給の老齢厚生年金が60歳から支給されるのは，
第1号厚生年金被保険者は，原則として男子は昭和16年4月1日
以前，第1号厚生年金被保険者である女子は昭和21年4月1日以
前に生まれた人である。

▶ 1.　平成6年改正（第1号厚生年金被保険者）

　平成6年改正では，平成13年度に60歳を迎える昭和16年4月

2日生まれの男子から，段階的に定額部分の支給開始年齢を引き上げることとなった。これにより，平成24年度末には，報酬比例部分の年金のみへの切替えが完了した。第1号厚生年金被保険者である女子については，男子より5年遅れの平成18年度から，段階的に報酬比例部分の年金のみに切り替わっている（厚年法附則（平6）20条）。

定額部分の支給は，図表2-6-2のように生年月日に応じて61〜64歳から開始となる。なお，61〜64歳から「定額部分＋報酬比例部分」が支給開始となるまでの間は，「報酬比例部分」の老齢厚生年金が支給される。報酬比例部分のみの老齢厚生年金には，65歳になるまで加給年金額は加算されない。

ただし，障害者・長期加入者および坑内員・船員は，定額部分も併せて支給される特例がある。

● 図表2-6-2　定額部分の支給開始年齢の引上げ（第1号厚生年金被保険者）

●昭和16年4月2日〜昭和24年4月1日（女子は昭和21年4月2日〜昭和29年4月1日）

60歳	生年月日に応じて61〜64歳	65歳
	加給年金額	加給年金額
報酬比例部分	報酬比例部分	老齢厚生年金
	定額部分	老齢基礎年金

●平成24年度末（男子は報酬比例部分のみへの切替え完了）

60歳	65歳
	加給年金額
報酬比例部分	老齢厚生年金
	老齢基礎年金

▶ 2. 平成12年改正（第1号厚生年金被保険者）

平成12年の改正では，定額部分の支給開始年齢の引上げが完了後の平成25年度（第1号厚生年金被保険者である女子は平成30年度）に60歳を迎える昭和28年4月2日生まれの男子より，生年月日に応じて段階的に報酬比例部分の支給開始年齢を61〜64

歳に引き上げることとなった（図表2-6-3参照）。最終的には，老齢厚生年金は完全に65歳からの支給となる（厚年法附則8条の2）。

　第2〜4号厚生年金被保険者の女子（共済組合）の報酬比例部分の支給開始年齢は，第1号厚生年金被保険者の一般男子と同じである。

● 図表2-6-3　報酬比例部分の支給開始年齢の引上げ（第1号厚生年金被保険者）

●平成25年度（女子は平成30年度）以降（報酬比例部分の支給開始年齢引上げ開始）

●令和7年度末（男子は報酬比例部分の支給開始年齢引上げ完了）

男子の生年月日	報酬比例部分 支給開始年齢	女子の生年月日 （第1号厚生年金被保険者）
昭和24年4月2日〜昭和28年4月1日	60歳	昭和29年4月2日〜昭和33年4月1日
昭和28年4月2日〜昭和30年4月1日	61歳	昭和33年4月2日〜昭和35年4月1日
昭和30年4月2日〜昭和32年4月1日	62歳	昭和35年4月2日〜昭和37年4月1日
昭和32年4月2日〜昭和34年4月1日	63歳	昭和37年4月2日〜昭和39年4月1日
昭和34年4月2日〜昭和36年4月1日	64歳	昭和39年4月2日〜昭和41年4月1日

● 図表2-6-4　60歳台前半の老齢厚生年金の支給開始年齢の引上げの流れ

		男子(注)	女子 (第1号厚生年金被保険者)
特別支給の老齢厚生年金　（報酬比例部分）（定額部分）	老齢厚生年金／老齢基礎年金	昭16.4.1以前生まれ	昭21.4.1以前生まれ

▲60歳

| 報酬比例部分　（報酬比例部分）（定額部分） | 老齢厚生年金／老齢基礎年金 | 昭16.4.2〜昭18.4.1生まれ | 昭21.4.2〜昭23.4.1生まれ |

▲61歳（定額部分の引上げ開始。平成13年度）

| | 老齢厚生年金／老齢基礎年金 | 昭18.4.2〜昭20.4.1生まれ | 昭23.4.2〜昭25.4.1生まれ |

▲62歳

| | 老齢厚生年金／老齢基礎年金 | 昭20.4.2〜昭22.4.1生まれ | 昭25.4.2〜昭27.4.1生まれ |

▲63歳

| | 老齢厚生年金／老齢基礎年金 | 昭22.4.2〜昭24.4.1生まれ | 昭27.4.2〜昭29.4.1生まれ |

▲64歳

| 報酬比例部分 | 老齢厚生年金／老齢基礎年金 | 昭24.4.2〜昭28.4.1生まれ | 昭29.4.2〜昭33.4.1生まれ |

▲60歳　　　　　▲65歳

| 報酬比例部分 | 老齢厚生年金／老齢基礎年金 | 昭28.4.2〜昭30.4.1生まれ | 昭33.4.2〜昭35.4.1生まれ |

▲60歳　▲61歳（報酬比例部分の引上げ開始。平成25年度）

| | 老齢厚生年金／老齢基礎年金 | 昭30.4.2〜昭32.4.1生まれ | 昭35.4.2〜昭37.4.1生まれ |

▲62歳

| | 老齢厚生年金／老齢基礎年金 | 昭32.4.2〜昭34.4.1生まれ | 昭37.4.2〜昭39.4.1生まれ |

▲63歳

| | 老齢厚生年金／老齢基礎年金 | 昭34.4.2〜昭36.4.1生まれ | 昭39.4.2〜昭41.4.1生まれ |

▲64歳

| 最終的な姿 | 老齢厚生年金／老齢基礎年金 | 昭36.4.2以降生まれ | 昭41.4.2以降生まれ |

▲60歳　　　　　▲65歳

（注）　共済組合等の組合員・加入者（第2号〜第4号厚生年金被保険者）の支給開始年齢は，男女の区別なく男子と同様に引き上げられる。

3 支給開始年齢の特例

▶ 1. 障害者・長期加入者の特例

平成6年改正により，昭和16年4月2日（第1号厚生年金被保険者である女子は昭和21年4月2日）以後に生まれた人は，段階的に定額部分の支給開始年齢が61〜64歳へ引き上げられた。しかし，次の障害者と長期加入者については特例受給が設けられている。特例受給に該当した場合，報酬比例部分に加えて定額部分が支給され，加給年金額の対象者がいる場合は，加給年金額も加算される。

① 障害者特例

以下の3つの条件すべてを満たしている人は，障害者特例を請求することができる。

📖 重要用語

障害者特例

---

① 特別支給の老齢厚生年金の受給権を有していること
② 厚生年金保険の障害等級3級以上の障害状態にあること
③ 厚生年金保険の資格を喪失していること（退職していること）

障害者特例の適用を請求する場合，「障害者特例・繰上げ調整額請求書」を年金事務所へ提出する。障害者特例に該当した場合，受給者が請求した月の翌月から報酬比例部分に加えて定額部分も支給される。ただし，改正により，平成26年4月からは，障害年金を受給中の人から請求があった場合は，特例の適用を受けられる状態になった時点に遡って請求したものとみなされ，その翌月以降から報酬比例部分に加えて定額部分が支給される。

② 長期加入者の特例

44年以上，厚生年金保険に加入し以下の要件を満たしている人

📖 重要用語

長期加入者の特例

は，長期加入者の特例が適用される。

> ① 厚生年金保険に44年以上加入していること（公務員共
>   済・私学共済は合算せず，いずれか１つの制度のみで44年
>   以上あること）
> ② 厚生年金保険の資格を喪失していること（退職している
>   こと）

年金受給者が退職した場合には，事業所が厚生年金被保険者資格喪失届を年金事務所へ提出することで長期加入者の特例に該当するため，受給者が特例届を提出する必要はない。

厚生年金保険のうち，２以上の種別（号別）の被保険者期間を有する人の特別支給の老齢厚生年金の「長期特例」については，それぞれの被保険者期間を合算せず，種別（号別）の被保険者期間ごとに適用される（厚年法附則20条１項）。

なお，障害者特例および長期特例の該当者が被保険者である場合は，種別（号別）にかかわらず，支給停止となる。また，平成12年改正により，昭和28年４月２日（第１号厚生年金被保険者である女子は昭和33年４月２日）以後に生まれた人については，段階的に「報酬比例部分」の老齢厚生年金の支給開始年齢が61〜64歳へ引き上げられる。

昭和28年４月２日から昭和36年４月１日生まれ（第１号厚生年金被保険者である女子は昭和33年４月２日から昭和41年４月１日生まれ）の人で，障害者・長期加入者の特例に該当するときは，「報酬比例部分」の老齢厚生年金の支給開始年齢から，「定額部分＋報酬比例部分」が支給される。

▶ 2. 坑内員・船員（第3種被保険者）の特例

坑内員　・船員（第３種被保険者）については，旧制度の経過

措置として，第3種被保険者であった期間が15年以上ある場合には，生年月日に応じて55〜59歳より特別支給の老齢厚生年金（定額部分＋報酬比例部分）が支給される（厚年法附則9条の4，同附則（平6）15条）。

理解度チェック

① 特別支給の老齢厚生年金が支給されるためには，厚生年金保険の被保険者期間が1ヵ月以上あることが必要である。

② 特別支給の老齢厚生年金について，第1号厚生年金被保険者期間が44年以上ある在職者（被保険者）は，報酬比例部分の支給開始と同じ年齢から定額部分も支給される。

③ 特別支給の老齢厚生年金について，障害等級3級以上の状態にあり退職している者は，支給開始年齢についての障害者特例の対象とされる。

解答 ① × 厚生年金保険の被保険者期間が1年（12ヵ月）以上あることが必要である。
② × 在職者（被保険者）には適用されない。
③ ○

7 | 60歳台前半の老齢厚生年金の年金額

1 60歳台前半の老齢厚生年金の年金額の計算

「特別支給の老齢厚生年金」の年金額は，定額部分と報酬比例部分を合算した額に加給年金額を加算した額である（厚年法43条，同附則9条の2，同附則（60）59条）。「報酬比例部分相当の老齢厚生年金」の年金額は，報酬比例部分のみの金額であり，定額部分および加給年金額は含まれない。

なお，平成15年度より賞与等を含めた年収をベースとした総報酬制が導入されたため，平成15年4月以後の被保険者期間がある場合には，2つの計算式で計算し年金額を算出することになる（図

● 図表2-7-1　特別支給の老齢厚生年金の年金額

（令和6年度・本来水準・昭和31年4月2日以後生まれ）

定額部分	$1{,}701 円^{*1} \times \dfrac{生年月日に応じて}{1.875 \sim 1.000} \times 被保険者期間の月数^{*2}$ （*2 上限480ヵ月） *1 昭和31年4月1日以前に生まれた人は1,696円
報酬比例部分	総報酬制導入前 $平均標準報酬月額 \times \left(\dfrac{9.5}{1{,}000} \sim \dfrac{生年月日に応じて}{} \dfrac{7.125}{1{,}000} \right) \times \dfrac{平成15年3月以前の}{被保険者期間の月数}$　＋ 総報酬制導入後 $平均標準報酬額 \times \left(\dfrac{7.308}{1{,}000} \sim \dfrac{生年月日に応じて}{} \dfrac{5.481}{1{,}000} \right) \times \dfrac{平成15年4月以後の}{被保険者期間の月数}$ 経過措置による従前額保障による計算式は，図表2-7-4参照。
加給年金額	配偶者　　　　　　　　　234,800円*3 1人目・2人目の子　各234,800円 3人目以降の子　　　各 78,300円 *3 受給権者が昭和9年4月2日以後生まれの場合には，特別加算あり

表2-7-1参照）。

　総報酬制導入後は，報酬比例部分の年金額については，賞与等も含めた平均月収（平均標準報酬額）にもとづいて計算される。なお，「平均標準報酬額」は，平成15年４月以後の被保険者期間の標準報酬月額と標準賞与額の総額を被保険者月数で除した額である。ただし，賞与等を含めても年金額が増額しないように，給付乗率は生年月日に応じて引き下げられている。

　厚生年金保険の種別（号別）の違う２以上の加入期間を有する人の老齢厚生年金の年金額については，種別（号別）の被保険者期間ごとに計算する（厚年法78条の26）。

▶ 1. 定額部分の年金額

① 定額部分の計算式（昭和31年４月２日以後生まれ）

$$\underset{\text{(令和6年度単価)}}{1{,}701円} \times \underset{\text{(生年月日に応じて1.875～1.000)}}{乗\ 率} \times \underset{\text{期間の月数}}{被保険者}$$

② 定額単価

　令和６年度については，定額部分の額は①の計算式で計算される。定額部分の単価（昭和31年４月２日以後生まれ）は1,701円であるが，昭和21年４月１日以前に生まれた人については，図表2-7-2のように生年月日に応じて一定の率を乗じる経過措置がある（厚年法附則９条の２，同附則（60）59条３項，同附則（平16）27条，同（61）経過措置政令75条）。

③ 被保険者期間の月数

　定額部分の年金額の被保険者期間の月数は，実際の月数で計算するが，生年月日に応じて上限がある。生年月日による被保険者期間の月数の上限は，平成16年改正により引き上げられ，図表2-7-3のようになっている。したがって，昭和21年４月２日以後生まれの人は，480ヵ月（40年）が上限となる（厚年法附則（平

● 図表2-7-2　定額部分の単価と報酬比例部分の乗率の経過措置

生年月日	定額単価	報酬比例部分（総報酬制前）		報酬比例部分（総報酬制後）	
		旧乗率	新乗率	旧乗率	新乗率
昭和 2 年4月1日以前	1,696 円 ×1.875	1,000 分 の 10.00	1,000 分 の 9.500	1,000 分 の 7.692	1,000 分 の 7.308
昭和 2 年4月2日～昭和 3 年4月1日	1.817	9.86	9.367	7.585	7.205
昭和 3 年4月2日～昭和 4 年4月1日	1.761	9.72	9.234	7.477	7.103
昭和 4 年4月2日～昭和 5 年4月1日	1.707	9.58	9.101	7.369	7.001
昭和 5 年4月2日～昭和 6 年4月1日	1.654	9.44	8.968	7.262	6.898
昭和 6 年4月2日～昭和 7 年4月1日	1.603	9.31	8.845	7.162	6.804
昭和 7 年4月2日～昭和 8 年4月1日	1.553	9.17	8.712	7.054	6.702
昭和 8 年4月2日～昭和 9 年4月1日	1.505	9.04	8.588	6.954	6.606
昭和 9 年4月2日～昭和 10 年4月1日	1.458	8.91	8.465	6.854	6.512
昭和 10 年4月2日～昭和 11 年4月1日	1.413	8.79	8.351	6.762	6.424
昭和 11 年4月2日～昭和 12 年4月1日	1.369	8.66	8.227	6.662	6.328
昭和 12 年4月2日～昭和 13 年4月1日	1.327	8.54	8.113	6.569	6.241
昭和 13 年4月2日～昭和 14 年4月1日	1.286	8.41	7.990	6.469	6.146
昭和 14 年4月2日～昭和 15 年4月1日	1.246	8.29	7.876	6.377	6.058
昭和 15 年4月2日～昭和 16 年4月1日	1.208	8.18	7.771	6.292	5.978
昭和 16 年4月2日～昭和 17 年4月1日	1.170	8.06	7.657	6.200	5.890
昭和 17 年4月2日～昭和 18 年4月1日	1.134	7.94	7.543	6.108	5.802
昭和 18 年4月2日～昭和 19 年4月1日	1.099	7.83	7.439	6.023	5.722
昭和 19 年4月2日～昭和 20 年4月1日	1.065	7.72	7.334	5.938	5.642
昭和 20 年4月2日～昭和 21 年4月1日	1.032	7.61	7.230	5.854	5.562
昭和 21 年4月2日以後	1.000	7.5	7.125	5.769	5.481

（注）　令和6年度の本来水準の計算式では太線内の新乗率の数字が適用される。
　　　　昭和31年4月2日以後生まれの人は定額単価1,701円。

● 図表2-7-3　平成16年改正後の定額部分の被保険者月数の上限

（平成 17 年 4 月以後）

生 年 月 日	上限月数
大正 15 年4月2日から昭和 4 年4月1日生まれ	420 ヵ月（35 年）
昭和 4 年4月2日から昭和 9 年4月1日生まれ	432 ヵ月（36 年）
昭和 9 年4月2日から昭和 19 年4月1日生まれ	444 ヵ月（37 年）
昭和 19 年4月2日から昭和 20 年4月1日生まれ	456 ヵ月（38 年）
昭和 20 年4月2日から昭和 21 年4月1日生まれ	468 ヵ月（39 年）
昭和 21 年4月2日以後生まれ	480 ヵ月（40 年）

6）18条）。

なお，中高齢の特例に該当するときは，被保険者期間月数が240ヵ月（20年）未満であっても240ヵ月で計算する（厚年法附則(60) 61条）。

▶ 2. 報酬比例部分の年金額

報酬比例部分の年金額＝
　総報酬制導入前の期間分　　総報酬制導入後の期間分
　　（平成15年3月以前）　＋　　（平成15年4月以後）

① 平均標準報酬月額

平均標準報酬月額とは，被保険者期間中の標準報酬月額を平均したものであり，次の計算式で求められる。

$$\text{平均標準報酬月額} \atop (\text{平成15年3月以前}) = \frac{\text{被保険者期間の標準報酬月額の総計}}{\text{被保険者期間の総月数}}$$

重要用語
平均標準報酬月額

ただし，現在とは賃金水準が異なる過去の低い標準報酬月額をそのまま使うと，実質より平均標準報酬月額が低くなってしまう。このため，平均標準報酬月額を計算するときには，過去の標準報酬月額に再評価率を乗じて，最近の賃金水準や物価水準で再評価したうえで計算する（厚年法附則(44) 3条，同附則(60) 49条・53条）。

参照
資料編の(資料2)参照

これまで再評価率は，5年に一度の財政再計算時に法改正によって改正されていたが，平成16年改正により毎年度改正されることになった。再評価率は，原則として改正後のものを用いるが，経過措置による従前額保障による改正前の計算式においては，再評価率も平成6年改正の率で計算する。

なお，平均標準報酬月額を計算する際には，10,000円（船員は12,000円）に満たない標準報酬月額があるときは，10,000円

第2編

（船員は12,000円）に切り上げて計算する（厚年法附則（44）3条，同附則（60）53条）。

また，過去の低い標準報酬月額を切り捨てるため，昭和32年9月以前の被保険者期間がある人については，計算方法の特例がある。

② 平均標準報酬額

平均標準報酬額とは，平成15年4月以後の各月の標準報酬月額の合計額と標準賞与額の合計額に再評価率を乗じた総額を，平成15年4月以後の被保険者月数で除した額である。具体的には，次の計算式で計算する。

$$平均標準報酬額 = \frac{標準報酬月額の合計＋標準賞与額の合計}{平成15年4月以後の被保険者期間の月数}$$

③ 乗 率

報酬比例部分の年金額は，平成12年改正により，給付水準を5％抑制した新乗率が規定されている。これにより，生年月日に応じて1,000分の9.5～1,000分の7.125となっている（厚年法附則9条，同附則（60）59条，同附則（平12）20条・21条）。

総報酬制導入後の5％適正化後の乗率は，生年月日に応じて1,000分の7.308～1,000分の5.481となっている。

④ 5％適正化前の従前額保障

平成16年改正により，計算式は図表2-7-4の①改正後の乗率5％適正化による本来水準（令和6年水準）となっている。ただし，改正後の規定により計算した額が，図表2-7-4の②改正前の規定による年金額に満たない場合には，②改正前の規定による額（5％適正化前の従前額保障）が支給される（厚年法（平16）附則27条）。

⑤ 被保険者期間の月数

●図表2-7-4　総報酬制導入後の報酬比例部分（令和6年度）

①改正後の乗率5%適正化による本来水準（平成16年改正による令和6年水準）

②5%適正化前の従前額保障

$\times \dfrac{\text{従前額改定率}}{1.041}$ （昭和13年4月2日以降生まれ）

　報酬比例部分の被保険者期間には，定額部分の計算とは異なり月数の上限はない。厚生年金保険の被保険者期間は，原則として実期間で計算する。中高齢の特例による場合で，240ヵ月未満となる場合でも実月数で計算し，240ヵ月みなしは行われない。

　ただし，第3種被保険者としての被保険者期間は，3分の4倍または5分の6倍する特例がある。

⑥　再評価率

　以前は，年金額に物価スライドを乗じて年金額の改定が行われていたが，平成16年改正により，再評価率に改定を織り込む形に改正された。

2 繰上げ支給の老齢基礎年金と60歳台前半の老齢厚生年金の併給

　昭和16年4月2日（第1号厚生年金被保険者である女子は昭和21年4月2日）以降に生まれた人は，希望すれば60歳台前半の老齢厚生年金と繰上げ支給の老齢基礎年金を受給することができる。

　平成27年10月からは，複数の種別（号別）の被保険者期間を有する人の老齢厚生年金の繰上げ・繰下げ申出については，それぞれの老齢厚生年金について同時に行わなければならない（厚年

法78条の28，同附則18条・21条）。

　なお，在職者の場合には全部繰上げ支給の老齢基礎年金は全額支給され，基礎年金以外は在職老齢年金の計算によって年金が減額調整される。

　繰上げ支給の老齢厚生年金を請求する際の主な注意点は次のとおりである。

---

① 老齢基礎年金と併せて繰上げ請求をする必要があり，老齢厚生年金のみを繰上げ請求することはできない。

② 繰上げ請求をした時点（月単位）に応じて年金額が減額され，減額率は生涯変わらない。

③ 65歳になるまでは遺族厚生年金と繰上げ支給の老齢厚生年金を併給することはできない。

④ 繰上げ請求すると，障害の程度が重くなったとき（事後重症）に障害年金を受給することはできない。

⑤ 繰上げ請求すると，繰上げを取り消すことはできない。

⑥ 繰上げ請求すると，国民年金に任意加入することはできない。

⑦ 日本年金機構と共済組合等から複数の老齢厚生年金を受ける権利を有する人が，老齢厚生年金の繰上げ請求を希望する場合は，すべての老齢厚生年金の繰上げ請求を併せて行う必要がある。

▶ 経過的な繰上げ支給の老齢厚生年金（61歳〜64歳から報酬比例部分のみの特別支給の老齢厚生年金が支給される場合）

　次の①②の者は，60歳から報酬比例部分相当の老齢厚生年金を受給できる年齢となるまでの間に，経過的な繰上げ支給の老齢厚生年金を請求することができる（図表2-7-5）。

① 昭和28年４月２日〜昭和36年４月１日生まれ（男子または第２号〜第４号厚生年金被保険者である女子）

② 昭和33年４月２日〜昭和41年４月１日生まれ（第１号厚生年金被保険者である女子）

●図表2-7-5　支給開始年齢が63歳の人が60歳で繰上げ請求した場合

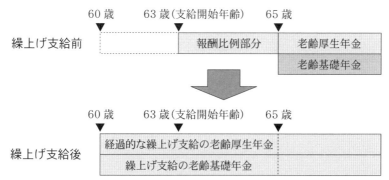

・繰上げ支給の老齢厚生年金は，本来の年金額から14.4％（36ヵ月×0.4％）減額される。
・この場合の老齢基礎年金は，本来の年金額から24％（60ヵ月×0.4％）減額される。
・この例の場合，63歳から65歳になるまでの間に繰上げ支給の老齢基礎年金を単独で請求することもできる。

　ただし，同時に老齢基礎年金の全部繰上げ支給の請求もしなければならない（厚年法附則13条の４）。

　また，報酬比例部分相当の老齢厚生年金を受給できる年齢から65歳になるまでの間は，繰上げ支給の老齢基礎年金を単独で請求することができる。

　繰上げ支給の老齢厚生年金の額は，本来の年金額から次の①と②の算式により計算される額の合算額を減じた額となる。

　なお，経過的加算の減額分は，報酬比例部分から減額され，経過的加算の額そのものは減額されずに加算される。

Q　参照

計算例は本編演習問題Ⅱの事例C参照。

繰上げ支給の老齢厚生年金額の減額＝①＋②
（昭和37年４月２日以降生まれの人）

①＝報酬比例部分の年金額（繰上げ請求月の前月までの期間による）×0.4％×繰上げ請求月から60歳台前半の老齢厚生年金の支給開始年齢到達月の前月までの月数

②＝経過的加算額（繰上げ請求月の前月までの期間による）×0.4％×繰上げ請求月から65歳到達月の前月までの月数

※昭和37年４月１日以前の人の減額率0.5％

8 老齢厚生年金の加給年金額

1 受給要件

▶ 1. 本人（受給権者）の要件

　加給年金額は，定額部分と報酬比例部分を合算した特別支給の老齢厚生年金，または65歳以降の老齢厚生年金を受給することができるようになり，受給するための要件を満たしているとき支給される。本人（受給権者）の要件は，次のとおりである。

> ① 第1号〜第4号厚生年金被保険者期間が20年（240ヵ月）以上（第1号厚生年金被保険者は中高齢の特例あり）の老齢厚生年金の受給権者であること（一元化施行日以降に受給権が発生する人の場合）
> ② 受給権を取得した当時，本人（受給権者）によって生計を維持されていた65歳未満の配偶者または18歳到達年度の末日までの子（または障害等級1級または2級の障害の状態にある20歳未満の子）があること（厚年法44条1項）

関連過去問題

/ 2024年 3月
問16
/ 2023年 10月
問16
/ 2023年 3月
問16
/ 2022年 10月
問16

 重要用語

加給年金額

第2編

●図表2-8-1　加給年金額の支給の仕組み

なお，第1号〜第4号厚生年金被保険者期間が20年等に満たない人が，その後20年以上になった場合は，在職定時改定や退職時改定，または65歳の到達月の翌月から加給年金額が支給される。

平成27年10月からは，2以上の種別（号別）の厚生年金被保険者期間を有する人の加給年金額については，それぞれの被保険者期間を合算し，加算要件である資格期間（原則20年以上）を判定する（厚年法78条の27）。政令で定められた優先順位は以下のとおりである。

> ・加給年金額の加算開始が最も早い年金に加算する。
> ・同時の場合は，被保険者期間（額の計算の基礎となる厚生年金保険の加入期間）が長い年金に加算する。
> ・被保険者期間の長さも同じ場合は，第1号厚生年金被保険者期間，第2号厚生年金被保険者期間，第3号厚生年金被保険者期間，第4号厚生年金被保険者期間の順に加算する。

▶ 2.　配偶者および子の要件

配偶者については，当事者間に，社会通念上，夫婦の共同生活と認められる事実関係があることを要件として，事実上婚姻関係にある人も含む（厚年法3条2項）。また，子については，養子，

重要用語

配偶者

重要用語

子

受給権を得たとき胎児だった子，認知された子も含まれる（厚年法44条3項）。

生計維持の基準としては，年収要件がある。受給権を得たときに本人と生計を同一にしていた配偶者または子で，年収850万円以上（所得655.5万円）の収入が恒常的に将来にわたって得られないときに対象と認められる。なお，前年の収入が年収850万円以上ある場合でも，近い将来（おおむね5年以内），定年等により一定額未満になることが明らかであれば加算される。

生計維持基準は，受給権を取得した当時で認定する。このため，受給権者が受給権取得後に再婚し，配偶者を生計維持した場合であっても，加給年金額は支給されない（厚年法44条5項，同施行令3条の5）。

加給年金額は，報酬比例部分相当の年金には支給されないが，特別支給の老齢厚生年金（定額部分＋報酬比例部分）の支給開始後，または65歳からの老齢厚生年金には支給される。

2 加給年金額の支給停止

配偶者自身が厚生年金保険の被保険者期間20年以上（中高齢の期間短縮の特例では15～19年）の老齢厚生年金や障害厚生年金等を受給できる間は，加給年金額は支給停止となる（厚年法46条6項，同附則（60）61条1項）。

ただし，配偶者が在職による支給停止等に該当し，配偶者の老齢厚生年金（被保険者期間が20年以上）が全額支給停止になっていた場合には，加給年金が支給されていた。この点が改正され，令和4年4月以降は，配偶者の老齢厚生年金が在職による支給停止等で全額支給停止になっている場合でも，加給年金は支給停止される。

● 図表2-8-2　加給年金の支給停止の規定の見直し

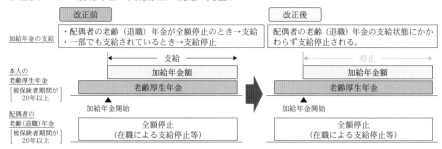

【経過措置】

以下の①および②の要件を満たす場合については，令和4年4月以降も引き続き加給年金の支給を継続する経過措置が設けられています。

① 令和4年3月時点で，本人の老齢厚生年金または障害厚生年金に加給年金が支給されているとき

② 令和4年3月時点で，加給年金額の対象者である配偶者が，厚生年金保険の被保険者期間が240月以上ある老齢厚生年金等の受給権を有しており，全額が支給停止されているとき

（資料）厚生労働省

3　加給年金額

重要用語

加給年金額

　令和6年度の加給年金額は，配偶者は234,800円，1人目・2人目の子は各234,800円，3人目以降の子は各78,300円である（厚年法44条2項，同附則（平16）27条）。

　また，昭和9年4月2日以後に生まれた受給権者には，図表2-8-3のように受給権者の生年月日に応じて，配偶者の加給年金額にさらに特別加算が加算される（厚年法附則（60）60条2項）。

● 図表2-8-3　配偶者の加給年金額の合計額
● 令和6年度

受給権者の生年月日	特別加算の額	加給年金額の合計額 （加給年金額 ＋ 特別加算）
昭和 9 年 4 月 2 日～昭和 15 年 4 月 1 日	34,700 円	269,500 円
昭和 15 年 4 月 2 日～昭和 16 年 4 月 1 日	69,300 円	304,100 円
昭和 16 年 4 月 2 日～昭和 17 年 4 月 1 日	104,000 円	338,800 円
昭和 17 年 4 月 2 日～昭和 18 年 4 月 1 日	138,600 円	373,400 円
昭和 18 年 4 月 2 日以後	173,300 円	408,100 円

4 加給年金額の改定

加給年金額は，配偶者または子が次の事由に該当したときは，本人は支給の対象ではなくなり，該当した月の翌月から年金額が改定される（厚年法44条4項）。

---

① 死亡したとき

② 受給権者による生計維持の状態がやんだとき

③ 配偶者が離婚または婚姻の取消しをしたとき

④ 配偶者が65歳に達したとき

⑤ 子が養子縁組により受給権者の配偶者以外の人の養子となったとき

⑥ 養子縁組による子が離縁したとき

⑦ 子が婚姻したとき

⑧ 子について18歳到達年度の末日が経過したとき（障害等級1級または2級に該当する障害の状態にある子を除く）

⑨ 障害等級1級または2級に該当する障害の状態にある子について，その事情がやんだとき（18歳到達年度の末日までの子を除く）

⑩ 障害等級1級または2級に該当する障害の状態にある子が20歳に達したとき

加給年金額は，配偶者が65歳になるまで支給され，65歳以降は，配偶者自身の老齢基礎年金に振替加算される。このため，妻

Q 参照
第2編3参照

第2編

が65歳となり，自分自身の老齢基礎年金を受給し始めると，夫の年金額は加給年金額の分減ってしまうことになる。

　なお，加給年金額の対象となっている配偶者が老齢基礎年金を繰り上げて受給した場合であっても，配偶者が65歳になるまで加給年金額は支給される。

9 60歳台後半の老齢厚生年金

1 受給要件

関連過去問題
- 2024年3月 問35, 36
- 2023年10月 問36
- 2023年3月 問36
- 2022年10月 問36

65歳からの老齢厚生年金は，厚生年金保険の被保険者期間が1ヵ月以上あれば老齢基礎年金に上乗せする形で支給される。60歳台後半の老齢厚生年金の受給要件は，次のとおりである（厚年法42条）。

---

① 厚生年金保険の被保険者期間が1ヵ月以上あること

② 65歳に達していること

③ 老齢基礎年金の受給資格期間を満たしていること

なお，2以上の種別（号別）の厚生年金被保険者であった場合は，各号の厚生年金被保険者期間にかかる被保険期間ごとに年金額を計算する。

● 図表2-9-1　60歳台後半の老齢厚生年金

生年月日に応じて60〜64歳		65歳	
特別支給の老齢厚生年金	（報酬比例部分）	老齢厚生年金	
	（定額部分）	経過的加算	
		老齢基礎年金	

65歳から支給される老齢厚生年金の被保険者
期間月数に上限はない。

2 老齢厚生年金の年金額

▶ 1. 報酬比例部分

　老齢厚生年金の年金額は，当分の間は報酬比例部分に経過的加算を加えた額に，対象者がいる場合は加給年金額を加算した額となる。

> 老齢厚生年金の年金額
> 　　　　＝報酬比例部分＋経過的加算＋加給年金額

　報酬比例部分の年金額は，60歳台前半の「報酬比例部分」の老齢厚生年金額と同じ計算方法である。被保険者期間月数の上限はなく，実際の被保険者期間月数で計算する。

📖 重要用語

経過的加算

▶ 2. 経過的加算

　老齢厚生年金の年金額は，報酬比例部分の年金額に加給年金額を加算した額である。ただし，当面は老齢基礎年金より特別支給の老齢厚生年金の定額部分のほうが高い額になるため，差額が生じることがある。

　また，厚生年金保険・船員保険の被保険者期間のうち，昭和36年4月1日前の被保険者期間と，昭和36年4月1日以降の被保険者期間のうち，20歳前の期間と60歳以降の期間などについては老齢基礎年金の年金額の計算の対象とならない。

　このため，定額部分相当額と昭和36年4月以後で20歳以上60歳未満の厚生年金保険の被保険者期間に相当する老齢基礎年金の年金額との差額が，厚生年金保険の独自給付である経過的加算と

して支給される（厚年法附則（60）59条）。計算式は，図表2-9-2
のとおりである。

● 図表2-9-2　60歳台後半の老齢厚生年金の年金額（本来水準）

報酬比例部分	生年月日に応じて 平均標準報酬月額 $\times \left[\dfrac{9.5}{1,000} \sim \dfrac{7.125}{1,000}\right] \times$ 平成15年3月以前の 被保険者期間の月数　＋ 生年月日に応じて 平均標準報酬額 $\times \left[\dfrac{7.308}{1,000} \sim \dfrac{5.481}{1,000}\right] \times$ 平成15年4月以後の 被保険者期間の月数
経過的加算 *特別支給の老齢厚生年金の定額部分相当額－老齢基礎年金相当額	1,701円$^{*1} \times \dfrac{生年月日に応じて}{1.875 \sim 1.000} \times$被保険者期間の月数 　　$- 816,000$円$^{*2} \times \dfrac{被保険者期間の月数^{*3}}{加入可能年数 \times 12}$ *1 昭和31年4月1日以前生まれの人は1,696円 *2 昭和31年4月1日以前生まれの人は813,700円 *3 昭和36年4月以後で20歳以上60歳未満の厚生年金保険被保険者期間
加給年金額	配偶者　　　　　　　　　234,800円^{*4} 1人目・2人目の子　各234,800円 3人目以降の子　　　　各 78,300円 *4 受給権者が昭和9年4月2日以後生まれの場合には，特別加算あり

3　老齢厚生年金の繰下げ支給

　平成16年改正により，平成19年4月以降に老齢厚生年金の受給権が発生した人（昭和17年4月2日以後生まれ）は，66歳以降の希望する年齢に繰り下げて受給することが可能となった（厚年法44条の3）。この場合，年金額は繰り下げた期間に応じて増額される。繰下げ年齢は，上限が70歳から75歳に引き上げられている。増額率は老齢基礎年金の繰下げと同じである。ただし，老齢厚生年金の受給権を取得したとき，または65歳から66歳に達するまでの間に，老齢基礎年金および付加年金ならびに障害基礎年金を除く他の年金の受給権者となったときは，繰下げ請求はできない（厚年法44条の3）。

老齢厚生年金と老齢基礎年金は，両方同時に繰り下げ，または別々に繰り下げることができる。加給年金額には増額は行われない。

　また，繰下げ期間中の在職老齢年金の仕組みによる支給停止額は，増額の対象とならない。

増額率＝0.7％×繰下げ月数（上限120ヵ月）

増額率上限：84％

対象者：昭和27年４月２日以降生まれの人

　　　　受給権発生日が平成29年４月１日以降の人

　なお，２以上の種別（号別）の厚生年金被保険者期間を有する人の老齢厚生年金の支給繰下げの申出は，それぞれの種別（号別）の老齢厚生年金について同時に行わなければならない（厚年法78条の28）。

老齢厚生年金と老齢基礎年金は，両方同時に繰り下げることも，別々に繰り下げることもできる。

演習問題 II
老齢厚生年金

事例A

　Ｚ信用金庫が開催した年金相談会に，Ａさんは夫婦（昭和63年10月結婚）で参加した。夫婦それぞれの年金加入歴（予定を含む）は次のとおりで，妻は㈱Ｗ社退職後ずっと専業主婦で加給年金額の対象者となる要件を満たしている。

○夫（昭和36年11月1日生まれ）
・昭和59年4月～平成25年9月：㈱Ｙ社（厚生年金保険）
・平成25年10月～平成26年3月：国民年金
・平成26年4月～65歳の年度末：㈱Ｘ社（厚生年金保険）

○妻（昭和37年3月20日生まれ）
・昭和57年3月～昭和62年9月：国民年金（保険料未納）
・昭和62年10月～昭和63年3月：未加入
・昭和63年4月～昭和63年12月：㈱Ｗ社（厚生年金保険）
・平成元年1月～60歳に達するまで：国民年金

問題　老齢給付

　Ａさん夫婦の老齢給付について，誤っているものは次のうちどれですか。

(1)　夫：老齢厚生年金の支給開始年齢は，65歳である。

(2)　夫：加給年金額は，65歳到達月の翌月分から支給される。

(3)　妻：報酬比例部分は，62歳から支給される。

(4)　妻：定額部分は，支給されない。

(5)　妻：65歳到達月の翌月分から，老齢基礎年金に振替加算が加算される。

要点

●一般男子（第1号厚生年金被保険者）の老齢厚生年金（報酬比例部分）の支給開始年齢の引上げは，昭和28年4月2日以降生まれの者から実施されている。

●女子の老齢厚生年金の支給開始年齢の引上げは，一般男子より5年遅れで実施されている。

解答

(1) …正しい。夫の場合，老齢厚生年金の支給開始年齢は65歳で，特別支給の老齢厚生年金は支給されず65歳から老齢基礎年金が支給される。

(2) …正しい。加給年金額は65歳到達月（令和8年10月）の翌月分から支給される。

(3) …誤り。妻の場合，報酬比例部分は被保険者期間が1年に満たないので65歳から支給される。

(4) …正しい。定額部分は支給されず65歳から老齢基礎年金が支給される。

(5) …正しい。妻は，夫の老齢厚生年金の加給年金額の対象者であり，65歳に達した月の翌月分から老齢基礎年金に振替加算が加算される。

答え：(3)

事例B

　B夫さん（昭和34年11月2日生まれ）は，昭和57年4月に㈱V社に就職し，令和6年10月末日付で同社を退職する予定である。B夫さんの令和6年度基準（本来水準）の平均標準報酬月額は380,000円，平均標準報酬額は480,000円とする。

生年月日	総報酬制・実施前		総報酬制・実施後	
	旧乗率	新乗率	旧乗率	新新乗率
昭和21.4.2～	7.50／1,000	7.125／1,000	5.769／1,000	5.481／1,000

問題① 報酬比例部分相当の老齢厚生年金の年金額計算

　B夫さんが退職後，受給できる老齢厚生年金（報酬比例部分）の年金額の計算式について，正しいものは次のうちどれですか（年金額は令和6年度（本来水準）価格）。

(1) $380,000円 \times \dfrac{7.50}{1,000} \times 252カ月 + 480,000 \times \dfrac{5.769}{1,000} \times 259カ月$

(2) $380,000円 \times \dfrac{7.125}{1,000} \times 264カ月 + 480,000 \times \dfrac{5.481}{1,000} \times 247カ月$

(3) $380,000円 \times \dfrac{7.50}{1,000} \times 264カ月 + 480,000 \times \dfrac{5.769}{1,000} \times 247カ月$

(4) $380,000円 \times \dfrac{7.125}{1,000} \times 264カ月 + 480,000 \times \dfrac{5.769}{1,000} \times 247カ月$

(5) $380,000円 \times \dfrac{7.125}{1,000} \times 252カ月 + 480,000 \times \dfrac{5.481}{1,000} \times 259カ月$

要点

●令和6年度の報酬比例部分の年金額は，「本来水準」の算式で計算した年金額は，
　平均報酬月額×9.5～7.125／1,000×平成15年3月までの被保険者月数＋平均

標準報酬額×7.308〜5.481／1,000×平成15年４月以降の被保険者月数で求められる。

● 平均標準報酬月額，平均標準報酬額は令和６年度（本来水準）の再評価率により算出する。

● 乗率は，生年月日に応じた「新乗率」で求める。

問題②　老齢厚生年金に加算される経過的加算

　B夫さんが65歳から受給する老齢厚生年金に加算される経過的加算の計算式について，正しいものは次のうちどれですか（年金額は令和６年度（本来水準）価格）。

(1)　$1{,}701円 \times 480カ月 - 816{,}000円 \times \dfrac{450カ月}{480カ月}$

(2)　$1{,}701円 \times 480カ月 - 816{,}000円 \times \dfrac{451カ月}{480カ月}$

(3)　$1{,}701円 \times 480カ月 - 816{,}000円 \times \dfrac{480カ月}{480カ月}$

(4)　$1{,}701円 \times 511カ月 - 816{,}000円 \times \dfrac{451カ月}{480カ月}$

(5)　$1{,}701円 \times 511カ月 - 816{,}000円 \times \dfrac{480カ月}{480カ月}$

要点

● 経過的加算は，65歳前の定額部分の額を保障する措置である。

● 経過的加算の額は，定額部分の額から厚生年金保険の加入期間にかかる老齢基礎年金の額を差し引いた額であり，算式で示すと次のとおりである。

　・経過的加算の額＝定額部分の額（A）−老齢基礎年金の額（B）

　・定額部分の額（A）：1,701円×被保険者月数（上限あり）

　・老齢基礎年金の額（B）：816,000円×20歳以上60歳未満の厚生年金保険の被保険者月数／480ヵ月

解答

■問題①■

　B夫さんの場合，総報酬制実施前の被保険者期間は昭和57年４月から平成15年３月までの252ヵ月，総報酬制実施後の被保険者期間は平成15年４月から令和６年10月までの259ヵ月となる。

答え：(5)

■問題②■

　B夫さんの場合，被保険者期間の月数は昭和57年４月〜令和６年10月の511ヵ月であるが，定額部分は60歳台前半の老齢厚生年金の生年月日による上限月数480ヵ月で計算する。60歳到達月の前月までの厚生年金保険の被保険者月数は，昭和57年４月〜令和元年10月の451ヵ月である。

答え：(2)

事例C

　C子さん（昭和39年11月12日生まれ）は，60歳に達した日に35年間勤務した㈱S社を退職する。C子さんの年金加入歴は，厚生年金保険に通算して38年６ヵ月，国民年金に３年１ヵ月である。

　C子さんの年金見込額は，老齢厚生年金が1,306,824円，老齢基礎年金は816,000円とのことである。なお，夫（昭和42年１月25日生まれ）は，加給年金額の対象者となる要件を満たしている。

問題　経過的な繰上げ支給の老齢厚生年金

　C子さんの経過的な繰上げ支給の老齢厚生年金について，誤っているものは次のうちどれですか。

(1)　老齢基礎年金と同時に繰上げ請求しなければならない。

(2)　60歳に達した月に繰上げ請求をした場合，報酬比例部分の減額率は19.2%で

ある。

(3)　加給年金額は，65歳から支給される。

(4)　65歳に達するまでの希望する月から，いつでも繰上げ請求できる。

(5)　経過的加算の減額分は，報酬比例部分の年金額から減額される。

要点

●経過的な繰上げ支給の老齢厚生年金は，60歳から報酬比例部分の支給開始年齢に達する前であれば請求することができる。この場合，老齢基礎年金と同時に繰上げ請求しなければならない。

●経過的な繰上げ支給の老齢厚生年金の年金額は，次の算式で計算する。

　　・年金額＝[報酬比例部分の額－（Ａ報酬比例部分の減額分＋Ｂ経過的加算の減額分）]＋経過的加算の額

　　　Ａ＝報酬比例部分の額×0.4％×①

　　　Ｂ＝経過的加算の額×0.4％×②

　　　①：繰上げ請求月から報酬比例部分の支給開始年齢になる月の前月までの月数

　　　②：繰上げ請求月から65歳到達月の前月までの月数

解答

(1)　…正しい。老齢厚生年金は，老齢基礎年金と同時に繰上げ請求しなければならない。

(2)　…正しい。Ｃ子さんの場合，報酬比例部分は64歳から支給され，60歳に達した月に繰上げ請求した場合，①は48ヵ月（令和6年11月～令和10年10月）となり，減額率は19.2％（＝0.4％×48ヵ月）である。

(3)　…正しい。加給年金額は65歳から支給される。

(4)　…誤り。経過的な繰上げ支給の老齢厚生年金は，60歳から報酬比例部分の支給開始年齢に達する前であれば請求することができる。

(5)　…正しい。経過的加算の減額分は，算式のとおり報酬比例部分の年金額から減額される。　　　　　　　　　　　　　　　　　　　　　　　　答え：(4)

10　在職老齢年金

1　在職老齢年金

　在職中で厚生年金保険の被保険者である70歳未満の人は，60歳台前半の老齢厚生年金（報酬比例部分相当の老齢厚生年金または特別支給の老齢厚生年金）または，老齢厚生年金が，受給権者の給与（総報酬月額相当額）と年金額に応じて支給停止される。

　平成27年10月からは，退職した日の属する月まで在職支給停止が適用される。

　厚生年金保険の被保険者である人に対する給付制限であり，総報酬月額相当額に応じて支給停止額を計算するため，個人事業収入，不動産収入，農業収入などは年金支給停止の対象とはならない。

　総報酬制が平成15年4月より導入されたため，その1年後である平成16年4月より，直近1年間の賞与を含めた「総報酬月額相当額」による計算となっている。総報酬月額相当額は，その月の標準報酬月額に，その月以前1年間に受けた標準賞与額の総額を12で除した額の合計額である。

$$
総報酬月額相当額 = その月の標準報酬月額 + \frac{その月以前1年間の標準賞与額の総額}{12}
$$

　在職中の老齢厚生年金は，年金額を12で除した額（基本月額）と総報酬月額相当額の合計額によって支給停止される（厚年法附則11条・11条の3，同附則（平6）21条）。

関連過去問題

- 2024年 3月
  問37
- 2023年 10月
  問37
- 2023年 3月
  問17，37
- 2022年 10月
  問17，37

重要用語

在職老齢年金

重要用語

総報酬月額相当額

第2編

【例】4月の総報酬月額相当額

月	2	3	4	5	6	7	8	9	10	11	12	1	2	3	4	5	6
給与															標準報酬月額		
賞与					標準賞与額					標準賞与額							

その月以前1年間に受けた標準賞与額の総額÷12

● 図表2-10-1　在職老齢年金の支給停止額の計算

	令和5年度	令和6年度
支給停止調整額	48万円	50万円

(令和6年度)

総報酬月額相当額＋基本月額	在職老齢年金(月額)
① 50万円以下	老齢厚生年金全額支給
② 50万円を超える額	基本月額－(総報酬月額相当額＋基本月額－50万円)×1/2

(注)　1．基本月額は老齢厚生年金（報酬比例部分）額（加給年金額と経過的加算を除いた額）÷12
　　　2．老齢基礎年金は全額支給される。
　　　3．50万円＝支給停止調整額は，平成17年度以降は政令により改定される。
　　　4．特別支給の老齢厚生年金も同様の計算。

① 50万円以下

老齢基礎年金全額支給	総報酬月額相当額	老齢厚生年金全額支給	
	50万円		

(注)　総報酬月額相当額(賃金)と老齢厚生年金の月額(基本月額)の合計額が50万円に達するまでは，老齢厚生年金・老齢基礎年金とも全額支給される。

② 50万円を超える額

超過分

老齢基礎年金全額支給	総報酬月額相当額	老齢厚生年金	1/2
	50万円		

支給停止

(注)　総報酬月額相当額(賃金)と老齢厚生年金の月額(基本月額)の合計額が50万円を超える場合は，超過部分の2分の1の額の老齢厚生年金が支給停止される。

以前は，60歳台前半の老齢厚生年金は少なくとも２割がカットされていたが，平成16年改正により平成17年４月からは一律２割カットが廃止されている。具体的には，総報酬月額相当額と基本月額との合計額が50万円を超える場合，図表2-10-1のように支給停止額を算出する。

改正前は，60歳台前半は，在職老齢年金の停止となる基準額が28万円であったが，65歳以降の基準額と同じ基準額となるしくみに改正された。

●図表2-10-2　基準額の改正

	改正前	令和５年４月〜	令和６年４月〜
60〜64歳	28万円	48万円	50万円
65歳以上	47万円	48万円	50万円

「基本月額」には，老齢基礎年金額および経過的加算は含まれず，全額支給となる。

加給年金額が加算されている場合には，在職老齢年金の年金額は加給年金額を除いた「本体の額」で計算する。なお，この在職老齢年金の計算によって，本体が一部でも支給されていれば加給年金額は全額支給され，本体が全額支給停止になると加給年金額も全額支給停止になる。

2　70歳以上の在職老齢年金

平成16年改正により，平成19年４月より，70歳以上の在職者についても，60歳台後半の在職老齢年金と同じ仕組みで年金が支給停止されることになった。ただし，70歳以上の在職者については，厚生年金保険の保険料の負担はない。

平成27年10月から在職支給停止の対象が改正され，昭和12年４月１日以前生まれの70歳以上の人や，議員である人，共済組合等の年金制度に加入している人も老齢厚生年金の在職支給停止が

適用されることとなった。なお，旧法の老齢年金についても在職支給停止が適用される。

また，繰下げ期間中の在職により支給停止される額については，繰下げ増額の対象とならない。したがって，65歳から70歳に達するまで在職老齢年金（報酬比例部分）が全額支給停止されていた場合，70歳から受給する老齢厚生年金は，報酬比例部分は増額されず，経過的加算のみ増額される。

● 図表2-10-3　在職老齢年金の目安額早見表

（令和6年度，単位：円）

基本月額 総報酬月額相当額	60,000	80,000	100,000	120,000
200,000	60,000	80,000	100,000	120,000
300,000	60,000	80,000	100,000	120,000
400,000	60,000	80,000	100,000	110,000
500,000	30,000	40,000	50,000	60,000

3　在職定時改定

令和4年3月までは，老齢厚生年金の受給者が，在職中により厚生年金保険の被保険者となっている場合，年金額の改定は，資格喪失時（退職改定および70歳到達時改定）のみであった。

重要用語

在職定時改定

令和4年4月からは，在職定時改定という制度が導入され，在職中であっても，毎年10月分から年金額が改定されることになった。基準日（毎年9月1日）において，前年9月から当年8月までの被保険者期間を算入した年金額が計算され，基準日の属する月の翌月（毎年10月）分の年金から改定となる。

ただし，在職定時改定が対象となるのは，65歳以上70歳未満の老齢厚生年金受給者である。65歳未満で繰り上げ受給をしている年金受給者は，在職定時改定の対象とはならない。

● 図表2-10-4　在職定時改定の仕組み

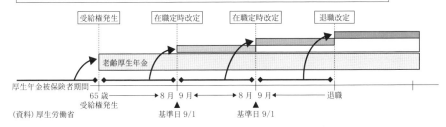

在職中であっても，毎年10月に前年9月から当年8月までの被保険者期間が年金額に反映されます。

(資料) 厚生労働省

11 | 雇用保険による失業給付 (基本手当)との調整

関連過去問題

✐ 2024年 3月
  問15
✐ 2023年 10月
  問15
✐ 2023年 3月
  問15
✐ 2022年 10月
  問15

1 失業給付(基本手当)

　雇用保険加入者が失業した場合，離職の日以前 2 年間に被保険者期間が原則として，通算12ヵ月以上あるときに，失業給付として雇用保険より基本手当が給付される。

失業給付

所定給付日数

▶ 1. 所定給付日数

　所定給付日数は，離職理由，年齢，被保険者期間等に応じて図表2-11-1のようになっている。雇用保険の被保険者期間が20年以上で定年退職者・自己都合退職者の場合には，所定給付日数は150日である。

　なお，離職時の年齢が65歳未満の場合は，図表2-11-1に記載の加入年数に応じた基本手当が支給される。退職日が65歳到達日前であれば，基本手当は65歳以降も支給される。

　65歳未満の時に受給する雇用保険の基本手当は，65歳になるまでの特別支給の老齢厚生年金・退職共済年金と併給はできず，年金がその間，支給停止となる。

▶ 2. 基本手当日額

基本手当日額

賃金日額

　支給される 1 日当たりの金額（基本手当日額）は，離職した日の直前 6 ヵ月の賃金総額を180で除した金額（賃金日額）に対し，5 〜 8 割（60歳以上65歳未満は4.5〜 8 割）となっている。6 ヵ月間に支払われた賃金総額には，臨時に支払われる賃金および 3 ヵ月を超える期間ごとに支払われる賃金（賞与など）は含まれない（雇用保険法17条）。賃金日額と基本手当日額には年齢に応じ

図表2-11-1　所定給付日数

定年・自己都合退職，懲戒解雇，契約期間満了の方

算定基礎期間／離職時等の年齢	10年未満	10年以上20年未満	20年以上
65歳未満	90日	120日	150日

算定基礎期間／離職時等の年齢	1年未満	1年以上
障害者等の就職困難者　45歳未満	150日	300日
45歳以上65歳未満	150日	360日

◆特定受給資格者・一部の特定理由離職者

算定基礎期間／離職時等の年齢	1年未満	1年以上5年未満	5年以上10年未満	10年以上20年未満	20年以上
30歳未満	90日	90日	120日	180日	－
30歳以上35歳未満	90日	120日	180日	210日	240日
35歳以上45歳未満	90日	150日	180日	240日	270日
45歳以上60歳未満	90日	180日	240日	270日	330日
60歳以上65歳未満	90日	150日	180日	210日	240日

● 図表2-11-2　賃金日額と基本手当日額の上限
　●離職時年齢60歳以上65歳未満の場合

（令和5年8月1日改正）

賃金日額	給付率	基本手当日額
2,746円〜5,110円未満	8割	2,196円〜4,087円
5,110円〜11,300円以下	8割〜4.5割	4,088円〜5,085円
11,300円超〜16,210円以下	4.5割	5,085円〜7,294円
16,210円超	－	7,294円（上限額）

※令和6年8月1日改正後の額は，ハローワークHP参照。

● 図表2-11-3　老齢厚生年金と失業給付（基本手当）の併給調整

て上限があり，図表2-11-2のようになっている。ただし，この賃金日額の区分や上・下限額は，毎年8月に自動改定される。

▶ 3. 受給期間

　離職したときは，まず住所地を管轄するハローワーク（公共職業安定所）へ離職票を提出し，受給資格者証の交付を受ける。給付については，「求職の申込み」をした日から7日間は「待期」として支給されず，8日目から支給される。ただし，自己都合退職等の場合には，原則として，2ヵ月または3ヵ月の給付制限があ

第2編

る。以後，4週間ごとに1回，ハローワーク（公共職業安定所）で「失業の認定」を受ける。

基本手当の所定給付日数は，就職困難者のほうが一般の受給資格者より多い。

2 失業給付（基本手当）と年金の調整

　平成10年4月1日から，60歳台前半の老齢厚生年金（報酬比例部分相当の老齢厚生年金または特別支給の老齢厚生年金）と，雇用保険法による失業給付（基本手当）を同時に受給できる場合には，失業給付（基本手当）が優先し，原則として60歳台前半の

● 図表2-11-4　失業給付（基本手当）と年金との調整の例

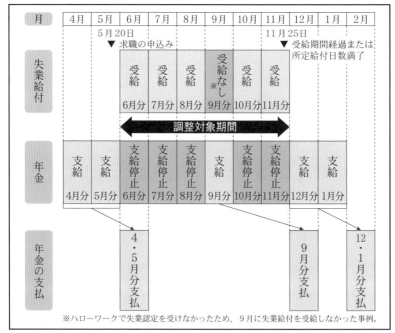

（資料）日本年金機構

老齢厚生年金は支給停止となる（厚年法附則（平6）25条1項）。なお，自己都合退職による基本手当の給付制限中においても，支給停止となる。

　60歳台前半の老齢厚生年金は，ハローワーク（公共職業安定所）に「求職の申込み」を行った日の属する月の翌月から，失業給付（基本手当）の受給が終了となる日の属する月まで年金が全額支給停止となる。

重要用語

求職の申込み

受給期間内であっても基本手当の支給を受けた日およびこれに準ずる日が1日もない月の年金は支給される。

3 高年齢求職者給付金

　65歳以上で退職し，求職の申し込みをハローワークにした場合は，高年齢求職者給付金（被保険者期間1年未満は基本手当30日分，被保険者期間1年以上は50日分）が一時金で支給される。

　老齢厚生年金を繰下げ待機中の場合，高年齢求職者給付金は支給される。

12 雇用保険による高年齢雇用継続給付との調整

関連過去問題

✎ 2024年 3月
問38
✎ 2023年 10月
問38
✎ 2023年 3月
問38
✎ 2022年 10月
問38

重要用語
高年齢雇用継続
給付

重要用語
高年齢雇用継続
基本給付金

重要用語
高年齢再就職給
付金

1 高年齢雇用継続給付

　雇用保険の高年齢雇用継続給付は，60歳以上65歳未満の一般被保険者（短時間就労の被保険者を含む）が，60歳時点の賃金に比べて75％未満に低下した状態で働いているときに給付される。

▶ 1. 給付の種類

　65歳までの継続雇用を援助・促進することを目的としており，失業給付を受けずに継続雇用されている人を対象とした「高年齢雇用継続基本給付金」と，失業給付を受給中に再就職したが基本手当残日数が100日以上ある人を対象とした「高年齢再就職給付金」とがある。

▶ 2. 受給要件

　高年齢雇用継続基本給付金の受給要件は，以下の２つである。

---

① 60歳以上65歳未満で，現在一般被保険者（短時間就労の被保険者を含む）であること
② 被保険者であった期間が通算して５年以上あること

　受給要件を満たしている場合には，ハローワーク（公共職業安定所）に申請を行い，受給資格の確認を受ける。

　確認手続後，以下の条件を満たした月について支給される。

> ① 60歳時賃金と比べて75%未満の賃金で雇用されている
>   こと
> ② 各暦月の賃金額が370,452円未満（令和5年8月〜令和
>   6年7月）であること（毎年8月1日に自動改定される）

● 図表2-12-1　高年齢雇用継続給付の給付金早見表

（令和5年8月〜令和6年7月）　　　　　　　　　　　　　　　（単位：円）

60歳以降賃金 ＼ 60歳時賃金	25万円	30万円	35万円	40万円	46万円 (上限 486,300円)※
16万円	17,968	24,000	24,000	24,000	24,000
18万円	4,896	27,000	27,000	27,000	27,000
20万円	0	16,340	30,000	30,000	30,000
25万円	0	0	8,175	32,675	37,500
30万円	0	0	0	0	29,400

※　賃金月額の上限額は，毎年8月1日に変更される場合がある。

▶ 3. 支給額

高年齢雇用継続基本給付金の支給額は，賃金が以下のとおりと
なった額である。

> ① 60歳時賃金より61%未満に低下した場合
>   各月の賃金×15%
> ② 60歳時賃金より61%以上75%未満に低下した場合
>   15%から一定の割合で逓減する率を乗じた額

ただし，給付額と賃金額の合計の上限は370,452円（令和5年
8月〜令和6年7月）であり（毎年8月1日に改定される），これ
を超える場合には超えた額を差し引いた額が支給される。

●低下率が61％未満の場合

$$給付金＝各月の賃金額×15\%$$

●低下率が61％以上75％未満の場合

$$給付金＝－\frac{183}{280}×各月の賃金額＋\frac{137.25}{280}×60歳時賃金月額$$

　なお，高年齢雇用確保措置の進展等により，令和7年4月から，支給率が15％から10％に縮小される。

▶ 4. 給付期間

　高年齢雇用継続基本給付金は，60歳到達月から65歳到達月まで支給される。高年齢再就職給付金は，基本手当残日数が200日以上のとき2年間，100日以上のとき1年間を限度に65歳到達月まで支給される。

2 高年齢雇用継続基本給付金との調整

　雇用保険法による高年齢雇用継続基本給付金を受給する場合には，60歳台前半の老齢厚生年金（在職老齢年金）は一部支給停止となる。

　具体的な調整額は，図表2-12-4のとおりである。

　老齢厚生年金と高年齢雇用継続基本給付金を併給する場合には，高年齢雇用継続基本給付金は全額受給できるが，老齢厚生年金については，在職老齢年金の支給停止に加えて，標準報酬月額の6％に相当する額を上限として，さらに支給停止される（厚年法附則11条の6）。

● 図表2-12-2　算定基礎期間と高年齢求職者給付金の額

算定基礎期間	1年未満	1年以上
高年齢求職者給付金の額	30 日分	50 日分

● 図表2-12-3　高年齢雇用継続給付との併給調整

在職老齢年金
標準報酬月額6%を上限に年金支給停止
高年齢雇用継続給付（全額支給）

―― 併　給

● 図表2-12-4　老齢厚生年金と高年齢雇用継続給付との調整の仕組み

●標準報酬月額が，みなし賃金月額の61%未満の場合

調整額＝標準報酬月額×6%

●標準報酬月額が，みなし賃金月額の61%以上75%未満の場合

$$調整額 = 標準報酬月額 \times \frac{13,725 - 183X}{280X} \times \frac{6}{15}$$

（注）　この計算式のXは60歳到達時の賃金月額に対する，60歳以降の標準報酬月額の割合（賃金低下率＝新標準報酬月額÷60歳時賃金×100）。

●標準報酬月額と高年齢雇用継続給付との合計額が支給限度額（令和5年8月370,452円）を超える場合

$$調整額 = \{(支給限度額) - (標準報酬月額)\} \times \frac{6}{15}$$

（注）　みなし賃金月額とは，60歳到達前6ヵ月間に支払われた賃金の総額を180で除した額に30を乗じて得た額をいう。

※令和6年8月改正の合計の上限額は，ハローワークHP参照。

 3 **65歳以上の労働者に対する雇用保険の拡大**

　平成29年1月より，65歳以上の労働者も「高年齢被保険者」として雇用保険の対象となった。また，令和2年3月までは高年齢労働者の雇用保険料は免除となっていたが，令和2年4月より，高年齢労働者についても，雇用保険料の納付が必要となった。

● 図表2-12-5　老齢厚生年金と高年齢雇用継続基本給付金の併給調整

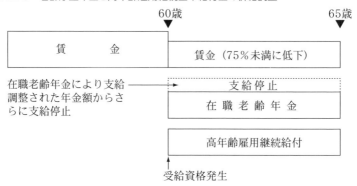

演習問題 Ⅲ
在職老齢年金と高年齢雇用継続給付

事例A

A夫さん（昭和35年4月1日生まれ）は，64歳に達した日に44年間勤務したV商事㈱を退職，引き続き関連会社のU産業㈱で70歳になるまで勤務できる予定である。

V商事㈱での給与は57歳から変わらず月額445,000円（標準報酬月額440,000円），賞与は令和5年7月に840,000円，令和5年12月に960,000円が支給されている。

U産業㈱での給与は月額255,000円（標準報酬月額260,000円），賞与は令和6年7月と12月にそれぞれ480,000円支給される条件である。なお，年金額は報酬比例部分1,680,000円，65歳からの老齢基礎年金は816,000円とする。

問題①　60歳台前半の在職老齢年金

A夫さんのU産業㈱勤務後の在職老齢年金に関する下記（①～④）の記述について，正しいものの数は次のうちどれですか（高年齢雇用継続給付はなし，在職定時改定は考慮しないものとする）。

> ①　令和6年6月の基本月額は，20,800円である。
>
> ②　令和6年6月の総報酬月額相当額は，410,000円である。
>
> ③　令和6年7月の支給停止額は，10,000円である。
>
> ④　令和6年12月の在職老齢年金の月額は，140,000円である。

(1)　なし

(2)　1つ

(3) 2つ

(4) 3つ

(5) 4つ

要点

●60歳台前半の在職老齢年金は，基本月額と総報酬月額相当額により支給停止額が計算される。

①基本月額と総報酬月額相当額の合計額が50万円以下のときは，支給停止はなく全額が支給される。

※基本月額＝年金額（加給年金額を除く）×１／12

※総報酬月額相当額＝その月の標準報酬月額＋その月以前１年間の標準賞与額×１／12

②基本月額と総報酬月額相当額の合計額が50万円を超えるときは，（基本月額＋総報酬月額相当額−50万円）×１／２で計算した額が支給停止される。

問題②　高年齢雇用継続給付と在職老齢年金との併給調整

Ａ夫さんがＵ産業㈱勤務中に，在職老齢年金と高年齢雇用継続給付（基本給付金）を同時に受給する場合のアドバイスについて，誤っているものは次のうちどれですか。

(1) 基本給付金の月額は，39,000円である。

(2) 基本給付金は，65歳到達月まで支給される。

(3) 年金は在職老齢年金の仕組みによる支給停止に加えて，15,600円がさらに支給停止される。

(4) 基本給付金は，60歳到達時の賃金に比べ75％未満に低下した賃金で勤務した月について支給される。

(5) 賃金と基本給付金の合計額には，上限額が設けられている。

要点

●雇用保険の高年齢雇用継続給付（基本給付金）は，雇用保険の被保険者期間が5年以上ある者が60歳から65歳到達月までの間に，60歳到達時の賃金（みなし賃金月額／上限あり）に比べて75％未満に低下した賃金で勤務した月について支給される。この場合，61％未満に低下したときは賃金（賞与は含まない）の15％相当額が支給される。

●賃金と基本給付金の合計額には支給限度額が設けられている。

●基本給付金と在職老齢年金を同時に受けられる場合，年金は在職老齢年金の仕組みによる支給停止に加えて，さらに標準報酬月額の6％相当額を限度として支給停止される。

●標準報酬月額が60歳到達時の賃金に比べて61％未満に低下したときは，上限の6％相当額が支給停止される。

解答

問題①

①…誤り。令和6年6月の基本月額は，1,680,000円×1／12＝140,000円である。

②…正しい。令和6年6月の総報酬月額相当額は，260,000円＋（840,000円＋960,000円）×1／12＝410,000円である。

③…正しい。令和6年7月の支給停止額は，総報酬月額相当額が260,000円＋（960,000円＋480,000円）×1／12＝380,000円となり，（140,000円＋380,000円－500,000円）×1／2＝10,000円

④…正しい。令和6年12月は，総報酬月額相当額が260,000円＋（480,000円＋480,000円）×1／12＝340,000円のため，50万円以下であり，支給停止額はない。

答え：(4)

問題②

(1)…誤り。A夫さんの基本給付金の月額は，賃金は61％未満（255,000円÷

445,000円÷57.3%）に低下するので，255,000円×15％＝38,250円となる。

(2) …正しい。65歳到達月の末日まで勤務すれば（末日まで被保険者であること），基本給付金は65歳到達月分まで支給される。

(3) …正しい。標準報酬月額は60歳到達時の賃金に比べて61％未満（260,000円÷445,000円÷58.4%）に低下するので，年金は在職老齢年金の仕組みによる支給停止に加えて，260,000円×6％＝15,600円がさらに支給停止される。

(4) …正しい。基本給付金は，60歳到達時の賃金に比べて75％未満に低下した賃金で勤務した月について支給される。

(5) …正しい。賃金と基本給付金の合計額には，上限額が設けられている。

答え：(1)

第3編

障害給付

1 | 障害基礎年金の仕組み

関連過去問題

📝 2024年 3月
　問18, 42
📝 2023年 10月
　問18, 42
📝 2023年 3月
　問18, 42
📝 2022年 10月
　問18,42

 重要用語

障害基礎年金

1 受給要件

　国民年金に加入中に初診日のある病気・けがで障害等級が1級または2級の状態になったときに，障害基礎年金が支給される。障害基礎年金は，次の3つの要件すべてを満たした人に支給される（国年法30条1項）。

---

① 国民年金に加入している間に初診日のある病気・けがで障害の状態になったこと

　ただし，国民年金の被保険者であった人で，初診日に60歳以上65歳未満で日本国内に居住していれば，支給対象となる。

② 障害認定日に1級または2級の障害状態にあること

③ 一定の保険料納付要件を満たしていること

▶ 1. 初診日における被保険者要件

　障害基礎年金は，初診日において，国民年金の被保険者（第1号被保険者，第2号被保険者，および第3号被保険者）であるか，または被保険者であった人であって60歳以上65歳未満で国内に居住していたこと，が要件となる。このため，20歳以上60歳未満の国内居住者はすべて該当する。

🔖 重要用語

初診日

　初診日とは，障害の原因となった病気・けがについて，初めて医師または歯科医師の診療を受けた日をいう。

● 図表3-1-1　初診日における要件

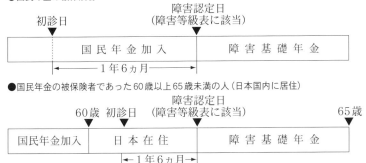

●国民年金の被保険者

障害認定日
（障害等級表に該当）
初診日

| 国　民　年　金　加　入 | 障　害　基　礎　年　金 |

←――――1 年 6 ヵ月――――→

●国民年金の被保険者であった60歳以上65歳未満の人（日本国内に居住）

障害認定日
60歳　初診日　（障害等級表に該当）　　　　　　65歳

| 国民年金加入 | 日　本　在　住 | 障　害　基　礎　年　金 |

←1 年 6 ヵ月→

　なお，健康診断を受けた日（健診日）は，原則として初診日として取り扱わないこととされた。ただし，初めて診療目的で医療機関を受診した日の医証（初診日に受診した医療機関による初診日の証明）が得られない場合であって，本人の希望（申立て）があり，健康診断により異常が発見され，医学的見地からただちに治療が必要と認められる健診結果である場合は，その健康診断を受けた日を初診日とすることができる。

　海外在住者（第2号被保険者を除く）は国民年金の適用除外となっており，被保険者であった人についても，任意加入していない場合には，初診日の要件を満たさなければ障害基礎年金は支給されない。

　また，20歳未満の場合には，20歳に達した日または障害認定日が20歳到達日以降となる場合には，障害認定日において要件を満たせば障害基礎年金が支給される。

▶ 2. 障害認定日と障害等級

　障害基礎年金は，障害認定日において，障害等級が1級または2級の状態と認定された場合に支給の対象となる。

　障害認定日とは，障害の程度を定める日のことで，障害の原因となった病気・けがの初診日から1年6ヵ月を経過した日，また

重要用語

障害認定日

は 1 年 6 ヵ月を経過しない間に治った日をいう。なお，「治った日」には，症状が固定し，治療の効果が期待できない状態に至った日を含む。具体的には，図表3-1-2のようなものがある。また，障害等級 1 級または 2 級の障害の程度は，図表3-1-3のとおりである。なお，厚生年金保険の障害等級 1 級または 2 級も共通となっている。

●図表3-1-2　障害認定日における治った日の例

①	人工透析療法を行っている場合は，透析を初めて受けた日から起算して 3 ヵ月を経過した日
②	人工骨頭または人工関節をそう入置換した場合は，そう入置換した日
③	心臓ペースメーカー，植え込み型除細動器（ICD）または人工弁を装着した場合は，装着した日
④	人工肛門の造設，尿路変更術を施術した場合は，造設または手術を施した日から起算して 6 ヵ月を経過した日
⑤	新膀胱を造設した場合は，造設した日
⑥	切断または離断による肢体の障害は，原則として切断または離断した日（障害手当金または旧法の場合は，創面が治癒した日）
⑦	喉頭全摘出の場合は，全摘出した日
⑧	在宅酸素療法を行っている場合は，在宅酸素療法を開始した日

● 図表3-1-3　障害基礎年金の障害等級（1級・2級）

障害の程度	障　害　の　状　態
〈1級〉1	次に掲げる視覚障害 　イ　両眼の視力がそれぞれ0.03以下のもの 　ロ　一眼の視力が0.04，他眼の視力が手動弁以下のもの 　ハ　ゴールドマン型視野計による測定の結果，両眼のI／4視標による周辺視野角度の和がそれぞれ80度以下かつI／2視標による両眼中心視野角度が28度以下のもの 　ニ　自動視野計による測定の結果，両眼開放視認点数が70点以下かつ両眼中心視野視認点数が20点以下のもの
2	両耳の聴力レベルが100デシベル以上のもの
3	両上肢の機能に著しい障害を有するもの
4	両上肢のすべての指を欠くもの
5	両上肢のすべての指の機能に著しい障害を有するもの
6	両下肢の機能に著しい障害を有するもの
7	両下肢を足関節以上で欠くもの
8	体幹の機能に座っていることができない程度又は立ち上がることができない程度の障害を有するもの
9	前各号に掲げるもののほか，身体の機能の障害又は長期にわたる安静を必要とする病状が前各号と同程度以上と認められる状態であって，日常生活の用を弁ずることを不能ならしめる程度のもの
10	精神の障害であって，前各号と同程度以上と認められる程度のもの
11	身体の機能の障害若しくは病状又は精神の障害が重複する場合であって，その状態が前各号と同程度以上と認められる程度のもの
〈2級〉1	次に掲げる視覚障害 　イ　両眼の視力がそれぞれ0.07以下のもの 　ロ　一眼の視力が0.08，他眼の視力が手動弁以下のもの 　ハ　ゴールドマン型視野計による測定の結果，両眼のI／4視標による周辺視野角度の和がそれぞれ80度以下かつI／2視標による両眼中心視野角度が56度以下のもの 　ニ　自動視野計による測定の結果，両眼開放視認点数が70点以下かつ両眼中心視野視認点数が40点以下のもの
2	両耳の聴力レベルが90デシベル以上のもの
3	平衡機能に著しい障害を有するもの
4	そしゃくの機能を欠くもの
5	音声又は言語機能に著しい障害を有するもの
6	両上肢のおや指及びひとさし指又は中指を欠くもの
7	両上肢のおや指及びひとさし指又は中指の機能に著しい障害を有するもの
8	1上肢の機能に著しい障害を有するもの
9	1上肢のすべての指を欠くもの
10	1上肢のすべての指の機能に著しい障害を有するもの
11	両下肢のすべての指を欠くもの
12	1下肢の機能に著しい障害を有するもの
13	1下肢を足関節以上で欠くもの
14	体幹の機能に歩くことができない程度の障害を有するもの
15	前各号に掲げるもののほか，身体の機能の障害又は長期にわたる安静を必要とする病状が前各号と同程度以上と認められる状態であって，日常生活が著しい制限を受けるか，又は日常生活に著しい制限を加えることを必要とする程度のもの
16	精神の障害であって，前各号と同程度以上と認められる程度のもの
17	身体の機能の障害若しくは病状又は精神の障害が重複する場合であって，その状態が前各号と同程度以上と認められる程度のもの

（注）　視力の測定は，万国式試視力表によるものとし，屈折異常があるものについては，矯正視力によって測定する。

▶ 3. 保険料納付要件

　障害基礎年金を受給するには，次のいずれかの保険料納付要件を満たす必要がある（図表3-1-4参照）。

---

①　初診日の前日において，国民年金の全被保険者期間のうち，保険料納付済期間と保険料免除期間を合算した期間が３分の２以上あること

　なお，保険料納付要件をみるときの被保険者期間は，初診日の属する月の前々月までの全被保険者期間である。

②　初診日が令和８年４月１日前の場合には，経過措置が設けられている（国年法附則（60）20条１項）。上記①の要件を満たさなくとも，初診日の前日において，初診日の属する月の前々月までの１年間に保険料納付済期間と保険料免除期間以外の期間（未納期間）がないこと

　ただし，この経過措置は，初診日において65歳以上である人には適用されない。

●図表3-1-4　保険料納付要件

●原則

　（注）　全被保険者期間は，合算対象期間（カラ期間）を除く。

●経過措置（令和８年４月１日前に初診日のある場合）

厚生年金保険等の被保険者期間のうち，20歳未満および60歳以後の期間も保険料納付済期間となる（国年法附則（60）8条9項）。

2 障害基礎年金と老齢厚生年金の併給

改正前は，65歳からの年金は，①障害基礎年金＋障害厚生年金か，②老齢基礎年金＋老齢厚生年金のいずれかを選択するしかなかったため，障害年金を受給しながら厚生年金保険に加入していた期間は年金額に反映されていなかった。

平成16年改正により，この点が改善され，平成18年4月より，65歳以上は③障害基礎年金＋老齢厚生年金または遺族厚生年金という併給の選択ができるようになった。

3 20歳前の障害による障害基礎年金

初診日が20歳前にあるときは，20歳になったとき，または障害認定日が20歳以後のときは障害認定日に，障害等級の1級または2級に該当する障害の状態であれば，障害基礎年金が支給される（国年法30条の4第1項）。

20歳前の障害による障害基礎年金は，保険料が納付されていないため，保険料納付要件は問われない。このため，受給権者本人について前年所得が一定額を超える場合には，扶養親族等の人数と所得に応じて，全額または2分の1が支給停止となる（国年法36条の3第1項，同施行令5条の4・6条）。

● 図表3-1-5　20歳前の障害による障害基礎年金

このほか，受給権者が厚生労働省令で定める拘禁等の場合には，障害基礎年金は支給停止される。ただし，平成16年改正により，未決勾留中の場合には，平成17年４月からは有罪が確定するまでは支給停止されないことに改正された。

また，初診日において20歳未満であって，障害認定日に障害等級の１級または２級の障害の程度に該当しなかった人が，その傷病により65歳に達する日の前日までの間に障害の程度が増進して，障害等級の１級または２級に該当したときには，本人の請求により障害基礎年金が支給される（国年法30条の４第２項・３項）。

なお，初診日において20歳未満の人であっても，第2号被保険者の場合には通常の障害基礎年金が支給される。

4 児童扶養手当と障害年金の併給

ひとり親の障害年金受給者が児童扶養手当を受給する場合，令和３年３月より，児童扶養手当の額と障害年金の子の加算部分の額との差額を受給できるように改正された。

理解度チェック

❶ 初診日の前日において初診日の属する月の前々月までの全被保険者期間のうち３分の１を超える保険料未納期間がなければ，障害基礎年金が支給される者に必要な保険料納付要件を満たしたものとされる。

❷ 初診日が20歳前にある障害についても，障害基礎年金の対象とされる。

解答 ❶ ○
　　　❷ ○

2 障害基礎年金の事後重症・基準障害・併合認定

1 事後重症による障害基礎年金

　障害認定日において障害の程度が障害等級1級または2級に該当しない場合には，障害基礎年金は支給されない。ただし，障害認定日後65歳に達する日の前日までに，その傷病による障害の程度が悪化し，障害等級1級または2級に該当する状態になったときには，65歳に達する日の前日までに障害基礎年金の支給を請求することができる（国年法30条の2第1項・3項）。なお，初診日における被保険者要件と保険料納付要件を満たしている必要がある。

　事後重症による障害基礎年金は，本人の請求により受給権が発生する年金であり，その請求のあった日の属する月の翌月から支給開始となる。このため，年金請求書を提出した日が受給権発生の日となり，請求前の期間について遡って支給されることはない。

　なお，同一の支給事由にもとづく障害等級3級の障害厚生年金の障害等級が，受給権者の障害の程度が増進し，障害等級1級または2級に改定された場合には，そのときに事後重症による障害

📖 **重要用語**

事後重症による
障害基礎年金

●図表3-2-1　事後重症による障害基礎年金

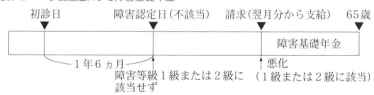

基礎年金の請求があったものとみなされる（国年法30条の２第４項）。

2 基準障害による障害基礎年金

　既存の障害等級１級または２級に該当しない障害（その他障害）のある人に新たに傷病が生じ（基準傷病），その障害（基準障害）を併合した場合，基準傷病の障害認定日以後65歳に達する日の前日までに，初めて障害等級２級以上に該当するに至ったとき（初めて２級）には，障害基礎年金が支給される（国年法30条の３第１項・３項）。

　なお，後発の基準傷病について，初診日における被保険者要件と保険料納付要件を満たしている必要がある。障害認定日は，後発の基準傷病の障害認定日である。

　既存の障害と基準障害を併せて，65歳に達する日の前日までに初めて障害等級１級または２級に該当したときには，要件に該当した日に受給権の基本権が発生する。ただし，本人の請求により受給権の支分権が発生するため，基準障害による障害基礎年金は，その請求のあった日の属する月の翌月から支給される。

● 図表3-2-2　基準障害による障害基礎年金

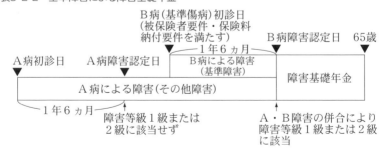

3 併合認定

　障害基礎年金の受給権者が，さらに新たな傷病により障害が残り，それだけで障害等級１級または２級の障害基礎年金を受給できる場合には，２つの年金を別々に受給するのではなく，前後の障害を併合した障害の程度による新たな障害基礎年金が支給される（図表3-2-3参照）。この場合，従前の障害基礎年金の受給権は消滅する（国年法31条）。

　先発の傷病による障害基礎年金が支給停止されている場合には，その間，後発の傷病による障害基礎年金が支給される。併合認定は，先発の傷病による障害基礎年金の支給停止期間が終了した後に行われる（国年法32条１項）。

　また，後発の傷病による障害基礎年金が支給停止となっている間は，先発の傷病による障害基礎年金が支給される。併合認定は，後発の傷病による障害基礎年金の支給停止期間が終了した後に行われる（国年法32条２項）。

●図表3-2-3　障害基礎年金の併合認定

併合認定

障害基礎年金
１級または２級
　＋　
障害基礎年金
１級または２級
　→　
新たな障害基礎年金

従前の障害基礎年金
の受給権は消滅する

3 障害基礎年金の年金額

1 障害基礎年金の年金額の計算

　障害基礎年金は，保険料納付済期間にかかわらず定額で支給される。障害等級2級の年金額（昭和31年4月2日以後生まれ）は，満額の老齢基礎年金と同額の816,000円（令和6年度）である。また，障害等級1級の年金額は，障害等級2級の1.25倍の1,020,000円（令和6年度）となっている（国年法33条）。昭和31年4月1日以前生まれの令和6年度の障害基礎年金額は，障害等級1級1,017,125円，障害等級2級813,700円である。障害基礎年金は定額であり，保険料免除期間を有する人であっても減額されることはない。

　なお，障害認定日で障害基礎年金の請求をしたときは，障害認定日が受給権発生年月日となる（国年法30条）。

▶ 1. 障害基礎年金の加算額

　障害基礎年金の受給権者に生計を維持されている子があるときには，子の数に応じて加算を受ける（国年法33条の2第1項）。

　加算額の対象となる子は，18歳到達年度の末日までの間にある子，または，20歳未満で障害等級1級または2級の障害の状態にある子に限られる。生計維持の要件は，受給権を得た当時に受給権者と生計を同じくしていた子であること，または受給権発生後に生計を同じくすることになり，かつ，年収850万円未満であると認められることである（国年法施行令4条の7）。以前は，受給権発生時点で生計維持について判断されていたが，平成23年4月

より，受給権発生後に生計維持関係がある子ができたときにも加
算されるよう改正された。なお，障害基礎年金について，配偶者
にかかる加算はない。

●図表3-3-1　障害基礎年金の年金額と加算額(令和6年度)
●基本額

	年金額 (昭和31年4月2日以後生まれ)	年金額 (昭和31年4月1日以前生まれ)
障害等級1級の障害基礎年金	1,020,000 円	1,017,125 円
障害等級2級の障害基礎年金	816,000 円	813,700 円

●加算額

	加算額
1人目・2人目の子	各 234,800 円
3人目以降の子	各 78,300 円

▶ 2.　加算額による減額

　障害基礎年金の年金額の加算対象となった子が次のいずれかに
該当したときには，該当した月の翌月から年金額が減額改定され
る（国年法33条の2第3項)。

①　死亡したとき

②　受給権者との生計維持関係がなくなったとき

③　婚姻したとき

④　受給権者の配偶者以外の人の養子となったとき

⑤　離縁により受給権者の子でなくなったとき

⑥　18歳到達年度の末日が経過したとき

⑦　障害等級1級または2級の子が，障害等級1級または2
　級に該当しなくなったとき（18歳到達年度の末日までにあ
　るときを除く）または20歳に達したとき

障害基礎年金の受給権の取得後に，障害の程度が増進または軽減し障害等級が変更となった場合には，年金額が改定される。障害基礎年金の年金額は，厚生労働大臣の職権により改定される場合と，受給権者からの改定請求により改定される場合がある。

重要用語

改定請求

▶ 1. 厚生労働大臣の職権による改定

障害基礎年金の受給権者が提出する「障害状態確認届」および医師の診断書・レントゲンフィルムなどの書類により障害の程度を診査し，障害の程度が従前の障害等級と異なると認められるときには，厚生労働大臣は，職権により障害の程度に応じた障害基礎年金の額に改定することができる（国年法34条1項）。

▶ 2. 障害の程度の増進による改定請求

障害基礎年金の受給権者は，厚生労働大臣に対し，障害の程度が増進したことによる障害基礎年金の年金額の改定の請求を行うことができる（図表3-3-2参照）。ただし，障害基礎年金の受給権を取得した日，または厚生労働大臣（書類の提出先は日本年金機構）の診査を受けた日から起算して1年を経過した日より後でなければ，改定請求はできない（国年法34条2項・3項）。

ただし，年金機能強化法により受給権者の障害の程度が増進したことが明らかである場合として厚生労働省令で定める場合については，1年経過まで待たなくとも年金額の改定請求が可能となった（施行日：平成26年4月）。

▶ 3. その他障害との併合による改定請求

障害基礎年金の受給権者に，さらに障害等級1級または2級に該当しない程度の「その他障害」が発生し，その他障害の障害認定日以後65歳に達する日の前日までの間に，従前の障害とその他障害とを併合した障害の程度が増進したときは，障害基礎年金の

年金額の改定を請求することができる（国年法34条4項）。その他障害との併合による改定請求をした場合には，障害基礎年金の年金額は請求月の翌月から改定される。

ただし，その他障害の初診日については，障害基礎年金の支給事由となった先発の傷病の初診日より後であること，初診日における被保険者要件と保険料納付要件を満たしていることが必要である（国年法34条5項）。

● 図表3-3-2　年金額改定請求の時期

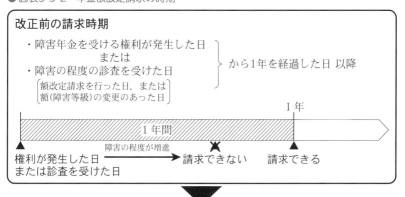

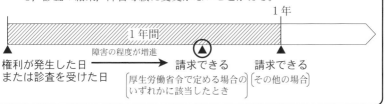

3　支給停止

　障害基礎年金は，図表3-3-3に該当するとき，全部または一部が支給停止となる（国年法36条１項・２項）。ただし，障害の程度が障害等級に該当しなくなったために支給停止されている場合であっても，その他障害との併合による障害基礎年金の支給要件を満たしたときには，支給停止を解除することができる。

📖 重要用語
労働者災害補償保険（労災保険）

　なお，労働者災害補償保険（労災保険）の障害（補償）年金が支給されるときは，障害基礎年金は全額支給され，労働者災害補償保険の給付が支給調整される。

● 図表3-3-3　障害基礎年金の支給停止

支給停止事由	支給停止期間
障害基礎年金の受給事由となった障害について，業務上等の事故により，労働基準法による障害補償を受けることができるとき	6年間
障害の状態が1級または2級に該当しなくなったとき	該当しない期間

4　失　　権

　障害基礎年金の受給権は，受給権者が死亡したときに失権する。

　障害の程度が軽くなり，障害等級１級または２級に該当しなくなったときには支給停止となる。その後，障害厚生年金の障害等級３級にも該当しないまま65歳に達したときには，障害基礎年金は失権する。ただし，65歳になったとき，障害厚生年金の障害等級３級に該当しない期間が３年経過していない場合には，３年経過したときに失権する（国年法35条）。

直近4回試験の出題頻度 ★★★★★

4 障害厚生年金の仕組み

1 受給要件

関連過去問題
- 2024年 3月 問19, 42
- 2023年 10月 問19, 42
- 2023年 3月 問19, 42
- 2022年 10月 問19, 42

厚生年金保険の被保険者期間中に初診日のある病気・けがで障害等級１級または２級の状態になったときには，同じ等級の障害基礎年金に上乗せされる形で障害厚生年金が支給される（図表3-4-1参照）。

●図表3-4-1　障害の程度に応じた障害給付の内容

●1級障害の場合

障害厚生年金１級＋配偶者加給年金額
障害基礎年金１級＋子の加算額

●2級障害の場合

障害厚生年金２級＋配偶者加給年金額
障害基礎年金２級＋子の加算額

●3級障害の場合

障害厚生年金３級

●3級より軽い場合

障　害　手　当　金

また，障害基礎年金に該当しない程度の障害（図表3-4-2参照）でも，厚生年金保険の独自給付として，障害等級３級の障害厚生年金または障害手当金（一時金）が支給される。

重要用語
障害厚生年金

第3編

● 図表3-4-2　障害厚生年金3級の障害等級

（厚年法施行令３条の８別表第１）（令和４年１月改正）

障害の程度	障　害　の　状　態
1	次に掲げる視覚障害 　イ　両眼の視力がそれぞれ 0.1 以下に減じたもの 　ロ　ゴールドマン型視野計による測定の結果，両眼のⅠ／４視標による周辺視野角度の和がそれぞれ 80 度以下に減じたもの 　ハ　自動視野計による測定の結果，両眼開放視認点数が 70 点以下に減じたもの
2	両耳の聴力が，40 センチメートル以上では通常の話声を解することができない程度に減じたもの
3	そしゃく又は言語の機能に相当程度の障害を残すもの
4	脊柱の機能に著しい障害を残すもの
5	1上肢の3大関節のうち，2関節の用を廃したもの
6	1下肢の3大関節のうち，2関節の用を廃したもの
7	長管状骨に偽関節を残し，運動機能に著しい障害を残すもの
8	1上肢のおや指及びひとさし指を失ったもの又はおや指若しくはひとさし指を併せ1上肢の3指以上を失ったもの
9	おや指及びひとさし指を併せ1上肢の4指の用を廃したもの
10	1下肢をリスフラン関節以上で失ったもの
11	両下肢の 10 趾の用を廃したもの
12	前各号に掲げるもののほか，身体の機能に，労働が著しい制限を受けるか，又は労働に著しい制限を加えることを必要とする程度の障害を残すもの
13	精神又は神経系統に，労働が著しい制限を受けるか，又は労働に著しい制限を加えることを必要とする程度の障害を残すもの
14	傷病が治らないで，身体の機能又は精神若しくは神経系統に，労働が制限を受けるか，又は労働に制限を加えることを必要とする程度の障害を有するものであって，厚生労働大臣が定めるもの

(注)　1．　視力の測定は，万国式試視力表によるものとし，屈折異常があるものについては，矯正視力によって測定する。
　　　2．　指を失ったものとは，おや指は指節間関節，その他の指は近位指節間関節以上を失ったものをいう。
　　　3．　指の用を廃したものとは，指の末節の半分以上を失い，または中手指節関節もしくは近位指節間関節（おや指にあっては指節間関節）に著しい運動障害を残すものをいう。
　　　4．　趾の用を廃したものとは，第１趾は末節の半分以上，その他の趾は遠位趾節間関節以上を失ったものまたは中足趾節関節もしくは近位趾節間関節（第１趾にあっては趾節間関節）に著しい運動障害を残すものをいう。

障害厚生年金は，次の３つの要件すべてを満たした人に支給される（厚年法47条）。支給に関する事務は，当該障害にかかる初診日における厚生年金被保険者の種別（号別）に応じた実施機関が行う。

---

① 厚生年金保険に加入している間に初診日のある病気・けがで障害の状態になったこと
② 障害認定日に障害等級が１級，２級または３級の障害状態にあること
③ 保険料納付要件を満たしていること

▶ 1. 初診日における被保険者要件

　障害厚生年金は，厚生年金保険の被保険者期間中に初診日のある病気・けがで障害の状態になったことが受給要件となっている。なお，その障害認定日が国民年金の第１号被保険者期間中であっても対象とされる。

　したがって，退職者など厚生年金保険の被保険者であった人について，初診日に被保険者でない場合には障害厚生年金は支給されない。

▶ 2. 障害認定日と障害等級

　障害厚生年金は，障害認定日において，障害等級１級，２級または３級の状態と認定された場合に対象となる。障害認定日とは，国民年金と同じく，障害の原因となった病気・けがの初診日から１年６ヵ月を経過した日，または１年６ヵ月を経過しない間に治った日である。「治った日」には，症状が固定し，治療の効果が期待できない状態に至った日を含む。

　また，厚生年金保険に加入している間に初診日のある病気・けがが５年以内に治り，障害等級３級よりやや軽い程度の障害が残

ったときには，障害手当金が一時金として支給される。

▶ 3. 保険料納付要件

　厚生年金保険の被保険者は，同時に国民年金の第2号被保険者となり，その期間は国民年金の保険料納付済期間となる。なお，保険料納付要件をみるときの被保険者期間は，初診日の属する月の前々月までの全被保険者期間である。

　障害厚生年金の保険料納付要件は，原則として国民年金と同じで，次のいずれかの保険料納付要件を満たす必要がある（厚年法附則（60）64条）。

---

① 　初診日の前日において，国民年金の全被保険者期間のうち，保険料納付済期間と保険料免除期間を合算した期間が3分の2以上あること

② 　初診日が令和8年4月1日前の場合には，上記①の要件を満たさなくとも，初診日の前日において，初診日の属する月の前々月までの1年間に保険料滞納期間がないこと

　　ただし，この経過措置は，初診日において65歳以上である人には適用されない。

2　障害手当金

　厚生年金保険の被保険者期間中に初診日のある傷病が，初診日から5年以内に治り，障害等級3級よりも軽い程度の障害が残ったとき，一時金として障害手当金が支給される（厚年法55条・57条，同施行令3条の9）。

📖 重要用語
障害手当金

　障害手当金は，初診日における被保険者要件，障害の程度要件，保険料納付要件の3つを満たし，障害認定日において厚生年金保険等の年金給付の受給権がない場合に支給される。

● 図表3-4-3　障害手当金の障害の程度

（厚年法施行令３条の９別表第２）（令和４年１月改正）

障害の程度	障 害 の 状 態
1	両眼の視力がそれぞれ 0.6 以下に減じたもの
2	1眼の視力が 0.1 以下に減じたもの
3	両眼のまぶたに著しい欠損を残すもの
4	両眼による視野が2分の1以上欠損したもの，ゴールドマン型視野計による測定の結果，Ｉ／2視標による両眼中心視野角度が 56 度以下に減じたもの又は自動視野計による測定の結果，両眼開放視認点数が 100 点以下若しくは両眼中心視野視認点数が 40 点以下に減じたもの
5	両眼の調節機能及び輻輳機能に著しい障害を残すもの
6	1耳の聴力が，耳殻に接しなければ大声による話を解することができない程度に減じたもの
7	そしゃく又は言語の機能に障害を残すもの
8	鼻を欠損し，その機能に著しい障害を残すもの
9	脊柱の機能に障害を残すもの
10	1上肢の3大関節のうち，1関節に著しい機能障害を残すもの
11	1下肢の3大関節のうち，1関節に著しい機能障害を残すもの
12	1下肢を3センチメートル以上短縮したもの
13	長管状骨に著しい転位変形を残すもの
14	1上肢の2指以上を失ったもの
15	1上肢のひとさし指を失ったもの
16	1上肢の3指以上の用を廃したもの
17	ひとさし指を併せ1上肢の2指の用を廃したもの
18	1上肢のおや指の用を廃したもの
19	1下肢の第1趾又は他の4趾以上を失ったもの
20	1下肢の5趾の用を廃したもの
21	前各号に掲げるもののほか，身体の機能に，労働が制限を受けるか，又は労働に制限を加えることを必要とする程度の障害を残すもの
22	精神又は神経系統に，労働が制限を受けるか，又は労働に制限を加えることを必要とする程度の障害を残すもの

(注)　1．視力の測定は，万国式試視力表によるものとし，屈折異常があるものについては，矯正視力によって測定する。
　　　2．指を失ったものとは，おや指は指節間関節，その他の指は近位指節間関節以上を失ったものをいう。
　　　3．指の用を廃したものとは，指の末節の半分以上を失い，または中手指節関節もしくは近位指節間関節（おや指にあっては指節間関節）に著しい運動障害を残すものをいう。
　　　4．趾を失ったものとは，その全部を失ったものをいう。
　　　5．趾の用を廃したものとは，第1趾は末節の半分以上，その他の趾は遠位指節間関節以上を失ったものまたは中足趾節関節もしくは近位節間関節（第1趾にあっては趾節間関節）に著しい運動障害を残すものをいう。

▶ 1. 障害手当金の受給要件

障害手当金は，次のすべての要件を満たした人に支給される。

---

① 初診日において厚生年金保険の被保険者であり，保険料
納付要件を満たしていること
② 初診日から起算して5年を経過するまでの間にその傷病
が治っていること
③ 傷病が治った日において，障害手当金の障害の程度に該
当すること

▶ 2. 障害の程度と障害認定日

障害手当金の障害の程度は，図表3-4-3のとおりである。

障害認定日は，障害厚生年金とは異なり，初診日から5年以内
の傷病が治った日である。また，治った日（医学的に傷病が治癒
したと認められるとき）についても，障害基礎年金や障害厚生年
金と異なる。たとえば，肢体を切断した場合は，切断したときで
なく創面が治癒したときとなる（前掲図表3-1-2参照）。

理解度チェック

❶ 障害等級1級および2級の障害厚生年金の受給権者には，原則として，同じ等級の障
害基礎年金が支給される。

❷ 厚生年金保険の被保険者期間中に初診日のある傷病による障害であれば，その障害認
定日が国民年金の第1号被保険者期間中であっても障害厚生年金の対象とされる。

解答 ❶ ○
　　　❷ ○

5 障害厚生年金の事後重症・基準障害・併合認定

1 事後重症による障害厚生年金

障害認定日において障害の程度が，障害等級1級，2級または3級に該当しない場合には，障害厚生年金は支給されない。ただし，障害認定日後65歳に達する日の前日までにその傷病による障害の程度が悪化し，障害等級1級，2級または3級に該当する状態になったときには，65歳に達する日の前日までに障害厚生年金の支給を請求することができる（厚年法47条の2）。なお，初診日における被保険者要件と，保険料納付要件を満たしている必要がある。

事後重症による障害厚生年金は，本人の請求により受給権が発生する年金であり，その請求があった日の属する月の翌月から支給開始となる。これにより，年金請求書を提出した日が受給権発生の日となる。

なお，障害等級3級の障害厚生年金について，受給権者の障害の程度が増進し，障害等級1級または2級以上に該当した場合には，障害厚生年金の年金額の改定手続きにともない，障害基礎年

🔖 **重要用語**

事後重症による
障害厚生年金

●図表3-5-1　事後重症による障害厚生年金

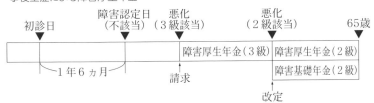

金についても請求があったものとみなされ，同時に支給される。

2 基準障害による障害厚生年金

　既存の障害等級１級または２級に該当しない障害（その他障害）の人が，新たに生じた傷病（基準傷病）による障害（基準障害）を併合した場合に，基準傷病の障害認定日以後65歳に達する日の前日までに，初めて障害等級２級以上に該当するに至ったとき（初めて２級）には，障害厚生年金が支給される（厚年法47条の３）。

　なお，後発の基準傷病についてのみ，初診日における被保険者要件と保険料納付要件を満たしている必要がある。

　基準障害による障害厚生年金は，その請求があった日の属する月の翌月から支給される。

●図表3-5-2　基準障害による障害厚生年金

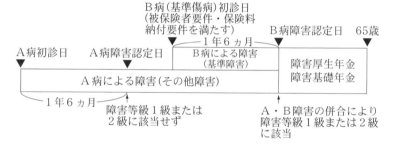

3 併合認定

　障害等級１級または２級の障害厚生年金の受給権者が，さらに新たな傷病により，障害等級１級または２級の障害厚生年金を受給できる場合には，前後の障害を併合した障害の程度による新たな障害厚生年金が支給される。この場合，従前の障害厚生年金の受給権は消滅する（厚年法48条・50条４項）。

6 障害厚生年金の年金額

1 障害厚生年金の年金額の計算

障害厚生年金は，老齢厚生年金の報酬比例部分相当額となっている（図表3-6-1参照）。障害等級１級の年金額は，障害等級２級の報酬比例部分相当額の1.25倍となっている（厚年法50条）。なお，障害等級１級と２級の障害厚生年金には，配偶者の加給年金額が加算される。

関連過去問題
- 2024年 3月 問19
- 2023年 10月 問19
- 2023年 3月 問19
- 2022年 10月 問19

● 図表3-6-1　障害厚生年金の年金額

（令和6年度）

● 1級障害

1級障害厚生年金	報酬比例の年金額× 1.25＋ 配偶者の加給年金額
1級障害基礎年金	1,020,000 円*＋子の加算額

*昭和 31 年 4 月 1 日以前生まれは 1,017,125 円

● 2級障害

2 級障害厚生年金	報酬比例の年金額 ＋ 配偶者の加給年金額
2 級障害基礎年金	816,000 円*＋子の加算額

*昭和 31 年 4 月 1 日以前生まれは 813,700 円

● 3 級障害

3 級障害厚生年金	報酬比例の年金額（最低保障額 612,000 円)*

*昭和 31 年 4 月 1 日以前生まれは 610,300 円

1. 報酬比例の年金額

報酬比例の年金額は，図表3-6-2の計算式により計算する。

① 乗　率

障害厚生年金の計算は，総報酬制導入前の期間については乗率1,000分の7.125である。なお，乗率について生年月日による読

$$平均標準報酬月額 \times \frac{7.125}{1,000} \times \frac{平成15年3月以前の}{被保険者期間の月数} +$$

$$平均標準報酬額 \times \frac{5.481}{1,000} \times \frac{平成15年4月以後の}{被保険者期間の月数}$$

(注1) 被保険者期間の月数が300ヵ月(25年)に満たない場合は総報酬制前の期間分と総報酬制後の期間分を合計したものに，300ヵ月を実際の加入期間の月数で除して得た数を乗じて計算する。
(注2) 5％適正化前の従前額保障は，第2編老齢給付第7節参照。

替規定の適用はない。

　また，総報酬制導入後は，平成15年4月以後の被保険者期間について1,000分の5.481の乗率が適用される。

　② 被保険者期間

　被保険者期間は，障害認定日の属する月までの被保険者期間を年金額計算の基礎とする（20歳未満の厚生年金保険の被保険者期間も算入される）。ただし，被保険者期間の月数が300ヵ月（25年）に満たないときには，総報酬制導入前の期間分と総報酬制導入後の期間分を合計したものに，300ヵ月を実際の加入月数で除して得た数を乗じて計算（300ヵ月みなし）する（厚年法50条1項・51条）。

重要用語

300ヵ月みなし

　なお，障害等級3級の障害厚生年金は，報酬比例の年金額が612,000円（令和6年度）に満たないときには，612,000円（昭和31年4月1日以前に生まれた人は610,300円）が支給される（厚年法50条3項）。

　第1号～第4号厚生年金被保険者の加入期間を有する人の障害厚生年金については，種別（号別）の被保険者期間ごとに平均標準報酬月額を計算し，種別（号別）の被保険者期間ごとに計算した額を合算して得た額が年金額となる。なお，合算した被保険者

期間が300ヵ月に満たない場合は300ヵ月とみなして計算する（厚年法78条の30）。

③　65歳以後の1級・2級の障害厚生年金

厚生年金保険の被保険者が，65歳以後に初診日のある病気・けがで1級・2級の障害の状態になったときは，障害基礎年金は支給されず，1級・2級の障害厚生年金のみが支給される。

平成16年改正により，障害基礎年金を受けることができない人の65歳以後の1級・2級の障害厚生年金は，平成17年4月より最低保障額（3級と同額）が設けられた。

▶ 2. 配偶者の加給年金額

①　加給年金額の加算

障害等級1級または2級の障害厚生年金の受給権を取得したときに，受給権者により生計を維持されている，または受給権発生後に生計を維持されることとなった65歳未満の配偶者がいる場合には，加給年金額が加算される（厚年法50条の2第1項・2項・3項）。

配偶者の加給年金額は234,800円（令和6年度）であり，老齢厚生年金のような特別加算はない。

生計維持の要件は，平成23年4月より改正され，受給権を得た当時に生計を同じくしていたか，または受給権発生後に受給権者と生計を同じくし，年収850万円未満と認められること，である。

なお，子に対する加算は障害基礎年金で行われ，障害厚生年金については子にかかる加算はない。また，障害等級3級の障害厚生年金と障害手当金には配偶者の加給年金額は加算されない。

②　加給年金額の減額改定・支給停止

加給年金額の対象となっている配偶者が次のいずれかに該当したときには，該当した月の翌月から障害厚生年金の年金額が改定される（厚年法50条の2第3項・4項）。

① 死亡したとき

② 受給権者による生計維持の状態がやんだとき

③ 離婚したとき

④ 65歳に達したとき（ただし，大正15年4月1日以前生まれを除く）

⑤ 配偶者自身の老齢厚生年金（加入期間20年以上または中高齢の資格期間の短縮の特例の場合に限る）または障害年金を受給できるようになったとき

障害等級3級の障害厚生年金には，配偶者加給年金額は加算されない。

2 障害手当金

障害手当金の額は，一時金であり，報酬比例の年金額の2年相当分となっている。なお，報酬比例の年金額の計算式は，障害厚生年金と同じである。また，被保険者期間が300ヵ月に満たないときは，総報酬制導入前の期間分と総報酬制導入後の期間分を合計したものに，300ヵ月を実際の加入期間の月数で除して得た数を乗じて計算する。

障害手当金 （一時金）	報酬比例の年金額×2（最低保障額1,224,000円）＊

＊昭和31年4月1日以前生まれは1,220,600円

障害手当金が1,224,000円（令和6年度）に満たないときには，1,224,000円が支給される。

3　年金額の改定

　障害厚生年金の受給権の取得後に障害の程度が増進または軽減し，障害等級が変更となった場合には，年金額が改定される。障害厚生年金の年金額は，障害基礎年金と同様に，実施機関の職権により改定される場合と，受給権者からの改定請求により改定される場合がある（厚年法52条，同附則16条の３）。

　①　実施機関の職権による改定

　障害厚生年金の受給権者について，障害の程度を診査し，障害の程度が従前の障害等級以外の障害等級に該当すると認められる場合に行われる。

　②　受給権者からの改定請求

　障害厚生年金の受給権者は，実施機関に対し，障害の程度が増進したことによる障害厚生年金の年金額の改定請求を行うことができる。ただし，障害厚生年金の受給権を取得した日，または実施機関の診査を受けた日から起算して１年を経過した日の翌日以降でなければ，改定請求はできない。なお，障害等級３級である65歳以上の障害厚生年金の受給権者の場合には，この改定請求は認められない。

　ただし，年金機能強化法により受給権者の障害の程度が増進したことが明らかである場合として厚生労働省令で定める場合については，１年経過まで待たなくとも年金額の改定請求が可能となった（施行日：平成26年４月）。

　なお，改定請求による増額改定は，請求のあった月の翌月分から行われる。

4 　支給停止

　　障害厚生年金は，図表3-6-3に該当する場合に全部または一部が支給停止となる（厚年法54条）。傷病が業務上の災害によるもので，労働基準法77条の規定による障害補償を受ける権利を取得したときには，障害厚生年金が6年間支給停止される。

● 図表3-6-3　障害厚生年金の支給停止

支給停止事由	支給停止期間
障害厚生年金の支給事由となった障害について，業務上等の事故により，労働基準法による障害補償を受けることができるとき	6年間
障害の状態が3級に該当しなくなったとき	該当しない期間

　　なお，障害厚生年金の受給権者が厚生年金保険の被保険者となったとしても，支給は停止されない。

5 　失　　権

　　障害厚生年金の受給権は，受給権者が死亡したときに失権する。

　　障害の程度が障害等級3級よりも軽くなり，障害等級に該当しなくなったときには支給停止となる。その後，障害厚生年金の障害等級3級にも該当しないまま65歳に達したときには，障害厚生年金は失権する。

　　ただし，65歳に達したとき，障害厚生年金の障害等級3級に該当しない期間が3年経過していない場合には，3年経過したときに失権する（厚年法53条）。

●図表3-6-4　障害基礎年金・障害厚生年金の失権

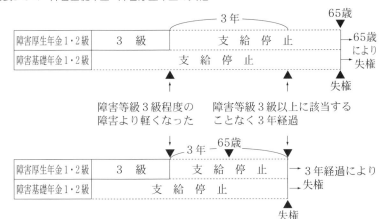

6　併給調整

　業務上または通勤災害により障害を有し，同一の障害により，労働者災害補償保険法による障害（補償）年金を受けることができるときには，障害厚生年金・障害基礎年金と併給することができる。ただし，併給する場合には，図表3-6-5の率で労働者災害補償保険法による年金給付が減額され，障害基礎年金・障害厚生年金では調整を行わない。

●図表3-6-5　労働者災害補償保険による給付の支給率

	障害厚生年金	障害基礎年金	障害基礎年金および障害厚生年金
障害（補償）年金	0.83	0.88	0.73
傷病（補償）年金	0.88		

① 障害厚生年金の年金額を計算する場合，20歳未満の厚生年金保険の被保険者期間は算入されない。

② 障害等級3級の障害厚生年金には，加給年金額は加算されない。

③ 障害の程度が増進した場合の請求による年金額の増額改定は，請求のあった月の翌月分から行われる。

解答　① ×　20歳未満の被保険者期間も算入する。
　　　　　② ○
　　　　　③ ○

演習問題 Ⅳ
障 害 給 付

事例A

　A夫さん（昭和54年4月28日生まれ）は，令和5年10月15日に事故に遭い救急車で病院に搬送された。現在も治療中であるが，医師の話では治っても重い障害が残るとのことである。

　A夫さんの年金加入歴は次のとおりで，家族は妻（昭和56年10月2日生まれ，専業主婦），および長男（平成17年3月生まれ）と長女（平成20年11月生まれ）および次男（平成23年1月生まれ）（いずれも健常者）の5人暮らしである。

・平成11年4月～平成14年3月：国民年金（保険料未納）
・平成14年4月～令和5年12月：㈱T社（厚生年金保険）
・令和6年1月～現在：国民年金（保険料未納）

　なお，A夫さんの令和6年度基準（本来水準）の平均標準報酬月額は298,000円，平均標準報酬額は380,000円とする。

生年月日	総報酬制・実施前		総報酬制・実施後	
	旧乗率	新乗率	旧乗率	新新乗率
昭和21.4.2～	7.50／1,000	7.125／1,000	5.769／1,000	5.481／1,000

問題①　障害給付

　A夫さんが障害等級2級と認定された場合の障害給付について，正しいものは次のうちどれですか。

(1)　障害認定日は，原則として令和6年10月15日である。

(2)　障害基礎年金の年金額は，満額の老齢基礎年金の4分の3に相当する額であ

る。

(3) 次男が18歳の年度末を経過すると，障害基礎年金は失権する。

(4) 障害基礎年金には，２人分の子の加算額が加算される。

(5) 厚生年金保険の被保険者となった場合，障害厚生年金は支給停止される。

要点

●障害認定日は，初診日から１年６ヵ月を経過した日（原則），またはそれまでに治ったとき（症状が固定し治療の効果が期待できない状態に至った日を含む）はその日をいう。

●障害基礎年金の受給権者に生計を維持されている18歳の年度末までにある子，または20歳未満で１級または２級の障害のある子（いずれも現に婚姻していない子）がいるときには，子の加算額が加算される。

問題② 障害厚生年金の年金額

A夫さんが障害等級２級と認定された場合，受給できる障害厚生年金の年金額の計算式について，正しいものは次のうちどれですか（年金額は令和６年度（本来水準）価格）。

(1) $298{,}000円 \times \dfrac{7.50}{1{,}000} \times 12カ月 + 380{,}000円 \times \dfrac{5.769}{1{,}000} \times 249カ月 + 234{,}800円$

(2) $\left(298{,}000円 \times \dfrac{7.50}{1{,}000} \times 12カ月 + 380{,}000円 \times \dfrac{5.769}{1{,}000} \times 249カ月\right) \times \dfrac{300カ月}{261カ月}$
$+ 408{,}100円$

(3) $298{,}000円 \times \dfrac{7.125}{1{,}000} \times 12カ月 + 380{,}000円 \times \dfrac{5.481}{1{,}000} \times 249カ月$

(4) $\left(298{,}000円 \times \dfrac{7.125}{1{,}000} \times 12カ月 + 380{,}000円 \times \dfrac{5.481}{1{,}000} \times 249カ月\right) \times \dfrac{300カ月}{261カ月}$
$+ 234{,}800円$

(5)　$\left(298{,}000\text{円}\times\dfrac{7.125}{1{,}000}\times12\text{カ月}+380{,}000\text{円}\times\dfrac{5.481}{1{,}000}\times249\text{カ月}\right)\times\dfrac{300\text{カ月}}{261\text{カ月}}$

要点

● 障害厚生年金の年金額は，原則として「本来水準」の算式で計算した年金額が支給される。

● 被保険者期間が300ヵ月に満たないときは，300ヵ月みなしで計算される。

● 障害厚生年金（1級または2級に限る）の受給権者に生計を維持されている65歳未満の配偶者がいるときは，配偶者加給年金額が加算される。

解答

問題①

(1)　…誤り。本問の障害認定日（原則）は，令和7年4月15日である。

(2)　…誤り。障害等級2級の障害基礎年金の年金額は，満額の老齢基礎年金と同額の816,000円（令和6年度価格）である。

(3)　…誤り。次男の18歳の年度末である令和11年3月末日が経過すると子の加算額はなくなるが，障害基礎年金は失権しない。

(4)　…正しい。本問では，障害基礎年金に2人分の子の加算額が加算される。

(5)　…誤り。障害厚生年金の受給権者が厚生年金保険の被保険者となっても，障害厚生年金は支給停止されることなく支給される。

答え：(4)

問題②

本来水準は，次の算式で計算される。

平均標準報酬月額×7.125／1,000×平成15年3月までの被保険者月数＋平均標準報酬額×5.481／1,000×平成15年4月以降の被保険者月数

なお，平均標準報酬月額，平均標準報酬額は，本来水準の再評価率により算出し，乗率は，新乗率を用いる。

本問の場合，被保険者期間が300ヵ月に満たないので，300ヵ月みなしで計算される。

また，配偶者加給年金額として，234,800円（令和６年度価格）が加算される。老齢厚生年金の配偶者加給年金額のような特別加算はない。

答え：(4)

第4編

遺族給付

1 | 遺族基礎年金の仕組み

関連過去問題

📝 2024年3月
問20, 43
📝 2023年10月
問20, 43
📝 2023年3月
問20, 43
📝 2022年10月
問20, 43

 重要用語

遺族基礎年金

1 受給要件

遺族基礎年金は，死亡した人の範囲，保険料納付要件，遺族の範囲の3つの要件を満たしたときに支給される（国年法37条）。

▶ 1. 死亡した人の範囲

遺族基礎年金を受給するには，図表4-1-1のいずれかに該当する必要がある。

なお，50歳未満の国民年金保険料の納付猶予制度の適用を受けている期間中に死亡した場合でも，支給対象とされる。

● 図表4-1-1　遺族基礎年金の死亡した人の範囲

短期要件	① 国民年金の被保険者である間に死亡したとき
	② 国民年金の被保険者であった人で，日本国内に住所を有する60歳以上65歳未満の人が死亡したとき
長期要件	③ 受給資格期間が原則25年以上である老齢基礎年金の受給権者であった人が死亡したとき
	④ 老齢基礎年金の受給資格期間が原則25年以上ある人が死亡したとき

📖 重要用語

失踪宣告

被保険者期間中に行方不明となった人が民法により失踪宣告（行方不明から7年後）を受けたときは，行方不明になった日から7年経過した日に死亡したものとみなして年金給付を判定する。

また，船舶や航空機の事故で被保険者期間中に行方不明となった場合で生死が3ヵ月間不明であるときは，事故にあった日に死亡したものと推定される。この場合，受給権は事故にあった日に発生する。

▶ 2. 保険料納付要件

図表4-1-1の「短期要件」欄①国民年金の被保険者，②国民年金の被保険者であった人で日本国内に住所を有する60歳以上65歳未満の人，に該当するときには，死亡した人（図表4-1-2参照）について次のいずれかの保険料納付要件（図表4-1-3参照）を満たす必要がある。

---

① 死亡日の前日において，国民年金の全被保険者期間のうち，保険料納付済期間と保険料免除期間を合算した期間が3分の2以上あること

② 死亡日が令和8年4月1日前の場合には，経過措置が設けられている（国年法附則（60）20条2項）。上記①の要件を満たさなくとも，死亡日の前日において，死亡日の属する月の前々月までの1年間に保険料納付済期間と保険料免除期間以外の期間（未納期間）がないこと

　ただし，この経過措置は，死亡日において65歳以上である人には適用されない。

また，保険料納付要件をみるときの被保険者期間は，死亡日の属する月の前々月までの全被保険者期間である。

なお，死亡した人が，図表4-1-1の「長期要件」欄③受給資格期間が原則25年以上である老齢基礎年金の受給権者，④老齢基礎年金の受給資格期間が原則25年以上ある人，に該当するときには，この保険料納付要件は問われない。

● 図表4-1-2　死亡した人の要件

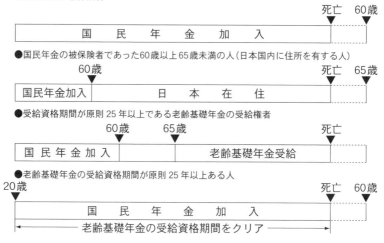

●国民年金の被保険者

●国民年金の被保険者であった60歳以上65歳未満の人（日本国内に住所を有する人）

●受給資格期間が原則25年以上である老齢基礎年金の受給権者

●老齢基礎年金の受給資格期間が原則25年以上ある人

● 図表4-1-3　保険料納付要件

●原則

●経過措置（令和8年4月1日前に死亡日のある場合）

死亡した人が「短期要件」に該当する場合，死亡した人について保険料納付要件を満たす必要がある。

2　遺族の範囲

遺族基礎年金を受給することができる遺族は，被保険者の死亡当時に生計を維持されていた①子のある配偶者，または②子である（国年法37条の２第１項）。

なお，生計維持の要件は，死亡の当時に死亡した人と生計を同じくし，年収850万円以上の収入を将来にわたって得られないと認められること，となっている（国年法施行令６条の４）。

①　子のある配偶者

配偶者については年齢要件はなく，婚姻の届出をしていないが事実上婚姻関係と同様の状態にある，いわゆる内縁の人も遺族の範囲に含まれる（国年法５条７項）。また，国籍要件もない。

ただし，遺族基礎年金の支給対象となる配偶者は，あくまで下記②に該当する子と生計を同じくしている配偶者に限られているので，子のない配偶者や，子が年齢要件を満たさない配偶者には支給されない。

なお，年金改正により，遺族基礎年金の支給対象が「子のある妻」から「子のある配偶者」へ改正となった（施行：平成26年４月）。

📖重要用語
子のある配偶者

この改正により，平成26年４月１日以後の死亡の場合には，子のある夫にも遺族基礎年金が支給される。ただし，遺族厚生年金の夫の年齢制限（55歳以上であること）については改正されていない。

②　子

子とは，18歳到達年度の末日までの間にある子，または20歳未満であって障害等級１級または２級に該当する障害の状態にある子であり，かつ，現に婚姻していないことが要件である。

子は，法律上の子であり，養子縁組・認知された子も含まれる。

📖重要用語
子

養子縁組をしていない事実上の子（妻の連れ子など）は，受給することができる遺族に含まれない。

　なお，被保険者等の死亡当時に胎児だった子が生まれたときには，将来に向かって死亡当時に死亡した人に生計を維持されていたものとみなし，将来に向かって，配偶者と子に遺族基礎年金の受給権が発生する。したがって，その子の受給権は死亡の当時に遡って発生するのではなく，出生の日の属する月の翌月分から遺族基礎年金を受給することができる遺族となる（国年法37条の2第2項）。

被保険者等の死亡の当時に胎児であった子が出生したときは，出生した日の属する月の翌月分から支給される。

理解度チェック

❶ 50歳未満の国民年金保険料の納付猶予制度の適用を受けている期間中に死亡した場合も，遺族基礎年金の支給対象とされる。

❷ 遺族基礎年金は，一定の要件を満たせば，子のない配偶者にも支給される。

❸ 被保険者が死亡した当時胎児であった子が生まれたときは，出生した日の属する月の翌月分から遺族基礎年金が支給される。

解答　❶ ○
　　　　❷ ×　子のない配偶者には支給されない。
　　　　❸ ○

2 遺族基礎年金の年金額

1 遺族基礎年金の年金額の計算

　遺族基礎年金は，死亡した人の国民年金の保険料納付済期間等にかかわらず定額で支給される。年金額は，満額の老齢基礎年金と同額の816,000円（令和6年度）である（昭和31年4月1日以前に生まれた人は813,700円）。遺族基礎年金の年金額は死亡した者の保険料納付済期間や保険料免除期間にかかわらず定額であり，保険料免除期間を有する人であっても減額されることはない（国年法38条・39条1項・39条の2）。

　また，子の数に応じて加算がある。加算額の対象となる子は，遺族基礎年金の受給権を有する子，つまり18歳到達年度の末日までの間にある子，または20歳未満で障害等級1級または2級の障害の状態にある子で，現に婚姻していない子に限られる。

　子のある配偶者に支給される遺族基礎年金の年金額（令和6年度）は，子が1人いるときは基本額816,000円に子の加算額234,800円（1人分）が加算され，合計で1,050,800円となる。

　また，子のみが受給権者の場合，子に支給される遺族基礎年金の年金額（令和6年度）は，子が1人のときは816,000円，子が2人のときは816,000円に234,800円が加算された1,050,800円，子が3人のときは816,000円に234,800円＋78,300円が加算された1,129,100円が支給される。

　なお，子1人当たりの年金額は，年金を受ける子の数で割った額となる。

関連過去問題
2024年3月
問20, 43
2023年10月
問20, 43
2023年3月
問20, 43
2022年10月
問20,43

第4編

●図表4-2-1　遺族基礎年金の基本額と加算額

●子のある配偶者の場合

〈令和6年度，昭和31年4月2日以後生まれ〉

816,000円＋子の加算額（配偶者が受給中は子は支給停止）

子の数	基本額[*1]	子の加算額	合計
1人	816,000円	234,800円	1,050,800円
2人	816,000円	234,800円×2	1,285,600円
3人	816,000円	234,800円×2+78,300円	1,363,900円

[*1] 昭和31年4月1日以前生まれは813,700円

●子のみの場合

〈令和6年度〉

816,000円＋子の加算額（2人目以降の子）

子の数	基本額	子の加算額	合計
1人	816,000円	――	816,000円
2人	816,000円	234,800円	1,050,800円
3人	816,000円	234,800円+78,300円	1,129,100円

※合計額を子の数で割った額が，1人当たりの額となる。

遺族基礎年金は死亡した者の保険料納付済期間にかかわらず定額である。

2　年金額の改定

　遺族基礎年金の加算対象となった子が次のいずれかに該当したときには，年金額が減額改定される（国年法39条3項）。

---

① 死亡したとき

② 婚姻（事実婚を含む）したとき

③ 死亡者の配偶者以外の者の養子（事実上の養子縁組を含む）となったとき

---

④　離縁によって死亡した人の子でなくなったとき

⑤　死亡者の配偶者と生計を同一にしなくなったとき

⑥　18歳到達年度の末日を経過したとき（障害等級1級または2級の場合を除く）

⑦　障害等級1級または2級の子が障害等級1級または2級に該当しなくなったとき（18歳到達年度の末日までの間にあるときを除く）

⑧　障害等級1級または2級の子が20歳に達したとき

　減額改定は，子が上記①から⑧のいずれかに該当するに至った日の属する月の翌月から，該当するに至った子の数に応じて行われる。なお，子のすべてが減額改定事由に該当したとき，遺族基礎年金の受給権は消滅する。

　なお，配偶者が遺族基礎年金の受給権を取得した当時に胎児であった子が生まれたときは，生まれた日の属する月の翌月から年金額が増額改定される（国年法39条2項）。したがって，死亡の当時に遡って支給または増額されるものではない。

3　支給停止

　遺族基礎年金は，図表4-2-2に該当するとき，全部または一部が支給停止となる（国年法41条1項）。配偶者が受給権を有するときには，子に対する遺族基礎年金はその間支給停止され，配偶者へ遺族基礎年金が支給される（国年法41条2項）。

　また，受給権者である配偶者や子が1年以上所在不明のときは，受給権を有する他の子の申請により，所在不明となったときに遡って所在不明の配偶者や子の遺族基礎年金が支給停止となる。ただし，支給停止を受けた遺族は，いつでも支給停止の解除申請を行うことができる（国年法41条の2・42条）。

● 図表4-2-2　遺族基礎年金の支給停止

支給停止事由	支給停止期間
遺族基礎年金の受給事由となった死亡について，業務上等の事故により，労働基準法による遺族補償を受けることができるとき	死亡の日から6年間
配偶者と子が遺族基礎年金の受給権を有するとき	その期間，子に対する遺族基礎年金は支給停止
子のみが受給権を有し，生計を同じくする子の父もしくは母があるとき	その期間，子に対する遺族基礎年金は支給停止

(注：平成26年4月より父子家庭の支給へ改正)

　　なお，労働者災害補償保険法（労災保険）の遺族（補償）年金が支給されるときには，遺族基礎年金は全額支給され，労働者災害補償保険の給付が支給調整される（図表4-2-3参照）。

● 図表4-2-3　労働者災害補償保険による給付の支給率

	遺族厚生年金	遺族基礎年金または寡婦年金	遺族厚生年金および遺族基礎年金または寡婦年金
遺族（補償）年金	0.84	0.88	0.80

4　失　　権

　　配偶者の遺族基礎年金の受給権は，すべての子が年齢要件を満たさなくなるなど，加算の対象の子がいなくなったときに失権する。

　　なお，生計維持関係をみる際の年収要件は，死亡の当時だけで認定する。このため，遺族基礎年金の受給権を取得した後に所得が増えても，失権することはない。

　　配偶者の遺族基礎年金は，次のいずれかに該当したときに失権

する（国年法40条1項・2項）。

---

① 死亡したとき

② 婚姻（事実婚を含む）したとき

③ 養子（事実上の養子縁組を含む）となったとき（直系血族または直系姻族の養子となったときを除く）

④ 子のすべてが遺族基礎年金の減額改定事由に該当したとき

理解度チェック

❶ 遺族基礎年金の年金額は，死亡した者の保険料納付済期間や保険料免除期間にかかわらず定額である。

解答 ❶ ○

3 遺族厚生年金の仕組み

関連過去問題
✎2024年 3月
問21, 44
✎2023年 10月
問21, 44
✎2023年 3月
問21, 44
✎2022年 10月
問21, 44

 重要用語

遺族厚生年金

1 受給要件

遺族厚生年金は，厚生年金保険の被保険者または被保険者であった人が死亡した場合に，遺族基礎年金に上乗せされる形で遺族に支給される。遺族厚生年金を受給するには，死亡した人の範囲，保険料納付要件，遺族の範囲の３つの要件をすべて満たす必要がある。

なお，遺族厚生年金の支給に関する事務は，死亡日における厚生年金被保険者の種別（号別）に応じた実施機関が行う。ただし，図表4-3-1の「短期要件」欄②または③を支給事由とするものについては，当該初診日における実施機関が行う。

● 図表4-3-1　死亡した人の範囲

短期要件	①　厚生年金保険の被保険者が死亡したとき ②　厚生年金保険の被保険者であった期間中（在職中）に初診日のある傷病により，初診日から5年以内に死亡したとき ③　障害等級1級または2級の障害厚生年金の受給権者が死亡したとき
長期要件	④　受給資格期間が原則 25 年以上である老齢厚生年金の受給権者または老齢厚生年金の受給資格期間が原則 25 年以上ある人が死亡したとき

▶ 1. 死亡した人の範囲

遺族厚生年金の対象となる死亡した人の範囲は，図表4-3-1のとおりである。遺族基礎年金における死亡した人の範囲よりも広く，「短期要件」に該当するものと「長期要件」に該当するものに分かれている。なお，どちらに該当するかにより，年金額の計算方法が異なる（厚年法58条１項）。

重要用語

短期要件

重要用語

長期要件

死亡には，遺族基礎年金と同様に，死亡の推定や失踪宣告による死亡も含まれる（厚年法59条の２）。

死亡した人が受給資格期間が原則25年以上である老齢厚生年金の受給権を有していたが，年金請求をしない間に死亡した場合についても，遺族厚生年金の支給対象となる。

平成29年８月以降の短縮年金施行後も，遺族厚生年金の受給要件は，老齢厚生年金の受給資格期間の原則25年以上が必要である。

なお，昭和61年４月１日に60歳以上である旧厚生年金保険の老齢年金の受給権者等，または，旧厚生年金保険の１級または２級の障害の状態にある障害年金の受給権者が，新法の施行日以後に死亡した場合にも，新法の遺族厚生年金が支給される（厚年法附則（60）72条１項，国年法経過措置政令（61）88条１項）。

▶ 2. 保険料納付要件

図表4-3-1の「短期要件」のうち，①厚生年金保険の被保険者の死亡，②厚生年金保険の被保険者であった期間中（在職中）に初診日のある傷病により初診日から５年以内の死亡，に該当するときには，死亡した人について，次のいずれかの保険料納付要件を満たす必要がある（厚年法58条１項，同附則（60）64条２項）。

① 死亡日の前日において，国民年金の全被保険者期間のうち，保険料納付済期間と保険料免除期間を合算した期間が３分の２以上あること
② 死亡日が令和８年４月１日前の場合には，経過措置が設けられている。上記①の要件を満たさなくとも，死亡日の属する月の前々月までの１年間に保険料納付済期間と保険料免除期間以外の期間（未納期間）がないこと
　ただし，この経過措置は，死亡日において65歳以上であ

る人には適用されない。

　また，保険料納付要件をみるときの被保険者期間は，死亡日の属する月の前々月までの全被保険者期間である。

　なお，死亡した人が，障害等級１級または２級の障害厚生年金の受給権者（図表4-3-1の短期要件③），受給資格期間が原則25年以上である老齢厚生年金の受給権者または老齢厚生年金の受給資格期間が原則25年以上ある人（長期要件）に該当するときには，この保険料納付要件は問われない。

遺族厚生年金を受給するには，死亡した人の老齢厚生年金の受給資格期間が原則25年以上必要であり，10年ではない。

2　遺族の範囲

　遺族厚生年金を受給することができる遺族は，被保険者または被保険者であった人の死亡当時に，生計を維持されていた次の人である（厚年法59条１項）。

> ①　配偶者と子（夫の場合55歳以上）
> ②　父母（55歳以上）
> ③　孫
> ④　祖父母（55歳以上）

　子のない妻，55歳以上の夫（子のない場合）・父母・祖父母，孫の場合には，遺族基礎年金は支給されないが，遺族厚生年金は支給される。

また，生計維持の要件は，死亡の当時に死亡した人と生計を同じくし，年収850万円以上の収入を将来にわたって得ることができないと認められること，となっている。なお，生計維持関係は，原則として被保険者または被保険者であった人の死亡の当時で判断し，失踪宣告を受けた人の場合には，行方不明となった当時で判断する。

▶ 1. 遺族の範囲とは

① 子・孫

子と孫は，18歳到達年度の末日までの間にある子（孫），または20歳未満であって障害等級1級または2級に該当する障害の状態にある子（孫）であり，かつ，現に婚姻していないことが要件である。子は，法律上の子であり，養子縁組，認知された子も含まれる。

なお，死亡当時に胎児であった子が生まれたときには，その子は将来に向かって死亡当時に死亡した人に生計を維持されていたものとみなされ，出生した日に遺族厚生年金の受給権が発生する（厚年法59条3項）。

② 妻

妻については年齢要件はなく，婚姻の届出をしていないが事実上婚姻関係と同様の状態にある，いわゆる内縁の妻も遺族の範囲に含まれる（厚年法3条2項）。

③ 夫・父母・祖父母

「父母」には実父母だけでなく，養父母も含まれる。また，「祖父母」には実父母の養父母，養父母の実父母や養父母も含まれる。ただし，義父や義母は遺族に含まれない。

夫，父母，祖父母の場合には，原則として被保険者の死亡当時に55歳以上であることが要件となる。なお，遺族厚生年金の受給は60歳からとなり，60歳になるまでは支給停止される。ただし，

●図表4-3-2　遺族の範囲の比較

（令和6年度）

18歳到達の年度末までにある子のある配偶者	18歳到達の年度末までにある子	18歳到達の年度末までにある子のない妻	55歳以上の夫・父母	18歳到達の年度末までにある孫	55歳以上の祖父母

国民年金の
遺族の範囲

厚生年金保険の遺族の範囲

(注)　1．国民年金・厚生年金保険の子・孫については，20歳未満であり
障害等級1級または2級に該当する人も対象となる。
　　　2．厚生年金保険の「子のある配偶者」は，夫の場合は55歳以上
であること。

遺族基礎年金の受給権がある夫の場合には，支給停止されない。

▶ 2. 遺族の順位

　遺族厚生年金を受給することができる遺族の順位は，配偶者と子（第1順位），父母（第2順位），孫（第3順位），祖父母（第4順位）の順になっている（厚年法59条2項）。

　配偶者が受給権を有するときには，子に対する遺族厚生年金はその間支給停止される（厚年法66条）。

重要用語

転給

　遺族厚生年金は転給しないため，先順位者のみ受給できる。したがって，配偶者と子（第1順位）が遺族厚生年金の受給権を取得した場合，後順位者の父母（第2順位），孫（第3順位），祖父母（第4順位）は，遺族厚生年金を受給することができる遺族とはならない。

配偶者が受給権を有するときは，子に対する遺族厚生年金はその間支給停止される。

3 支給停止

　遺族厚生年金は，図表4-3-3に該当するとき，全部または一部が支給停止となる（厚年法64条・64の2・65条・65の2・66条・67条・68条）。

●図表4-3-3　遺族厚生年金の支給停止

支給停止事由	支給停止期間
被保険者または被保険者であった人の死亡について，業務上等の事故により，労働基準法による遺族補償を受けることができるとき	死亡の日から6年間支給停止
配偶者と子が遺族厚生年金の受給権を有するとき	その期間，子に対する遺族厚生年金は支給停止（注）
配偶者と子が生計を同一にしていない等により，子のみが遺族基礎年金の受給権を有するとき	その期間，配偶者に対する遺族厚生年金は支給停止（子に支給）
55歳以上の夫，父母または祖父母が，受給権を有するとき	受給権者が60歳に達するまで支給停止（遺族基礎年金の受給権を有する夫は除く）
遺族厚生年金の受給権者である配偶者または子の所在が，1年以上明らかでないとき	受給権者である配偶者または子の申請により，所在不明時に遡って支給停止
配偶者以外の遺族厚生年金の受給権者が2人以上いる場合で，そのうち1人以上の人の所在が1年以上明らかでないとき	他の受給権者の申請により，所在不明時に遡って支給停止

　　（注）　ただし，配偶者に対する遺族厚生年金が「夫に対する支給停止」，「配偶者に対する支給停止」，「所在不明による支給停止」により支給停止される場合を除く。

第4編

4 失　権

　遺族厚生年金の受給権は，次のいずれかに該当したときに失権する（厚年法63条）。

---

① 死亡したとき

② 婚姻（事実婚を含む）したとき

③ 養子（事実上の養子縁組を含む）となったとき（直系血族または直系姻族の養子となったときを除く）

④ 離縁によって死亡した人との親族関係が終了したとき

⑤ 夫の死亡当時に30歳未満で子のない妻が，遺族厚生年金の受給権を取得してから5年が経過したとき

⑥ 遺族厚生年金と遺族基礎年金を受けていた子のある妻が，30歳になる前に遺族基礎年金の受給権を失った場合には，その日から5年が経過したとき

⑦ 子または孫について，18歳到達年度の末日を経過したとき（障害等級1級または2級に該当する場合を除く）

⑧ 障害等級1級または2級に該当する子または孫が，障害等級1級または2級に該当しなくなったとき（18歳到達年度の末日までの間にある場合を除く）

⑨ 障害等級1級または2級に該当する子または孫が，20歳に達したとき

⑩ 父母，孫，または祖父母の受給権は，被保険者または被保険者であった人の死亡当時に胎児であった子が出生し遺族厚生年金の受給権を取得したとき

妻が再婚した場合には，妻は失権するが子は失権しない。なお，一度消滅した受給権は再度復活することはない。したがって，再婚により失権した妻は，その後離婚しても再び受給権者となることはない。

　生計維持関係をみる際の年収要件は，死亡当時だけで認定するため，遺族厚生年金の受給権を取得した後に所得が増えても失権することはない。

　また，被保険者または被保険者であった人や他の受給権者を故意に死亡させた人には，遺族厚生年金は支給されない（厚年法76条）。

夫の死亡当時，子のない30歳未満の妻に対する遺族厚生年金は受給権を取得した日から5年を経過したときに失権する。

理解度チェック

❶ 遺族厚生年金を受給できる遺族は，被保険者または被保険者であった者の配偶者，子，父母，孫，または祖父母である。

❷ 遺族厚生年金は，夫が死亡した当時，30歳未満の子のない妻の場合，受給権を取得した日から3年を経過したときに失権する。

解答　❶ ○
　　　❷ ×　受給権を取得した日から5年を経過したときに失権する。

4 遺族厚生年金の年金額

関連過去問題
- 2024年 3月
  問22, 44
- 2023年 10月
  問22, 44
- 2023年 3月
  問22, 44
- 2022年 10月
  問22, 44

1 遺族厚生年金の年金額の計算

遺族厚生年金は，遺族基礎年金に上乗せされる形で支給される。

遺族が，子のない配偶者・父母・祖父母，孫の場合には，遺族基礎年金は支給されないが，要件を満たせば遺族厚生年金は支給される。なお，子のない中高齢の妻は，遺族基礎年金は支給されないが，中高齢の寡婦加算は支給される（図表4-4-1参照）。

● 図表4-4-1　遺族に応じた遺族給付の内容

● 子のある妻・子のある 55 歳以上の夫

遺族厚生年金
遺族基礎年金

● 子

遺族厚生年金
遺族基礎年金

● 子のない中高齢の妻

遺族厚生年金
中高齢の寡婦加算

● その他の遺族

遺族厚生年金

（注）子…①死亡当時，18 歳到達年度の末日までにあり，かつ，婚姻をしていないこと，または，② 20 歳未満で1級または2級の障害の状態にあり，かつ，婚姻をしていないこと。

遺族厚生年金の額は，老齢厚生年金の報酬比例部分の年金額の4分の3に相当する額となっている（厚年法60条）。老齢厚生年金を繰下げ受給している者が死亡した場合であっても，遺族厚生年金は繰下げによる増額はなく，図表4-4-2の計算式で算出する。

● 図表4-4-2　遺族厚生年金の年金額(本来水準)

(令和6年度)

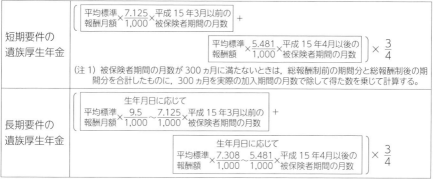

短期要件の遺族厚生年金	$\left[\dfrac{平均標準}{報酬月額} \times \dfrac{7.125}{1,000} \times \dfrac{平成15年3月以前の}{被保険者期間の月数} + \dfrac{平均標準}{報酬額} \times \dfrac{5.481}{1,000} \times \dfrac{平成15年4月以後の}{被保険者期間の月数} \right] \times \dfrac{3}{4}$
	(注1) 被保険者期間の月数が300ヵ月に満たないときは、総報酬制前の期間分と総報酬制後の期間分を合計したものに、300ヵ月を実際の加入期間の月数で除して得た数を乗じて計算する。
長期要件の遺族厚生年金	$\left[\dfrac{平均標準}{報酬月額} \times \dfrac{9.5}{1,000} \sim \dfrac{7.125}{1,000} \times \dfrac{平成15年3月以前の}{被保険者期間の月数} + \dfrac{平均標準}{報酬額} \times \dfrac{7.308}{1,000} \sim \dfrac{5.481}{1,000} \times \dfrac{平成15年4月以後の}{被保険者期間の月数} \right] \times \dfrac{3}{4}$ （生年月日に応じて）

(注)　5%適正化前の従前額保障は、第2編老齢給付第7節参照。

　　ただし、死亡した人の要件が「短期要件」に該当する場合と「長期要件」に該当する場合とによって、計算式が異なる（図表4-4-2参照）。

　　受給資格期間が原則25年以上である老齢厚生年金の受給権者が在職中に死亡したなど、短期要件と長期要件の両方に該当する場合には、どちらの要件で請求するかを選択する。なお、短期要件と長期要件の両方に該当し、別段の申し出をしなかった場合は、短期要件に該当したものとして年金額が計算される。

▶ 1.　短期要件

　　短期要件に該当する場合には、乗率は1,000分の7.125であり、生年月日による読替えはない。なお、被保険者期間の月数が300ヵ月（25年）未満の場合には、総報酬制導入前の期間分と総報酬制導入後の期間分を合計したものに、300ヵ月を実際の加入月数で除して得た数を乗じて計算する（厚年法60条）。また、総報酬制導入後は、平成15年4月以後の被保険者期間について1,000分の5.481の乗率が適用される。

　　2以上の種別（号別）の厚生年金被保険者の加入期間を有する

重要用語

短期要件

人の遺族にかかる遺族厚生年金（短期要件）の年金額については，種別（号別）の被保険者期間ごとに平均標準報酬月額を計算し，種別（号別）の被保険者期間ごとに計算した額を合算して得た額となる。なお，合算した被保険者期間が300ヵ月に満たない場合は300ヵ月とみなして計算する（厚年法78条の32）。

▶ 2. 長期要件

🔖 **重要用語**

長期要件

長期要件に該当する場合には，乗率は老齢厚生年金の場合と同様に，死亡した人の生年月日に応じて1,000分の9.5〜1,000分の

● 図表4-4-3　長期要件の生年月日に応じた乗率(本来水準)

生年月日	総報酬制前 乗率	総報酬制後 乗率
大正 15 年4月2日〜昭和 2 年4月1日	1,000 分の 9.500	1,000 分の 7.308
昭和 2 年4月2日〜昭和 3 年4月1日	9.367	7.205
昭和 3 年4月2日〜昭和 4 年4月1日	9.234	7.103
昭和 4 年4月2日〜昭和 5 年4月1日	9.101	7.001
昭和 5 年4月2日〜昭和 6 年4月1日	8.968	6.898
昭和 6 年4月2日〜昭和 7 年4月1日	8.845	6.804
昭和 7 年4月2日〜昭和 8 年4月1日	8.712	6.702
昭和 8 年4月2日〜昭和 9 年4月1日	8.588	6.606
昭和 9 年4月2日〜昭和 10 年4月1日	8.465	6.512
昭和 10 年4月2日〜昭和 11 年4月1日	8.351	6.424
昭和 11 年4月2日〜昭和 12 年4月1日	8.227	6.328
昭和 12 年4月2日〜昭和 13 年4月1日	8.113	6.241
昭和 13 年4月2日〜昭和 14 年4月1日	7.990	6.146
昭和 14 年4月2日〜昭和 15 年4月1日	7.876	6.058
昭和 15 年4月2日〜昭和 16 年4月1日	7.771	5.978
昭和 16 年4月2日〜昭和 17 年4月1日	7.657	5.890
昭和 17 年4月2日〜昭和 18 年4月1日	7.543	5.802
昭和 18 年4月2日〜昭和 19 年4月1日	7.439	5.722
昭和 19 年4月2日〜昭和 20 年4月1日	7.334	5.642
昭和 20 年4月2日〜昭和 21 年4月1日	7.230	5.562
昭和 21 年4月2日以降生まれ	7.125	5.481

7.125に読み替えられる（図表4-4-3参照）。なお，被保険者期間の月数は，短期要件の場合と異なり被保険者期間の実月数で計算する。

また，総報酬制導入後は，平成15年４月以後の被保険者期間について1,000分の7.308～1,000分の5.481の乗率が適用される。

２以上の種別（号別）の厚生年金被保険者の加入期間を有する人の遺族にかかる遺族厚生年金（長期要件）の年金額については，次の①および②により計算した額となる（厚年法78条の32）。

---

① 種別（号別）の被保険者期間にもとづいて計算した額を合算し，老齢厚生年金との先あて計算（併給調整）を行ったうえ，遺族厚生年金の総額を計算する

② その総額を種別（号別）の被保険者期間にもとづいて計算した遺族厚生年金の額に応じて按分し，按分した額がそれぞれの遺族厚生年金の額となる

2　年金額の改定

配偶者以外の人が遺族厚生年金を受給する場合に，受給権者が２人以上いるときには，遺族厚生年金の年金額を受給権者の数で除した額がそれぞれ支給される。なお，受給権者の数に増減が生じたときには，増減が生じた月の翌月から年金額が改定となる。

3　中高齢の寡婦加算

▶ 1. 受給要件

夫の死亡当時に子のない妻は遺族基礎年金が支給されない。また，子のある妻の場合でも，子が18歳到達年度の末日を経過したとき，または，障害等級１級または２級の障害の状態にある子が

20歳に達したときは，遺族基礎年金の受給権は失権し，遺族厚生年金のみの受給となる。

そこで，これらの寡婦の生計維持を考慮して，40歳から遺族厚生年金に中高齢の寡婦加算が支給される（厚年法62条1項・65条）。

中高齢の寡婦加算の対象となるのは，次のいずれかに該当する遺族厚生年金の受給権者である妻となっている。

---

① 夫の死亡当時に「遺族基礎年金を受給することができる子のない」40歳以上65歳未満の妻

② 40歳に達した当時，「遺族基礎年金の支給要件を満たす子のあった」65歳未満の妻（ただし，妻が遺族基礎年金を受給することができる間は，中高齢の寡婦加算は支給停止となる）

40歳未満の妻は，夫の死亡当時に子のないときは中高齢の寡婦加算は支給されない。ただし，子のある妻は，夫の死亡当時に40歳未満であっても，40歳に達した当時，子がいるため遺族基礎年

● 図表4-4-4　中高齢の寡婦加算の支給例

●夫の死亡当時「子のある妻」

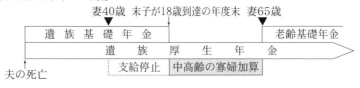

●夫の死亡当時「子のない妻」

金を受けた場合には，中高齢の寡婦加算の支給対象となる。

　また，死亡した夫が，老齢厚生年金の受給権者または老齢厚生年金の受給資格期間を満たし「長期要件」による遺族厚生年金の場合には，死亡した夫の厚生年金被保険者期間が20年（第1号厚生年金被保険者の中高齢の特例の場合には15〜19年）以上である場合に限り，中高齢の寡婦加算が支給される。

　なお，短期要件に該当するときは，被保険者期間が20年以上を満たしていなくても，中高齢の寡婦加算は支給される。

　遺族厚生年金の受給権者（妻）が厚生年金保険の被保険者であっても中高齢の寡婦加算は支給される。

　2以上の種別（号別）の厚生年金被保険者の加入期間を有する人の中高齢の寡婦加算については，それぞれの被保険者期間を合算して支給要件を判定し，政令で定める優先順位にもとづいて，優先順位の高い遺族厚生年金に加算される（厚年法78条の32）。

　政令で定められた優先順位は次のとおりである。

・被保険者期間（年金額の計算の基礎となる厚生年金保険の加入期間）が最も長い遺族厚生年金に加算する。

・被保険者期間の長さも同じ場合は，第1号厚生年金被保険者期間，第2号厚生年金被保険者期間，第3号厚生年金被保険者期間，第4号厚生年金被保険者期間の順に加算する。

▶ 2.　中高齢の寡婦加算額

　中高齢の寡婦加算の額は，遺族基礎年金額（子の加算を含まない基本額816,000円）の4分の3に相当する額の612,000円（令和6年度）であり，対象者が40歳から65歳に達するまで加算される。

　中高齢の寡婦加算の額は，生年月日等にかかわらず一律となっ

第
4
編

ている。

　妻が遺族基礎年金を受給することができる間は，中高齢の寡婦加算は支給停止される（厚年法65条）。なお，婚姻期間についての要件はなく，また，遺族厚生年金の受給権者（妻）が厚生年金保険の被保険者であっても支給停止されることなく，支給される。

▶ 3. 平成19年4月からの改正事項

　夫の死亡時に，子のない30歳未満の妻が受給することができる遺族厚生年金は，改正前は終身受給することができたが，平成16年改正により，平成19年4月から給付期間が5年の有期年金となった。

　また，中高齢の寡婦加算の対象が，夫死亡時35歳以上65歳未満の妻から，夫死亡時40歳以上65歳未満であることに改正された。

4 経過的寡婦加算

　妻が65歳に達すると自分自身の老齢基礎年金を受給することができるため，中高齢の寡婦加算は支給されなくなる。しかし，昭和61年3月31日まで，被用者年金加入者の妻は国民年金は任意加入であった。このため，妻が任意加入しなかった場合等には，老齢基礎年金額が中高齢の寡婦加算の額よりも低額となることがある。そこで，中高齢の寡婦加算を加算されていた昭和31年4月1日以前生まれの妻について，年金額の低下を防ぐため，妻の生年

●図表4-4-5　経過的寡婦加算の支給例

妻40歳		妻65歳	
遺　族　厚	生　年	金	
中 高 齢 の 寡 婦 加 算	経 過 的 寡 婦 加 算		
	老 齢 基 礎 年 金		

● 図表4-4-6　経過的寡婦加算の加算額

妻の生年月日	乗　率	加算額
昭和　2　年4月1日以前	——	610,300 円
昭和　2　年4月2日〜昭和　3　年4月1日	312 分の 12	579,004 円
昭和　3　年4月2日〜昭和　4　年4月1日	324 分の 24	550,026 円
昭和　4　年4月2日〜昭和　5　年4月1日	336 分の 36	523,118 円
昭和　5　年4月2日〜昭和　6　年4月1日	348 分の 48	498,066 円
昭和　6　年4月2日〜昭和　7　年4月1日	360 分の 60	474,683 円
昭和　7　年4月2日〜昭和　8　年4月1日	372 分の 72	452,810 円
昭和　8　年4月2日〜昭和　9　年4月1日	384 分の 84	432,303 円
昭和　9　年4月2日〜昭和 10 年4月1日	396 分の 96	413,039 円
昭和 10 年4月2日〜昭和 11 年4月1日	408 分の 108	394,909 円
昭和 11 年4月2日〜昭和 12 年4月1日	420 分の 120	377,814 円
昭和 12 年4月2日〜昭和 13 年4月1日	432 分の 132	361,669 円
昭和 13 年4月2日〜昭和 14 年4月1日	444 分の 144	346,397 円
昭和 14 年4月2日〜昭和 15 年4月1日	456 分の 156	331,929 円
昭和 15 年4月2日〜昭和 16 年4月1日	468 分の 168	318,203 円
昭和 16 年4月2日〜昭和 17 年4月1日	480 分の 180	305,162 円
昭和 17 年4月2日〜昭和 18 年4月1日	480 分の 192	284,820 円
昭和 18 年4月2日〜昭和 19 年4月1日	480 分の 204	264,477 円
昭和 19 年4月2日〜昭和 20 年4月1日	480 分の 216	244,135 円
昭和 20 年4月2日〜昭和 21 年4月1日	480 分の 228	223,792 円
昭和 21 年4月2日〜昭和 22 年4月1日	480 分の 240	203,450 円
昭和 22 年4月2日〜昭和 23 年4月1日	480 分の 252	183,107 円
昭和 23 年4月2日〜昭和 24 年4月1日	480 分の 264	162,765 円
昭和 24 年4月2日〜昭和 25 年4月1日	480 分の 276	142,422 円
昭和 25 年4月2日〜昭和 26 年4月1日	480 分の 288	122,080 円
昭和 26 年4月2日〜昭和 27 年4月1日	480 分の 300	101,737 円
昭和 27 年4月2日〜昭和 28 年4月1日	480 分の 312	81,395 円
昭和 28 年4月2日〜昭和 29 年4月1日	480 分の 324	61,052 円
昭和 29 年4月2日〜昭和 30 年4月1日	480 分の 336	40,710 円
昭和 30 年4月2日〜昭和 31 年4月1日	480 分の 348	20,367 円
昭和 31 年4月2日以降	——	——

（注）　経過的寡婦加算は 65 歳以後の妻の遺族厚生年金に加算される。
　　　　加算額 =610,300 円 − 813,700 円（既裁定者年金額）×乗率

第4編

重要用語

経過的寡婦加算

月日に応じて遺族厚生年金に 経過的寡婦加算 が支給される（厚年法附則（60）73条）。

　また，経過的寡婦加算は，65歳以降に初めて遺族厚生年金の受給権を取得した妻にも加算される（図表4-4-5参照）。

　経過的寡婦加算の額は，中高齢の寡婦加算の額と，昭和61年4月1日から60歳に達するまで国民年金に加入した場合に受給する老齢基礎年金の年金額との差額に相当する額になっている（図表4-4-6参照）。

理解度チェック

① 遺族厚生年金の中高齢寡婦加算の額は，遺族基礎年金（子の加算を含まない基本額）の年金額の3分の2に相当する額である。

② 遺族厚生年金の受給権者（妻）が厚生年金保険の被保険者の場合，遺族厚生年金の中高齢寡婦加算は支給停止される。

解答　① ×　4分の3に相当する額である。
　　　② ×　支給停止されることなく支給される。

5 併給調整

1 1人1年金の原則

年金給付には，1人1年金という原則がある。老齢基礎年金と老齢厚生年金のように同一の支給事由の場合には併給されるが，支給事由が異なる2つの年金の受給権があるときには，どちらか1つを選択する（2つ以上の年金を受けられる特例については後段参照）。しかし，遺族厚生年金は，遺族の老後保障にとって不可欠なものであることから，例外的に老齢基礎年金と併給できることになっている。

具体的には，60歳台前半に，老齢厚生年金と遺族厚生年金の2つの受給権があるときには，どちらか1つを選択する。

なお，繰上げ支給の老齢基礎年金と遺族厚生年金は，65歳まではいずれかを選択し，65歳からは併給することができる。

遺族厚生年金の受給権者が65歳以上の場合には，老齢基礎年金と遺族厚生年金を併給することができる。また，65歳以上で遺族厚生年金と老齢厚生年金の受給権がある場合には，平成16年改正により，平成19年4月からは選択希望ではなく，まず妻（自分自身）の老齢厚生年金が全額支給され，夫（配偶者）の遺族厚生年金は，老齢厚生年金より年金額が高い場合に，その差額分が支給されるという形に改正された（図表4-5-1参照）。対象者は，平成19年4月1日以降に65歳に達する昭和17年4月2日以降生まれの人である。

関連過去問題
・2023年10月 問23
・2023年3月 問23
・2022年10月 問23

● 図表4-5-1　遺族厚生年金と老齢厚生年金の併給(65歳以上)

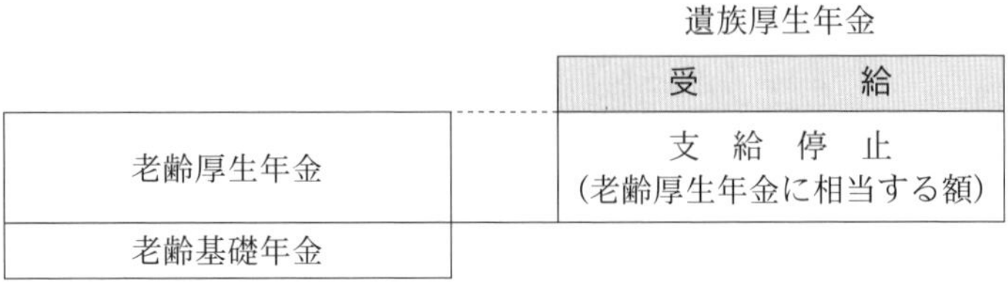

遺族厚生年金

受　　　　給

老齢厚生年金	支　給　停　止 (老齢厚生年金に相当する額)
老齢基礎年金	

　遺族厚生年金の額は，老齢厚生年金の受給権を有する65歳以上の人が，配偶者の死亡により遺族厚生年金を受給するときは，次の①と②の額を比較し，高いほうの年金額を受給する。

> ①　「死亡した配偶者の老齢厚生年金の４分の３」
> ②　「死亡した配偶者の老齢厚生年金の２分の１」と「本人の老齢厚生年金（子の加給年金額を除く）の額の２分の１」を合計した額

　実際に年金を受け取る際には，上記の計算方法で決まった年金額と本人の老齢厚生年金の満額との差額が遺族厚生年金として支給される（図表4-5-2）。ただし，平成19年４月１日に65歳以上（昭和17年４月１日以前生まれの人）で遺族厚生年金を受給していた場合には，図表4-5-3の（A）（B）（C）のいずれかの形で支給される。

● 図表4-5-2　併給のイメージ図

〈妻の老齢厚生年金は 3.9 万円，夫の老齢厚生年金は 10.2 万円の場合〉

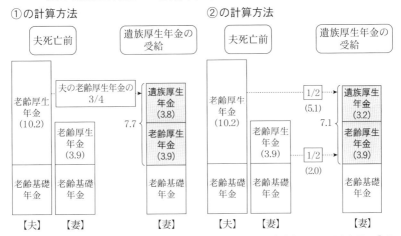

この場合，①の計算では，年金額 7.7 万円，②の計算では，年金額 7.1 万円となり，①の方法で併給することになる。

資料：厚生労働省

● 図表4-5-3　遺族厚生年金と老齢給付の併給調整

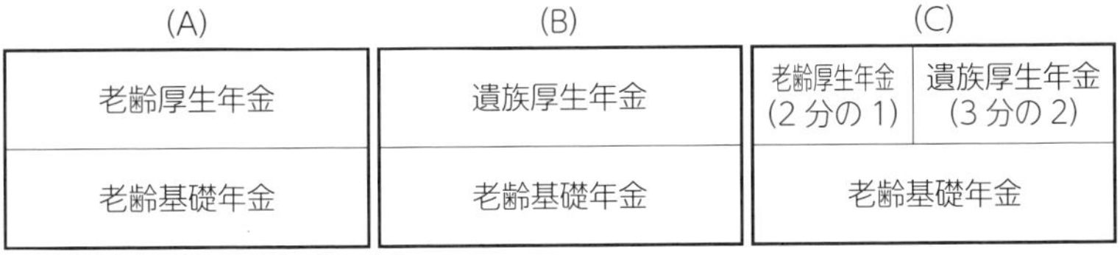

(A)	(B)	(C)	
老齢厚生年金	遺族厚生年金	老齢厚生年金 (2 分の 1)	遺族厚生年金 (3 分の 2)
老齢基礎年金	老齢基礎年金	老齢基礎年金	

2　2つ以上の年金を受けられる人の特例

　　65歳未満では，１人１年金が原則であり，いずれかの年金を選択して受給するが，支給事由が異なる２つ以上の年金を受け取れる方が65歳になると，特例的に２つの年金をあわせて受給（併給）することができる。ただし，図表4-5-4のとおり，併給できる組み合わせ（併給）が決まっていて，併給方法を自由に選択ができるわけではない。

●図表4-5-4　併給できる組み合わせ

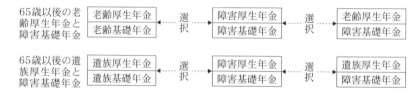

3　公的年金と他の制度との支給調整

　　傷病手当金を受給している人が，老齢厚生年金や障害厚生年金を受給する場合，傷病手当金は支給されない。ただし，年金額が傷病手当金の額を下回るときは，その差額の傷病手当金が支給される。

　　生活保護法による生活扶助を受けている人が老齢基礎年金を受給できる場合，生活保護は老齢基礎年金額を差し引いた額が支給される。

6 国民年金の寡婦年金

1 受給要件

子のない妻の場合、遺族基礎年金は受給することができない。ただし、国民年金の独自給付として、60歳から65歳になるまでの間、寡婦年金が支給される場合がある。

寡婦年金は、第1号被保険者としての保険料納付済期間と保険料免除期間を合算して10年以上ある第1号被保険者の夫が、老齢基礎年金または障害基礎年金のいずれも受給せずに死亡した場合に、死亡当時に夫によって生計を維持されていた10年以上婚姻関係のあった妻に支給される（国年法49条1項）。寡婦年金を受給するには、死亡した夫の要件・妻の要件をすべて満たす必要がある（国年法49条2項）。

なお、生計維持要件は、遺族基礎年金と同様に年収850万円以上の収入を将来にわたって得られないことが基準となっている。

▶ 1. 死亡した夫の要件（夫の死亡日が令和3年4月1日以降の要件）

寡婦年金を受給するには、死亡した夫について次の要件をすべて満たす必要がある。

受給要件としては、保険料納付済期間と保険料免除期間（学生納付特例期間・納付猶予期間を含む）の合計した期間が10年以上必要である。なお、国民年金の保険免除期間には、学生納付特例期間と納付猶予期間が含まれるが、これらの期間は年金額には反映されない。

関連過去問題
🖊 2024年 3月 問24
🖊 2023年 10月 問24
🖊 2023年 3月 問24
🖊 2022年 10月 問24

 重要用語

寡婦年金

第4編

① 死亡日の前日において，死亡日の属する月の前月までの
第1号被保険者（任意加入被保険者を含む）としての保険
料納付済期間と保険料免除期間（学生納付特例期間・納付
猶予期間を含む）を合算して，10年以上ある夫であること
② 老齢基礎年金（繰上げ支給の老齢基礎年金を含む）また
は障害基礎年金を受給したことがないこと（国年法49条1
項）
（年金制度改正法。施行日：令和3年4月1日）

▶ 2. 妻の要件

寡婦年金を受給するには，妻について次の要件をすべて満たす
必要がある。

① 夫の死亡当時に夫により生計を維持され，10年以上継続
して婚姻関係のあった妻であること（事実上の婚姻関係を
含む）
② 65歳未満であること
③ 妻が繰上げ支給の老齢基礎年金を受給していないこと

2 寡婦年金の支給期間と年金額

寡婦年金は，妻自身に老齢基礎年金が支給されるまでの間，妻
が65歳に達する日の属する月まで支給される（国年法18条1項・
49条3項）。

夫の死亡当時60歳以上の妻は，夫の死亡日の属する月の翌月か
ら，夫の死亡当時60歳未満の妻は，60歳に達した日の属する月
の翌月からの支給となる。

● 図表4-6-1　寡婦年金の支給期間（平成29年8月改正後）

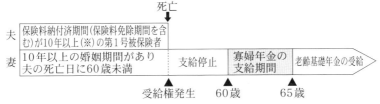

（※）　平成29年7月までは原則25年以上。

● 図表4-6-2　寡婦年金の年金額

（令和6年度）

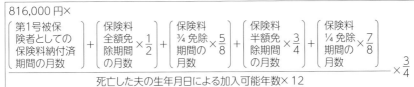

（＊1）　被保険者期間・保険料免除期間は，死亡した夫についての期間
（＊2）　国庫負担割合引上げ前（平成21年3月以前）の期間は，保険料全額免除月数は3分の1，保険料4分の3免除月数は2分の1，保険料半額免除月数は3分の2，保険料4分の1免除月数は6分の5で計算する。

　寡婦年金の年金額は，夫が受けるはずであった老齢基礎年金の年金額の4分の3に相当する額である（国年法50条）。なお，死亡した夫が付加保険料を納めていても，付加年金の加算はない。

　被保険者期間は，夫の死亡日の属する月の前月までの第1号被保険者としての期間のみで計算される。

　寡婦年金と死亡一時金は併給されないので，どちらか一方の選択となる（国年法52条の6）。

　子がいて夫の死亡により遺族基礎年金を受給した場合でも，遺族基礎年金の失権が65歳前であれば，遺族基礎年金の失権後かつ60歳以上65歳未満の間，寡婦年金を受給することができる。

　また，労働基準法の規定により遺族補償が行われるときには，死亡日から6年間支給が停止される（国年法52条）。

　なお，寡婦年金の受給権は，次のときに失権する（国年法51

条)。

> ①　65歳に達したとき
>
> ②　死亡したとき
>
> ③　婚姻したとき
>
> ④　直系血族または直系姻族以外の人の養子となったとき
>
> ⑤　繰上げ支給の老齢基礎年金の受給権を取得したとき（国年法附則9条の2第5項)

理解度チェック

❶ 遺族基礎年金を受給したことのある妻は，国民年金の寡婦年金を受給することはできない。

❷ 国民年金の寡婦年金は，死亡した夫の国民年金の第1号被保険者としての保険料納付済期間と保険料免除期間を合算した期間が，10年以上あることが支給要件となっている。

❸ 国民年金の寡婦年金と死亡一時金の両方を受給できるときは，いずれかを選択して受給する。

解答 ❶ ×　遺族基礎年金の失権が65歳前であれば遺族基礎年金の失権後かつ60歳以上65歳未満の間，寡婦年金を受給することができる。

❷ ○

❸ ○

7 国民年金の死亡一時金

1 受給要件

第1号被保険者が，老齢基礎年金または障害基礎年金のいずれも受給せずに死亡した場合には，保険料の掛捨て防止の意味で，遺族に国民年金の独自給付である死亡一時金が支給される。

死亡一時金を受給するには，死亡した人の要件・遺族の要件をすべて満たす必要がある。

▶ 1. 死亡した人の要件

死亡一時金を受給するには，死亡した人について次の要件をすべて満たす必要がある（国年法52条の2第1項）。

---

① 死亡日の前日において，死亡日の属する月の前月までの第1号被保険者としての被保険者期間について，次の月数を合算した月数が36ヵ月以上あること（国年法附則5条10項・同附則（60）8条1項）

- ・保険料納付済期間の月数
- ・保険料4分の1免除期間の月数の4分の3に相当する月数
- ・保険料半額免除期間の月数の2分の1に相当する月数
- ・保険料4分の3免除期間の月数の4分の1に相当する月数

なお，任意加入被保険者，特例による任意加入被保険者および昭和61年4月1日前に任意加入していた人の国民年

関連過去問題
- 2024年 3月
  問24
- 2023年 10月
  問24
- 2023年 3月
  問24
- 2022年 10月
  問24

 重要用語

死亡一時金

第4編

金の被保険者期間は，第１号被保険者期間とみなされる（国年法附則（60）８条１項・同附則（平6）11条）。

② 障害基礎年金（旧国民年金の障害年金を含む）または老齢基礎年金（旧国民年金の老齢年金等および繰上げ支給の老齢基礎年金を含む）を受給したことがないこと（国年法附則（60）29条２項）

保険料納付済期間の月数は，第１号被保険者期間のみなので，第２号・第３号被保険者期間は含まれない。また，全額免除期間も含まれない。

▶ 2. 遺族の要件

死亡一時金を受給するには，遺族について次の要件をすべて満たす必要がある（国年法52条の3第1項）。

① 遺族基礎年金を受給できる遺族がいないこと

② 死亡した人の配偶者，子，父母，孫，祖父母または兄弟姉妹であって，死亡の当時，死亡した人と生計を同じくしていたこと

なお，生計維持関係についての要件はない。したがって，死亡した人と生計が同一であればよい。

ただし，遺族基礎年金の受給権者が子であって，その子と生計を同じくする子の父または母があることにより，遺族基礎年金が支給停止されている場合には，死亡した人の配偶者に死亡一時金が支給される（国年法52条の２第３項・52条の３第１項）。

また，死亡一時金は，国民年金の独自給付であり，遺族厚生年金を受給できる者にも支給される。

死亡一時金を受給することができる遺族の順位は，①配偶者，

②子，③父母，④孫，⑤祖父母，⑥兄弟姉妹の順になっている。
同順位者の遺族が2人以上いるときは，1人が行った請求は，全
員のために全額につき請求したものとみなされる。また，1人に
対する支給も，全員に対してされたものとみなされる（国年法52
条の3第2項・3項）。

2 死亡一時金の額

　死亡一時金は，死亡日の属する月の前月までの第1号被保険者
（任意加入被保険者を含む）期間のうち，保険料納付済期間の月数
と保険料4分の1免除期間の月数の4分の3，保険料半額免除期
間の月数の2分の1，および保険料4分の3免除期間の月数の4
分の1に相当する月数を合算した月数に応じた額となっている。

　また，死亡一時金には，物価スライドは適用されない（国年法
52条の4第1項）。

　なお，付加保険料納付済期間が3年以上ある場合には，死亡一
時金に8,500円が加算される（国年法52条の4第2項）。

　また，寡婦年金と死亡一時金の両方を受けることができる場合
には，どちらか一方を選択する（国年法52条の6）。

● 図表4-7-1　死亡一時金の支給額

第1号被保険者としての保険料納付済期間の月数と保険料4分の1免除期間の月数の4分の3，保険料半額免除期間の月数の2分の1，および保険料4分の3免除期間の月数の4分の1を合計した月数	支給額
36ヵ月以上180ヵ月未満	120,000円
180ヵ月以上240ヵ月未満	145,000円
240ヵ月以上300ヵ月未満	170,000円
300ヵ月以上360ヵ月未満	220,000円
360ヵ月以上420ヵ月未満	270,000円
420ヵ月以上	320,000円

理解度チェック

① 国民年金の死亡一時金は，遺族厚生年金を受給できる場合でも支給される。

② 国民年金の死亡一時金の支給要件となる死亡した者の保険料納付済期間には，国民年金の第3号被保険者期間は含まれない。

解答　①○
　　　②○

演習問題 Ⅴ
遺 族 給 付

事例A

　A子さん（昭和54年7月3日生まれ・平成16年5月結婚・専業主婦）か
ら，病気療養中の夫が，万一亡くなった場合の遺族年金について相談があっ
た。夫（48歳）の年金加入歴は次のとおりである。
・平成10年4月〜平成27年9月：厚生年金保険（17年6ヵ月）
・平成27年10月〜現在：国民年金（保険料はすべて納付，9年）
　子供は，長女（平成19年6月生まれ，障害等級2級の障害がある），長男
（平成21年5月生まれ，健常者），次女（平成22年12月生まれ，健常者）の
3人である。

問題①　遺族給付

　万一，夫が令和6年中に亡くなった場合，A子さんへの遺族給付について，誤っ
ているものは次のうちどれですか。

(1)　死亡一時金は支給されない。

(2)　寡婦年金は支給されない。

(3)　遺族基礎年金には3人分の子の加算額が加算される。

(4)　遺族基礎年金は，次女が18歳の年度末を経過したときに失権する。

(5)　再婚するとA子さんと子が有する遺族基礎年金の受給権は消滅する。

要点

●遺族基礎年金は，夫または妻が死亡した当時，生計を維持されていた子のある配
　偶者または子に支給される。

●子は18歳の年度末までにある子または20歳未満で障害等級1級または2級の障害の状態にある子で，現に婚姻していない子である。

●寡婦年金は，国民年金の第1号被保険者としての保険料納付済期間（保険料免除期間を含む）が，原則として10年以上ある夫が死亡したときに，10年以上の継続した婚姻関係のあった妻に対して60歳から65歳に達するまでの間，支給される。

●死亡一時金は，国民年金の第1号被保険者としての保険料納付済期間等の月数が36ヵ月以上ある者が死亡したときに，生計を同じくしていた遺族に支給される。ただし，遺族基礎年金を受けられる遺族がいるときは，支給されない。

問題②　遺族厚生年金

万一，夫が令和6年中に亡くなった場合，A子さんおよび子が受給できる遺族厚生年金について，誤っているものは次のうちどれですか。

(1)　年金額は，報酬比例部分の年金額の4分の3に相当する額である。

(2)　年金額は，実加入期間で計算され，300ヵ月みなしで計算されない。

(3)　A子さんが厚生年金保険の被保険者になっても，支給停止されない。

(4)　A子さんが65歳に達するまで中高齢寡婦加算が加算される。

(5)　子に対する遺族厚生年金はA子さんが受給権を有する間，支給停止される。

要点

●遺族厚生年金は，次の①〜④のいずれかに該当したときに，その遺族に支給される。

　　①厚生年金保険の被保険者が死亡したとき

　　②厚生年金保険の被保険者期間中に初診日のある傷病により，初診日から5年以内に死亡したとき

　　③障害等級1級または2級の障害厚生年金の受給権者が死亡したとき

　　④老齢厚生年金の受給権者または受給資格期間を満たした者が死亡したとき（原則25年以上）

ただし，①，②に該当するときは，一定の保険料納付要件を満たしていること

　が必要である。

●遺族厚生年金が短期要件（上記①〜③）に該当し，被保険者期間が300ヵ月に満

　たないときは300ヵ月とみなして計算する。長期要件（上記④）に該当するとき

　は実期間で計算する。

●中高齢寡婦加算は，上記①〜③のいずれかに該当するとき，または④に該当し被

　保険者期間が原則として20年以上あるときに，夫の死亡時，40歳以上の妻に対

　して65歳に達するまでの間，支給される。

解答

問題①

(1) …正しい。死亡一時金は，遺族基礎年金を受けられるので支給されない。

(2) …正しい。国民年金の第１号被保険者としての保険料納付済期間が10年以上に

　　満たないので，支給されない。

(3) …正しい。遺族基礎年金は３人分の子の加算額が加算される。

(4) …正しい。次女が18歳の年度末を経過したときに失権する。

(5) …誤り。A子さんが再婚すると，A子さんが有する遺族基礎年金の受給権は消

　　滅するが，子の受給権は消滅しない。

答え：(5)

問題②

(1) …正しい。遺族厚生年金の年金額は，報酬比例部分の年金額の４分の３に相当

　　する額である。

(2) …正しい。長期要件（④）に該当し，被保険者期間は実期間で計算し，300ヵ

　　月みなし計算は行われない。

(3) …正しい。厚生年金保険の被保険者になっても遺族厚生年金は支給停止されな

　　い。

(4) …誤り。中高齢寡婦加算は，厚生年金保険の被保険者期間が20年に満たないの

　　で加算されない。

(5) …正しい。子に対する遺族厚生年金は，Ａ子さんが受給権を有する間，支給停止される。

答え：(4)

第5編

その他の年金

1 ねんきん定期便とねんきんネット

📖 **重要用語**

ねんきん定期便

1 ねんきん定期便

　平成21年4月より開始された「ねんきん定期便」は，毎年誕生月（1日生まれの人は誕生月の前月）に，国民年金および厚生年金保険の被保険者に送付される。この通知は，年齢によって送付内容が異なり，次の図表5-1-1のようになっている。

💡 **補足**

ねんきん定期便は誕生月の2ヵ月前(1日生まれは3ヵ月前)に作成されている。

● 図表5-1-1　ねんきん定期便の記載事項

区　分	送付形式	通知内容
50歳未満（35歳，45歳以外）	ハガキ	保険料納付額 月別状況（直近13月） 年金加入期間 これまでの加入実績に応じた年金額
50歳以上（59歳以外）	ハガキ	保険料納付額 月別状況（直近13月） 年金加入期間 老齢年金の種類と見込額
受給者（直近1年間に被保険者期間がある場合）	ハガキ	月別状況（直近13月） 保険料納付額 年金加入期間
35歳，45歳	封書	保険料納付額 年金加入期間 これまでの加入実績に応じた年金額 これまでの年金加入履歴 月別状況（全期間）
59歳	封書	保険料納付額 年金加入期間 老齢年金の種類と見込額 年金加入履歴 月別状況（全期間）

（資料：日本年金機構）

● 図表5-1-2　令和6年度「ねんきん定期便」(50歳以上，ハガキ形式)

令和6年度「ねんきん定期便」50歳以上（表）

令和6年度「ねんきん定期便」50歳以上（裏）

　令和6年度の「ねんきん定期便」（50歳以上，ハガキ形式）は，図表5-1-2のとおりである。

　ねんきん定期便（50歳以上）の厚生年金保険については，一般厚生年金期間，公務員厚生年金期間，私学共済厚生年金期間の3つに区分された額が記載されている。また，保険料納付額は，被保険者負担のみが記載されており，事業主負担分は含まれていない。

　50歳未満の場合は，簡易計算により厚生年金基金の年金額（代

行部分）も含めた年金額となっている。50歳以上60歳未満の場合は，現在加入している年金制度に60歳まで同条件で加入したと仮定し，厚生年金基金の年金額（代行部分）を含んだ年金額となっている。

令和4年4月から繰下げ受給の上限が75歳に引上げになったため，老齢給付を繰下げ待機中の人に，66歳から74歳までの間，毎年「繰下げ見込額のお知らせ」が送付される。

電子版「ねんきん定期便」の利用申込をしても，ハガキ形式の「ねんきん定期便」の送付を受けることができる。

2 ねんきんネット

平成23年2月から日本年金機構のホームページ上で年金記録や保険料納付状況などが確認できる「ねんきんネット」がスタートしている。平成24年度からは「ねんきんネット」上で電子版「ねんきん定期便」が始まり，毎年誕生月に届く「ねんきん定期便」を随時確認できる。

「ねんきんネット」を利用して，ねんきん定期便のペーパーレス化を選択した場合も，節目年齢の封書の「ねんきん定期便」は送付される。

「ねんきんネット」のユーザーIDを取得する際に使用するアクセスキーは「ねんきん定期便」に記載されているが，アクセスキーの有効期限は「ねんきん定期便」到着後3ヵ月である。

マイナポータルから「ねんきんネット」に登録する場合は，「ねんきんネット」のユーザID取得は不要である。

理解度チェック

① 日本年金機構から送付される「ねんきん定期便」について，厚生年金基金に加入している期間がある50歳未満の者に通知される「加入実績に応じた年金額」欄は，厚生年金基金の年金額（代行部分）が含まれていない年金額となっている。

② 日本年金機構から送付される「ねんきん定期便」について，50歳以上60歳未満の者に通知される老齢年金の見込額は，現在の加入条件で60歳まで継続して加入したものと仮定して計算されている。

③ 日本年金機構から送付される「ねんきん定期便」は，誕生月（1日生まれの者は誕生月の前月）に送付される。

解答 ① ×　厚生年金基金の年金額(代行部分)を含めた年金額が記載されている。
　　　　② ○
　　　　③ ○

2 ｜ 年金請求と諸手続き

1 基礎年金番号

公的年金制度は，国民年金，厚生年金保険，各共済組合等に制度が分かれ，基礎年金制度導入後もそれぞれの制度ごとに加入者の年金番号が付されていた。この別々の年金番号による加入記録の管理方式を改め，各制度に共通の基礎年金番号を導入することになった。

「1人1番号」の基礎年金番号は，平成9年1月から実施されている。

2 年金手帳の廃止

20歳になって国民年金に加入したときや，20歳未満で初めて就職して厚生年金保険に加入したときなど，最初に国民年金の被保険者となったときに，国民年金原簿に氏名と基礎年金番号が登録される。被保険者には，基礎年金番号が記載された年金手帳が交付されていた。

しかし，電子データ化等によって，手帳の必要性がなくなっており，法改正により令和4年4月から年金手帳は廃止となり，「基礎年金番号通知書」が発行される。

📖 **重要用語**

基礎年金番号通知書

3 マイナンバー

平成27年9月に「個人情報の保護に関する法律及び行政手続における特定の個人を識別するための番号の利用等に関する法律の

一部を改正する法律」が公布され，日本年金機構においては，平成29年1月からマイナンバーによる年金相談・照会が受け付けられている。基礎年金番号がわからない場合は，写真付きのマイナンバーカード（個人番号カード）を提示することで相談をすることも可能となった。マイナンバーの通知カードなどで，年金事務所の窓口で相談・照会を行う際には，本人確認書類の原本（運転免許証やパスポート等）の提示が必要である。

 重要用語
マイナンバー

4 年金の裁定請求（年金請求）

年金を受ける権利（受給権）は，事実上，法律で定められている資格期間や年齢などの受給資格要件を満たしたときに発生する。ただし，受給権が発生したときには，年金事務所等に年金請求書を提出し，実施機関に対して事実の確認を求め，受給要件の存在の確認を受けなければならない（裁定請求＝年金請求）。この裁定請求（以下「年金請求」という）を行わなければ，受給権があっても年金は支給されない（国年法16条，厚年法33条）。受給発生から５年を過ぎた分については，時効により受け取ることができなくなる。

重要用語
裁定請求

▶ 1. 年金請求の時期

年金請求書は，60歳台前半の特別支給の老齢厚生年金の受給権が発生する人に対しては支給開始年齢の誕生月の約３ヵ月前に，また，65歳に老齢基礎年金・老齢厚生年金の受給権が発生する人に対しては65歳に到達する約３ヵ月前に，基礎年金番号，氏名，生年月日および年金加入記録等をあらかじめ印字した「年金請求書（事前送付用）」が日本年金機構または共済組合等から本人宛てに送付される。

重要用語
年金請求書

なお，印字された年金請求書を紛失した場合，再発行されないため，紛失した場合は年金事務所等に備え付けてある記入式の年

金請求書を使用する。

　特別支給の老齢厚生年金における年金請求書の提出は，支給開始年齢に達したとき（誕生日の前日）以降であれば行うことができるので，在職中であっても行うことが可能である。また，障害厚生年金や遺族厚生年金の受給者は特別支給の老齢厚生年金との併給ができないので，「年金受給選択申出書」を提出して，いずれか一方の年金を選択する。

▶ 2. 年金請求書の提出先

　年金請求は，国民年金と厚生年金保険を一体として行うが，年金請求書の提出先は，加入していた年金制度によって次のように分かれる。

● 図表5-2-1　年金請求書の提出先

加入していた年金制度		提出先
厚生年金保険のみに加入していた人		年金事務所，共済組合
国民年金・厚生年金保険ともに加入していた人		
国民年金のみに加入していた人	第3号被保険者期間のある人	年金事務所
	第1号被保険者期間のみの人	年金事務所，市区町村

　なお，管轄以外の最寄りの年金事務所または年金相談センターに提出することもでき，郵送で提出することもできる。また，配偶者等，本人以外の人が代理で手続きすることも可能であるが，その場合は委任状が必要となる。

　厚生年金基金の加入期間があり，代行部分があれば，次のとおり別途，基金分の請求書を提出する必要がある。

● 図表5-2-2　厚生年金基金の基金分の老齢年金請求書の提出先

厚生年金基金の加入期間	提出先
（原則）10年以上	加入していた厚生年金基金
（原則）10年未満（中途脱退）や解散基金等	企業年金連合会

●ワンストップサービス

　平成27年10月の被用者年金の一元化により，第2号〜第4号厚生年金被保険者期間（共済組合等の年金制度への加入期間）がある人についても，年金事務所に年金請求書を提出することで，共済組合等の年金制度に加入していた期間の年金を請求することが可能である（障害厚生年金や単一共済組合加入など一部対象外あり）。なお，共済組合等の年金制度への加入期間にかかる年金については，実施機関である各共済組合等から振り込まれる。

　また，年金制度の加入期間を記載した「年金加入期間確認通知書」は，被用者年金制度の一元化以降，請求手続きにおいて，原則として不要となっている。

▶ 3. 年金請求書に添付する主な書類

　老齢給付の年金請求は，「年金請求書（国民年金・厚生年金保険老齢給付）」（様式第101号）によって行う。年金請求書に添付する主な書類には，次のようなものがある。

---

① 　年金手帳（基礎年金番号通知書）

② 　雇用保険被保険者証

③ 　戸籍謄本または戸籍抄本（年金請求書の提出日において6ヵ月以内に交付されたもの）

④ 　住民票（受給権発生以後のもので世帯主・続柄等の記載あるもの）

⑤ 　年金証書・恩給証書

⑥ 　本人確認ができる身分証明

⑦ 　対象者の所得証明書（課税証明または非課税証明等）

⑧ 　預金通帳，貯金通帳等（コピー可）

⑨ 　その他必要書類

● 図表5-2-3　年金請求書(国民年金・厚生年金保険老齢給付)

(令和6年4月現在)

様式第101号

年金請求書（国民年金・厚生年金保険老齢給付）

● 年金を受ける方が記入する箇所は □□ (黄色)の部分です。（(注) □□ は金融機関で証明を受ける場合に使用する欄です。)
● 黒インクのボールペンで記入してください。鉛筆や、摩擦に伴う温度変化等により消色するインクを用いたペン
　またはボールペンは、使用しないでください。
● 代理人の方が提出する場合は、年金を受ける方が13ページにある
　委任状をご記入ください。

受付登録コード			
1	7	1	1

入力処理コード					
4	3	0	0	0	1

二次元コード

⑧

市区町村　受付年月日

実施機関等　受付年月日

1．ご本人(年金を受ける方)について、太枠内をご記入ください。

㉓郵便番号		―	
フリガナ			
㉔住　所	市区 町村		建物名
フリガナ			性　別
㉑氏　名	(氏)	(名)	1．男 2．女

社会保険労務士の提出代行者欄

①	個人番号 ※ (マイナンバー)		㉒	生年月日	大正 昭和	年	月	日
	基礎年金番号			電話番号		―	―	

※個人番号(マイナンバー)については、14ページをご確認ください。
※共済組合等の加入期間がある方は、個人番号(マイナンバー)及び基礎年金番号の両方をご記入ください。

* 日中に連絡が取れる電話番号(携帯も可)をご記入ください。

2．年金の受取口座をご記入ください。

貯蓄預金口座または貯蓄貯金口座への振込みはできません。

㉕	受取機関　※
1．金融機関(ゆうちょ銀行を除く)	
2．ゆうちょ銀行(郵便局)	
□ 公金受取口座として登録済の口座を指定	

フリガナ		
口座名義人 氏名	(氏)	(名)

※ 1または2に○をつけ、希望する年金の受取口座を下欄に必ずご記入ください。
※ また、指定する口座が公金受取口座として登録の場合は、☑してください。（公金受取口座については、20ページをご参照ください。）

年金送金先	金融機関	金融機関コード	支店コード	(フリガナ)	銀行 金庫 信組 農協 信連 信漁連 漁協	(フリガナ)		本店 支店 出張所 本所 支所	㉙ 預金 種別	㉚ 口座番号(左詰めで記入)
		㉖							1普通 2当座	

金融機関またはゆうちょ銀行の証明欄　※

1ページの氏名フリガナと、口座名義人氏名フリガナが
同じであることをご確認ください。

	ゆうちょ銀行	㉚ 貯金通帳の口座番号	
		記号(左詰めで記入)	番号(右詰めで記入)
		→	― →

※通帳等の写し(金融機関名、支店名、口座名義人氏名フリガナ、口座番号の面)を添付する場合または公金受取口座を指定する場合は、証明は不要です。

1

なお，個別事情によって添付書類は異なるため，提出先に確認することが必要である。年金請求書に「マイナンバー」を記入した場合，または「マイナンバーが登録済の方」と表示されている場合には，住民票と所得証明書の添付を原則として省略することができる。

　年金の受取先欄については，預貯金口座の金融機関の証明印もしくは預貯金通帳を持参して確認を受けることのほか，預貯金通帳等の写しを添付する扱いでもよい。

　公金受取口座を利用する場合は，年金請求書の金融機関等の証明および受取機関の通帳コピーの添付は不要である。

▶ 4. 履歴と予定年金額の照会

　年金請求書を提出する前に，手続き前の準備として，年金事務所等で年金加入の履歴（被保険者期間）の確認などができる。被保険者期間の確認は，本人確認資料と年金手帳等を持参すればいつでも行うことができ，照会請求により，登録されている年金加入履歴が印字の書面で確認できる。

　また，年金見込額の照会については，50歳以上の人が可能となっており，年金事務所で予定年金額を出してもらうこともできる。

▶ 5. 年金請求後の仕組み

　年金請求書を年金事務所等に提出した後は，受給要件の審査や年金額計算などが行われる。受給要件を満たしているときには，約1〜2ヵ月後に受給権者へ年金証書・年金決定通知書が交付される。さらに，年金証書が届いてから約1〜2ヵ月後に振込通知書（支払通知書）が送付され，支払いが開始される。

▶ 6. 65歳請求

　60歳台前半の特別支給の老齢厚生年金を受給している人の場合，特別支給の老齢厚生年金の受給権は65歳に達したときに消滅し，65歳時に新たに老齢基礎年金と老齢厚生年金の受給権が発生

● 図表5-2-4　年金請求書（国民年金・厚生年金保険老齢給付）（加給年金額対象者有）（ハガキ形式）

（令和6年度現在）

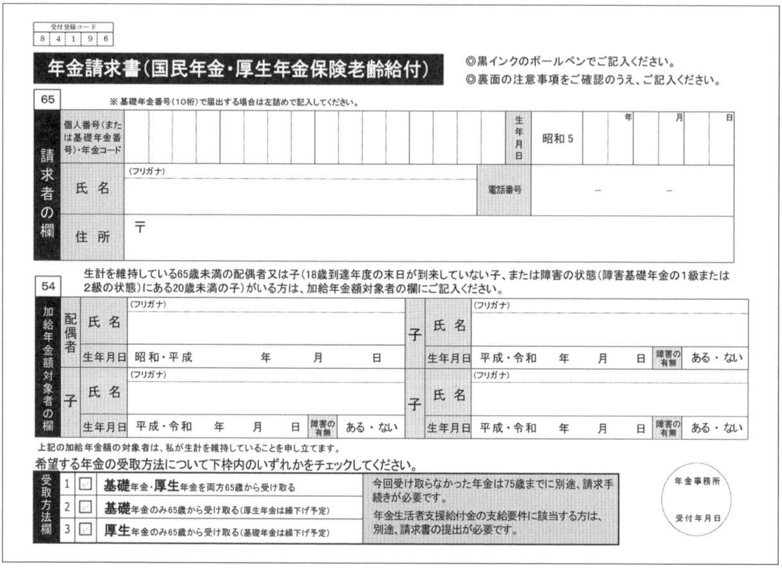

するため，改めて年金請求が必要となる。

　この場合には，65歳になる誕生月の初め頃（1日生まれの人は前月の初め頃）に日本年金機構から本人に送付されるハガキ形式の「年金請求書（国民年金・厚生年金保険老齢給付）」を提出する。この手続きについては，用紙（ハガキ）に必要事項を記入し，65歳に達する日の属する月（1日生まれの人は前月）の末日までに日本年金機構宛てに切手を貼付して郵送することになっている。65歳から老齢基礎年金と老齢厚生年金の両方を受給する場合は，受取方法欄の「基礎年金・厚生年金を両方65歳から受け取る」にチェックをし，提出する。

　提出が遅れると，年金の支払いが一時差し止められる場合がある。

　この年金請求書（ハガキ形式）は，加給年金額の対象者の有無によって様式が異なる。加給年金額の対象者がいるときは，「加給

年金額対象者の欄」のある年金請求書（ハガキ形式）が送付されており，その欄に氏名を記入する。

また，この年金請求書（ハガキ形式）は，老齢基礎年金，老齢厚生年金のいずれか一方，または両方を繰り下げて受給することが可能であり，いずれか一方のみを繰下げ希望の場合は「基礎年金のみ65歳から受け取る（厚生年金は繰下げ予定）」または「厚生年金のみ65歳から受け取る（基礎年金は繰下げ予定）」のどちらかにチェックをつけて提出する。両方繰下げ希望の場合は，年金請求書を提出せず，支給繰下げの申出をする際に繰下げ請求書を提出する。

5 年金受給権者現況届

年金受給者は，引き続き年金の受給権があるかどうかを確認す

●図表5-2-5　年金受給権者現況届(兼個人番号申出書)

年金受給権者現況届(兼個人番号申出書)

※基礎年金番号(10桁)で届出する場合は左詰めでご記入ください。

受給権者の欄		
個人番号(または基礎年金番号)および年金コード		生年月日　年　月　日
住民票上の住所	〒　電話番号（　）-（　）-（　）	
フリガナ		
氏名		

私は引き続き年金を受ける権利を有しており、この届書に記載した内容は事実と相違ないことを申し立てます。(裏面※参照)

加給年金額等対象者の欄					
配偶者	フリガナ / 氏名		子	フリガナ / 氏名	
	生年月日	大正・昭和・平成　年　月　日		生年月日	昭和・平成・令和　年　月　日　障害
子	フリガナ / 氏名		子	フリガナ / 氏名	
	生年月日	昭和・平成・令和　年　月　日　障害		生年月日	昭和・平成・令和　年　月　日　障害

なお、上記の加給年金額等の対象者は、私が以下の要件に基づき、生計を維持しています。
※生計維持の要件　①同居していること（別居していても仕送りしている、健康保険の扶養家族である等の事実があれば可）
②加給年金額等の対象者の前年の収入が850万円未満、または所得が655万5千円未満であること

代理人署名欄							
氏名		受給権者との関係		ご本人が自署できない理由		住所	〒　電話番号（　）-（　）-（　）

るために，毎年，誕生月の末日までに図表5-2-5の「年金受給権者現況届」（以下「現況届」という）を提出しなければならない。

なお，平成18年12月より住民基本台帳ネットワークシステムを活用し，現況届の提出が原則不要となっている。具体的には，住民基本台帳ネットワークで生存等が確認できた場合には，現況届の提出は不要となり，年金が支給される仕組みであるが，住民票コードを確認できない人，外国に居住している人は，今後も現況届の提出が必要である。

この改正により，加給年金額の受給がある人は，「生計維持確認届」の提出を毎年1回誕生月に行うことになっている。この「生計維持確認届」を提出期限までに提出しないと，加給年金額のみ支払いが一時停止となる。

また，平成29年2月送付から改正があり，「現況届」にマイナンバー（個人番号）を記入することとなった。「現況届」にマイナンバーを記入した場合は，翌年以降の「現況届」の提出が原則不要となる。

なお，マイナンバーを記入した場合は，①マイナンバーカードまたは②（ア）マイナンバーを確認できる書類（通知カードまたはマイナンバーが記載された住民票），（イ）身元確認ができる書類（運転免許証，旅券，在留カードなど）の添付が必要となる（郵送で提出する場合は，上記のコピー）。

<table>
<tr><td>6</td><td>年金受給権者　受取機関変更届</td></tr>
</table>

年金受給者が年金の受取先を変更するときには，図表5-2-6の「年金受給権者　受取機関変更届」を，年金事務所に提出する。提出にあたっては，必要事項を記入後，郵送で提出することも可能である。

変更届には，基礎年金番号，または個人番号を必ず記入する。

重要用語
年金受給権者現況届

重要用語
年金受給権者受取機関変更届

複数の年金受給権を有する人は，この届書により複数の年金の受取機関を変更することができるので，変更を希望する年金の年金コードを記入する。なお，受給しているすべての年金の変更を希望する場合は，チェックボックスに✓を記入する（実施機関である共済組合等から年金を受給している人は，別途共済組合等に受取機関の変更の届出を行う）。

　年金事務所等の窓口へこの届出と預金通帳を持参する場合や，預金通帳のコピー（金融機関名，口座番号，支店名，口座名義人フリガナが記載された面）を添付する場合は，金融機関の証明は不要である。なお，受取機関の変更には時間がかかるため，変更前の預貯金口座は，変更後の口座への入金が確認できるまで解約しないよう注意する。

　ねんきんネットを利用して，電子申請で年金受取機関を変更することはできない。

●図表5-2-6　年金受給権者　受取機関変更届

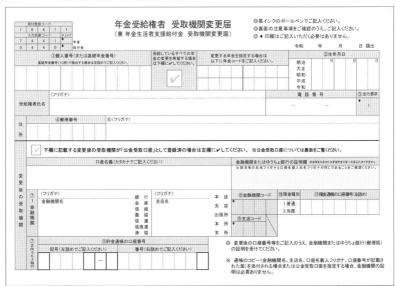

7　年金受給権者　住所変更届

 重要用語

年金受給権者 住所変更届

　年金受給者が住所を変更するときには，「年金受給権者　住所変更届」を，年金事務所に提出する。

　なお，住民基本台帳ネットワークの活用により確認ができた場合には，平成23年7月より，受給権者にかかる住所変更届・死亡届について年金事務所への届出を省略できることに改正された。

　この改正により，日本年金機構にマイナンバー（個人番号）が収録済の場合には，原則として住所変更の届出が不要である。

8　受給権者の申出による支給停止

　平成16年改正により，年金受給者の選択によって，平成19年4月からは年金の全額支給停止の申出をすることができる。希望する場合は，「老齢・障害・遺族給付支給停止申出書」を年金事務所等に提出する。

重要用語

老齢・障害・遺族給付支給停止申出書

　支給停止はいつでも将来に向かって撤回することができるが，撤回前の給付は遡って支給されない。

9　所在不明高齢者の届出

重要用語

年金受給権者所在不明届

　平成26年4月より，年金受給者の所在が1ヵ月以上不明となった場合，同居の親族等は所在不明である旨の届書「年金受給権者所在不明届」を年金事務所等に提出しなければならない。この届書の提出後，日本年金機構から年金受給権者本人宛てに現況申告書が送付され，1ヵ月以内に本人から現況申告書の返信がない場合は，年金の支払いが一時差止めとなる（国年法施行規則23条，厚年法施行規則40条の2）。

10 年金生活者支援給付金

令和元年10月から消費税が10％に引き上げられたことに伴い，年金受給者の生活を支援するために「年金生活者支援給付金」制度が創設された。

年金生活者支援給付金を受給するには，年金生活者支援給付金請求書の提出が必要であり，支給要件を満たしている場合，年金と同じ受け取り口座に，年金とは別途に振り込みとなる。

▶ 1. 老齢年金生活者支援給付金の支給要件（令和6年度）

以下の支給要件をすべて満たしている人が対象となる。なお，老齢年金生活者支援給付金は，課税対象外である。

重要用語

年金生活者支援給付金

補足

老齢基礎年金を繰下げ待機中の者は老齢基礎年金の受給者ではないので，他の要件を満たしていても老齢給付金は支給されない。

---

① 65歳以上で老齢基礎年金を受けている

② 請求する人の世帯全員の市町村民税が非課税となっている

③ 前年の年金収入額*とその他の所得の合計が87万8,900円以下である

*前年の年金収入額には，障害年金・遺族年金等の非課税収入は含まれない。

老齢年金生活者支援給付金給付額は，ⅰとⅱの合計額となる。

ⅰ 保険料納付済期間に基づく額（月額）

＝5,310円×保険料納付済期間／480ヵ月

ⅱ 保険料免除期間に基づく額（月額）

＝11,333円*×保険料免除期間／480ヵ月

*昭和31年4月2日以後生まれの人で、保険料全額免除、4

第5編

分の３免除、半額免除期間については11,333円。保険料４分の１免除期間については5,666円。
昭和31年４月１日以前生まれの人で、保険料全額免除、４分の３免除、半額免除期間については11,301円。保険料４分の１免除期間については5,650円。

▶ 2. 障害年金生活者支援給付金の支給要件

以下の支給要件をすべて満たしている人が対象となる。

① 障害基礎年金を受けている
② 前年の所得が「472万1,000円＋扶養親族の数×38万円」以下である

給付額は，以下のとおりである。

・障害等級１級の方6,638円（月額）
・障害等級２級の方5,310円（月額）

▶ 3. 遺族年金生活者支援給付金の支給要件

以下の支給要件をすべて満たしている人が対象となる。

① 遺族基礎年金を受けている
② 前年の所得が「472万1,000円＋扶養親族の数×38万円」以下である

給付額は，以下のとおりである。

5,310円（月額）

　ただし，２人以上の子が遺族基礎年金を受給している場合は，5,310円を子の数で割った金額がそれぞれに支給される。

3 社会保障協定

関連過去問題
- 2024年3月 問30
- 2023年10月 問30
- 2023年3月 問30
- 2022年10月 問30

　日本人が海外で働く場合は，原則として，日本と相手国の年金制度に二重加入することになる。また，年金の受給資格を得るために，一定期間の年金制度に加入しなければならない場合があるが，負担した保険料が掛け捨てになってしまうこともある。これらを解消するために，各国との社会保障協定が締結（発効）されている（図表5-3-1参照）。

● 図表5-3-1　日本と協定を締結している国

（令和6年4月現在）

発効済 （23 ヵ国）	ドイツ　イギリス　韓国　アメリカ　ベルギー　フランス　カナダ　オーストラリア　オランダ　チェコ　スペイン　アイルランド　ブラジル　スイス　ハンガリー　インド　ルクセンブルク　フィリピン　スロバキア　中国　フィンランド　スウェーデン　イタリア

（資料）日本年金機構 HP

社会保障協定

　社会保障協定が締結された場合には，原則として，協定相手国の年金制度のみに加入することになる。ただし，相手国での就労等の期間が5年以内であれば，日本の年金制度のみに加入し，相手国の年金制度への加入が免除される。

　なお，自営業者等が相手国の年金制度に加入した場合でも，日本国籍を有する20歳以上65歳未満の人は，日本の国民年金に任意加入することができる。

　海外で納付した保険料が掛け捨てにならないよう，社会保障協定を締結した場合には，協定相手国の年金加入期間を日本の年金加入期間と通算することができる。これにより，受給資格を満た

せば，協定相手国の年金を受給することが可能になる。ただし，イギリス，韓国，中国およびイタリアとの間では，年金の加入期間を通算することはできない。

4 | 離婚時の年金分割

1 年金分割の仕組み

重要用語

離婚時の年金分割

　法改正により離婚時の年金分割が可能となった。分割は，婚姻期間中における厚生年金保険加入中の期間を対象とし，報酬比例部分（厚生年金保険の保険料納付記録）の最大2分の1を分割することができる。対象となるのは，法律施行の平成19年4月1日以降における離婚等であるが，分割対象となる婚姻期間は施行前の期間も含まれる。

　分割対象となるのは，厚生年金保険の報酬比例部分（厚生年金基金代行部分，職域加算含む）であり，基礎年金・厚生年金基金の上乗せ部分，確定給付企業年金等は分割対象とならない。

　離婚当事者は，協議により分割する按分割合について合意したうえで，合意に関する公正証書等を添付して実施機関に分割請求を行う。合意がされない場合には，離婚当事者の一方の請求により，裁判手続によって按分割合の決定を受けることができる。

2 第3号被保険者期間の分割

　第3号被保険者の離婚時分割については，平成20年4月1日以降（離婚は平成20年5月1日以降の期間に限る）の期間については夫婦間の合意がなくとも分割が可能となる。ただし，平成20年3月までの期間分については，離婚をしても自動的に2分の1にはならないため，離婚時分割の合意にもとづく仕組みによる当事者間の合意または裁判所の決定による按分割合を定める必要があ

る。

3 厚生年金保険の分割の効果

　分割を受けた人は，自分自身の保険料納付記録に分割された分
が加算され，年金受給権の発生時には，分割後の保険料納付記録
にもとづき老齢厚生年金額が計算される。ただし，分割を受けて
も，自身が受給開始年齢に達するまでは老齢厚生年金は支給され
ない。また，分割された保険料納付記録は厚生年金保険の年金額
の計算基礎となるだけで，受給資格期間に算入することはできな
い。

　なお，分割を行った元配偶者が死亡した場合でも，年金額には
影響しない。

　分割の請求があった場合，図表5-4-1の改定割合を計算の基礎

● 図表5-4-1　改定割合の算出方法

> 改定割合 ＝{（按分割合－第2号改定者の対象期間標準報酬総額÷第1号改定
> 　　　　　者の対象期間標準報酬総額×（1－按分割合）}÷（按分割合－按
> 　　　　　分割合×変換率＋変換率）
> 変 換 率＝第1号改定者の対象期間標準報酬総額（第2号改定者の再評価
> 　　　　　率で再評価したもの）÷第1号改定者の対象期間標準報酬総額

（注）1．第1号改定者：標準報酬総額が多い側（夫など）
　　　2．第2号改定者：標準報酬総額が少ない側（妻など）

● 図表5-4-2　離婚時の年金分割のイメージ

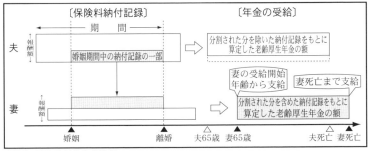

（資料）厚生労働省公表資料

● 図表5-4-3　離婚した場合の厚生年金保険の3号分割のイメージ

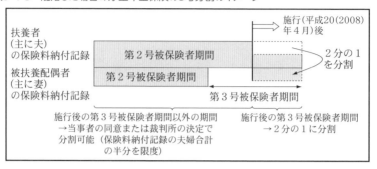

として，対象期間中の標準報酬額の分割（標準報酬分割改定）が
実施される。

4　情報提供の請求手続

　分割請求前に，分割対象となる期間や対象期間標準報酬総額，
按分割合の範囲などについて，平成18年10月より情報提供の請
求手続制度が開始されている。情報提供は，当事者双方または一
方から請求することができる。情報提供を請求する場合には，請
求者自身の年金手帳，戸籍謄本または抄本などの書類を添付して，
実施機関に請求書を提出する。

5　年金分割請求の流れ

　分割の請求は，「標準報酬改定請求書」に年金手帳，婚姻期間を
明らかにする書類，当事者の生存または死亡日を明らかにする書
類，公正証書等の按分割合が記載された書類などを添付して実施
機関に提出する。分割改定請求書は，最寄りの年金事務所に提出
する。

　請求期限は，原則として離婚等をした日の翌日から起算して2
年以内である。ただし，按分割合に関する審判の申立をし審理が
長引いて2年を過ぎてしまうケースなどは，審判が確定した日の

翌日から起算して6ヵ月まで分割請求ができる等の請求期限の特
例がある。

　なお，分割請求をしないと年金分割はされない。

●図表5-4-4　年金分割請求（合意分割）の流れ

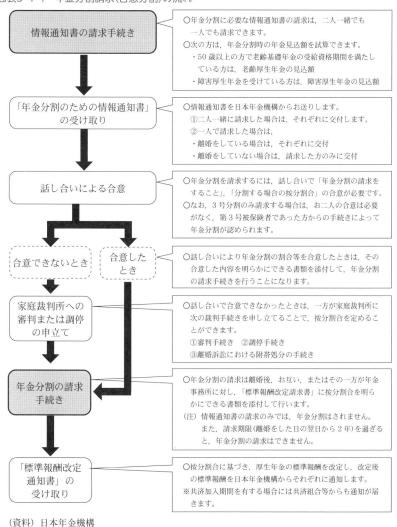

情報通知書の請求手続き

○年金分割に必要な情報通知書の請求は，二人一緒でも
　一人でも請求できます。
○次の方は，年金分割時の年金見込額を試算できます。
　・50歳以上の方で老齢基礎年金の受給資格期間を満たし
　　ている方は，老齢厚生年金の見込額
　・障害厚生年金を受けている方は，障害厚生年金の見込額

「年金分割のための情報通知書」
の受け取り

○情報通知書を日本年金機構からお送りします。
　①二人一緒に請求した場合は，それぞれに交付します。
　②一人で請求した場合は，
　　・離婚をしている場合は，それぞれに交付
　　・離婚をしていない場合は，請求した方のみに交付

話し合いによる合意

○年金分割を請求するには，話し合いで「年金分割の請求を
　すること」，「分割する場合の按分割合」の合意が必要です。
○なお，3号分割のみ請求する場合は，お二人の合意は必要
　がなく，第3号被保険者であった方からの手続きによって
　年金分割が認められます。

合意できないとき　　合意した
　　　　　　　　　　とき

○話し合いにより年金分割の割合等を合意したときは，その
　合意した内容を明らかにできる書類を添付して，年金分割
　の請求手続きを行うことになります。

家庭裁判所への
審判または調停
の申立て

○話し合いで合意できなかったときは，一方が家庭裁判所に
　次の裁判手続きを申し立てることで，按分割合を定めるこ
　とができます。
　①審判手続き　②調停手続き
　③離婚訴訟における附帯処分の手続き

年金分割の請求
手続き

○年金分割の請求は離婚後，お互い，またはその一方が年金
　事務所に対し，「標準報酬改定請求書」に按分割合を明ら
　かにできる書類を添付して行います。
　(注) 情報通知書の請求のみでは，年金分割はされません。
　　　また，請求期限（離婚をした日の翌日から2年）を過ぎる
　　　と，年金分割の請求はできません。

「標準報酬改定
通知書」の
受け取り

○按分割合に基づき，厚生年金の標準報酬を改定し，改定後
　の標準報酬を日本年金機構からそれぞれに通知します。
　※共済加入期間を有する場合には共済組合等からも通知が届
　　きます。

（資料）日本年金機構

5 短期在留外国人の脱退一時金

関連過去問題

✐ 2024年 3月
問30
✐ 2023年 10月
問30
✐ 2023年 3月
問30
✐ 2022年 10月
問30

 重要用語

脱退一時金制度

1 受給要件

外国人であっても，日本に在住している間は日本の年金制度に加入しなければならない。しかし，在留期間が短い場合には，受給資格期間を満たすことができず保険料の掛捨てになってしまう。このため，平成7年4月より，国民年金と厚生年金保険について脱退一時金制度が導入されている。

脱退一時金を受給できるのは，次のすべての要件に当てはまる人である（国年法附則9条の3の2）。

---

① 国民年金の第1号被保険者期間としての保険料納付済期間の月数と保険料4分の1免除期間の月数の4分の3，保険料半額免除期間の月数の2分の1，および保険料4分の3免除期間の月数の4分の1に相当する月数を合算した月数，または厚生年金保険の被保険者期間の月数が，請求日の属する月の前月までに6ヵ月以上あること

② 日本国籍を有しないこと

③ 老齢基礎年金・老齢厚生年金の受給資格期間を満たしていないこと

ただし，次の場合などに該当する人は，脱退一時金は請求できない。

① 日本国内に住所を有するとき

② 障害基礎年金・障害厚生年金等の受給権を有したことが

あるとき

③　最後に国民年金の被保険者の資格を喪失した日から起算
　して２年を経過しているとき

2　脱退一時金の額

　脱退一時金は，請求日の前日において，請求日の属する月の前
月までの被保険者としての期間をみる。国民年金の脱退一時金は，
図表5-5-1のように，保険料納付済期間の月数と保険料４分の１
免除期間の月数の４分の３，保険料半額免除期間の月数の２分の
１，および保険料４分の３免除期間の月数の４分の１に相当する
月数を合算した月数に応じた額となっている（国年法附則9条の
3の２第３項）。

　脱退一時金の支給額の上限月数は，以前は36ヵ月だったが，改
正により，令和３年４月からは60ヵ月が上限に引き上げとなっ
た。

　厚生年金保険の脱退一時金は，図表5-5-1のように厚生年金保
険の被保険者期間の平均標準報酬額に支給率を乗じて得た額とな
っている（厚年法附則29条３・４項）。

　脱退一時金の請求は，最後に公的年金の被保険者資格を喪失し
た日（出国後）から起算して，２年以内に行う必要がある。平成
29年３月以降は，転出届を市区町村に提出し，住民票転出（予
定）日以降に必要書類が日本年金機構に到着するよう郵送するこ
とで脱退一時金の請求が可能となった。

　また，脱退一時金を受給したときには，計算基礎となった被保
険者期間は被保険者でなかったものとみなされる（国年法附則９
条の３の２第４項，厚年法附則29条５項）。

● 図表5-5-1　脱退一時金の額
● 国民年金の脱退一時金（※基準月が令和6年度）

第1号被保険者としての保険料納付済期間月数と保険料4分の1免除期間の月数の4分の3，保険料半額免除期間の月数の2分の1，および保険料4分の3免除期間の月数の4分の1を合計した月数	支給額
6ヵ月以上 12ヵ月未満	50,940 円
12ヵ月以上 18ヵ月未満	101,880 円
18ヵ月以上 24ヵ月未満	152,820 円
24ヵ月以上 30ヵ月未満	203,760 円
30ヵ月以上 36ヵ月未満	254,700 円
36ヵ月以上 42ヵ月未満	305,640 円
42ヵ月以上 48ヵ月未満	356,580 円
48ヵ月以上 54ヵ月未満	407,520 円
54ヵ月以上 60ヵ月未満	458,460 円
60ヵ月以上	509,400 円

※基準月とは，最後に保険料を納付した月である。

● 厚生年金保険の脱退一時金

（1）被保険者であった期間の平均標準報酬額×（2）支給率

（1）被保険者期間であった期間における平均標準報酬は以下のA＋Bを合算した額を，全体の被保険者期間の月数で除して得た額をいう。

　A　平成15年3月以前の被保険者期間の標準報酬月額に1.3を乗じた金額

　B　平成15年4月以後の被保険者期間の標準報酬月額および標準賞与額を合算した額

（2）支給率とは，最終月（資格喪失した日の属する月の前月）の属する年の前年10月の（最終月が1〜8月であれば，前々年10月の保険料率）保険料率に2分の1を乗じた保険料率に以下の表の数を掛けたものをいう。

被保険者期間	掛ける数
6ヵ月以上 12ヵ月未満	6
12ヵ月以上 18ヵ月未満	12
18ヵ月以上 24ヵ月未満	18
24ヵ月以上 30ヵ月未満	24
30ヵ月以上 36ヵ月未満	30
36ヵ月以上 42ヵ月未満	36
42ヵ月以上 48ヵ月未満	42
48ヵ月以上 54ヵ月未満	48
54ヵ月以上 60ヵ月未満	54
60ヵ月以上	60

※最終月が令和3年4月以降

6 国民年金基金

1 国民年金基金の仕組み

国民年金基金は，老齢基礎年金の上乗せ給付を行う制度として，平成3年4月より実施されている。第1号被保険者（自営業者等）の老後の所得保障の充実と，厚生年金保険による給付との格差を解消することを目的とする。国民年金基金には，都道府県を一単位とする「地域型基金」と，全国の同種の事業または業務ごとに組織する「職能型基金」の2種類があるが，平成31年4月から47都道府県の地域型基金と22の職能型基金が合併し，全国国民年金基金が設立された（国年法115条の2・116条1項・2項・118条の2）。

1口目の終身年金の月額は，図表5-6-1のように，20歳0ヵ月～35歳0ヵ月までの加入者は20,000円，35歳1ヵ月～45歳0ヵ月までの加入者は15,000円というように，加入時年齢の月単位で年金額が決定する。受給する年金額は口数制となっていて，何口加入するかによって決定する。2口目以降の年金月額も，加入時の年齢により異なるが，35歳0ヵ月までに加入の場合は1口目20,000円，2口目以降10,000円となっており，加入者は，年金額と給付の型を選択することができる。

なお，給付の型は図表5-6-2のように，終身年金A型・B型のほか，確定年金のⅠ型～Ⅴ型の7種類がある。

国民年金基金の年金給付は，加入者であった人が老齢基礎年金の受給権を取得したときに，上乗せされる形で支給される。また，

📖 重要用語

国民年金基金

加入時年齢	1口目の年金月額	2口目以降の年金月額
20歳0ヵ月～35歳　0　ヵ月	20,000円＋加入月加算	10,000円
35歳1ヵ月～45歳　0　ヵ月	15,000円＋加入月加算	5,000円
45歳1ヵ月～50歳　0　ヵ月	10,000円＋加入月加算	5,000円
50歳1ヵ月～64歳11ヵ月	加入時年齢（月単位）により年金額が異なる。	

● 図表5-6-2　国民年金基金の給付内容（30歳加入例）

●1口目：終身年金（A型・B型）

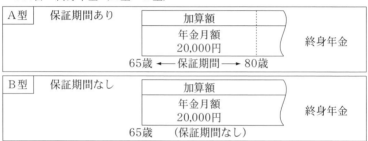

死亡一時金に上乗せする一時金もある。ただし，老齢基礎年金と
は異なり，物価スライドの適用はない。なお，年金給付は，税法
上，老齢基礎年金と同様に公的年金等控除の対象となり，遺族一
時金は非課税である。

2　加　入　員

加入員は，国民年金の第1号被保険者（65歳未満の任意加入被
保険者を含む）である。

第2号被保険者，第3号被保険者，国民年金の保険料が免除（一
部免除・学生納付特例・納付猶予を含む）されている人，農業者
年金の被保険者は加入することができない（国年法116条・127
条）。

ただし，年金確保支援法（平成23年8月10日公布）により，
国民年金の任意加入被保険者（日本国内に住所を有する60歳以上
65歳未満の人）について，国民年金基金への加入が可能となった

（国年法附則 5 条12項。施行日：平成25年 4 月）。

　加入については，申出により任意となっている。ただし，同時に 2 以上の基金の加入員にはなれない。また，加入後は，第 2 号被保険者または第 3 号被保険者となった場合など以外は，自己都合で任意脱退することはできない（国年法127条 1 項・ 2 項・ 3 項）。

3　掛　　金

　基金の加入員は，国民年金の保険料のほかに，各基金の規約で定められた額を基金に毎月納付する（国年法134条 1 項・ 2 項）。

　基金の掛金は，選択する給付の型，加入口数，性別，および加入時の年齢によって掛金月額が異なる。月額で上限が68,000円であるが，保険料追納者は，特例として一定の期間，上限が102,000円となっている（国民年金基金令34条・35条）。なお，基金の加入員は国民年金の付加保険料（400円）を納付することはできない。

　また，基金の掛金は，税法上，国民年金の保険料と同様に全額社会保険料控除の対象となる。

7 企業年金制度

関連過去問題
- 2024年 3月 問28
- 2023年 10月 問28
- 2023年 3月 問28
- 2022年 10月 問28

1 企業年金制度

　昭和初期頃の企業の退職金制度は，退職一時金の支給が一般的であった。昭和20年代になると退職金制度を年金化する企業が現れ，さらに昭和30年代には退職年金制度への関心が高まり，昭和37年には，税制上適格と認められた場合に税制上優遇措置のある社外積立の「適格退職年金」が創設された。また，昭和40年には「厚生年金基金」も創設され，退職金制度が企業年金へ移行する動きが活発化した。

2 確定給付企業年金法

　しかし，バブル経済崩壊後の厳しい経済環境のなかで企業年金の財政状況は悪化し，積立不足から企業本体の経営にも負担がかかるようになっていった。また，企業倒産等の場合に給付に必要な年金原資が積立不足となり，受給権の保護の措置を統一的に講じることが求められていった。このような情勢を受けて，確定給付型の企業年金について受給権の保護が統一的に講じられた「確定給付企業年金法」が平成13年6月に制定され，平成14年4月より施行されている。

▶ 1. 確定給付企業年金制度の仕組み

重要用語
確定給付企業年金(DB)

　確定給付企業年金（DB）には，厚生年金基金のほかに新たに「規約型企業年金」と「基金型企業年金」の2つの新企業年金が創設されている。

規約型企業年金は，労使合意の年金規約にもとづき事業主が外部の資産管理運用機関（信託会社，生命保険会社等）と契約して年金原資の直接積立が実施される。一方，基金型企業年金は，労使合意にもとづき事業主とは別法人の企業年金基金を設立して実施し，厚生年金保険の代行は行わない仕組みとなっている。

▶ 2. 掛金の拠出

　確定給付企業年金は，加入者（従業員・役員も含めて全員が加入対象）が受け取る給付をあらかじめ約束し，それに見合う掛金を拠出する。掛金は，事業主が負担することが原則となっているが，加入者拠出について規約に定めた場合には，本人の同意を前提として加入者も拠出することができる。なお，掛金の上限は，定められていない。

　給付に要する費用の予想額の現価や掛金収入の予想額を計算して所定の額に満たない場合，事業主は追加で掛金を拠出しなければならない。

▶ 3. 年金給付

　給付については，将来の年金受給額が決まっていて（確定給付型），老齢給付と脱退一時金を必須とし，規約により障害給付および遺族給付も任意で支給することができる（図表5-7-1）。

　老齢給付（年金）は，60歳以上70歳以下の範囲内で規約で定めた年齢から支給開始となり，少なくとも5年にわたって支給される。

　年金の受給資格期間は20年を超えてはならないので，定年退職者のみに支給するということはできない。

　年金が受給できない場合には，加入期間が3年以上であれば脱退一時金が支給される。加入資格を喪失した日から1年以内であれば，脱退一時金を個人型確定拠出年金に移換できる。

　年金給付は，毎年1回以上定期的に支給するものでなければな

● 図表5-7-1　確定給付企業年金の主な給付の種類・支給要件・支給方法

給付の種類	支給要件	支給方法
老齢給付金 (必須)	＜老齢給付金支給開始要件＞ (ア) 60歳以上70歳以下の規約で定める年齢に達した時 (イ) 50歳以上アで定めた年齢未満の規約で定める年齢以降に退職した時 （規約において設定した場合） ＜加入者期間要件＞ ・20年以下の規約で定める期間	・年金 ※終身または5年以上の有期 ※保証期間を定める場合は20年以内 ・選択一時金を設けることが可 ※保証期間を定めている場合場合に可能で，保証期間の現価相当額以下 ・支給期間中の年金額の改定が可
脱退一時金 (必須)	(ア) 老齢給付金の支給要件を満たさない者が脱退した時 (イ) 老齢給付金の支給要件のうち，加入者期間要件のみを満たす者が脱退した時 （規約において設定した場合） ＜加入者期間要件＞ ・3年以下の規約で定める期間	・一時金 ※左記支給要件「イ」を満たした者への脱退一時金は，老齢給付金の保証期間の現価相当額以下

らない。また，本人の選択により，年金給付ではなく一時金の支給とすることもできる。

▶ 4. 税　制

税制上の措置については，事業主拠出は全額損金算入，本人拠出は生命保険料控除の対象となる。また，老齢給付の年金受給の際には雑所得で公的年金等控除，一時金の場合には退職所得で退職所得控除が適用される。

なお，脱退一時金の受給は退職所得で退職所得控除，障害給付金は非課税，遺族給付金は相続税の対象となる。

理解度チェック

① 確定給付企業年金には，規約型企業年金と基金型企業年金の2種類がある。

② 確定給付企業年金の掛金について，加入者が掛金を拠出できるよう年金規約で定めた
　場合でも加入者の拠出は任意である。

解答　①　○
　　　②　○

8 | 厚生年金基金

1　厚生年金基金の仕組み

重要用語

厚生年金基金

厚生年金基金は，昭和41年10月に実施された企業年金の１つである。国の厚生年金保険の給付のうち，老齢厚生年金の報酬比例部分の一部を代行し給付を行うとともに，独自に設計した年金の上乗せ給付を行う。この目的により，厚生労働大臣の認可を受けて設立される特別法人である。

▶ 1.　基金の存続

基金の設立形態には，１つの企業が単独で設立する「単独設立」，同一資本の系列企業で設立する「連合設立」，同種同業の企業や同一地域の企業で設立する「総合設立」の３つの型がある。

なお，運用状況が厳しいため，近年，基金の解散が急速に増加している。平成26年４月１日に改正法が施行され，施行日後は新たな厚生年金基金の設立は認められず，現存する基金については，特例解散制度等の創設により解散等を進めるとともに，他制度への移行支援措置を講じることになっている。存続厚生年金基金は，施行日（平成26年４月１日）以後も，改正前の厚生年金保険法の適用により設立された「存続厚生年金基金」として存続する。

▶ 2.　加入員・掛金

厚生年金基金の設立事業所に使用される厚生年金保険の被保険者は，すべて厚生年金基金の加入員となる。

厚生年金基金の掛金は，厚生年金保険（報酬比例部分）の一部を代行するための厚生年金保険の保険料分と，上乗せ給付分（プ

ラスアルファ）により決定されている。

　国の老齢厚生年金（報酬比例部分）を代行するための費用は，国から「免除保険料」という形で基金に支払われている。

　免除保険料とは，事業主が国に納める厚生年金保険の保険料1,000分の183.0（平成30年９月〜）のうち，代行部分の給付に必要なものとして国に納めることが免除され，厚生年金基金に掛金として納められ，代行部分の原資となる保険料のことをいう。

　平成17年4月から改正となった免除保険料率は，各基金の財政状況に応じて，基金ごとに標準報酬月額および標準賞与額の1,000分の24から1,000分の50の範囲（27段階）で定められている。

　事業主は，厚生年金保険の保険料率1,000分の183.0のうち免除保険料率を厚生年金基金に，残りを国に納めることになる。

　また，平成15年４月以降は厚生年金保険と同様に総報酬制が導入されている。

● 図表5-8-1　厚生年金基金の掛金と保険料率

（平成30年９月〜）

2 年金給付

　厚生年金基金の給付の型には，老齢厚生年金の代行部分と給付の型が同じ算定方式である「代行型」，退職金等から移行した加算給付を行う「加算型」の2つがある。

　代行部分については，老齢厚生年金の報酬比例部分のうち，再評価率やスライド率を除いた部分を国に代わって支給している。

　平成12年からの新会計基準により，厚生年金基金の代行部分も将来支払うべき債務の計上対象となったため，「代行返上」を実施する企業が増加している。

　なお，転職などで厚生年金基金を10年未満などで中途脱退した人に対する年金給付は，一般的に企業年金連合会が年金原資を引き継ぎ，連合会が年金支給を行っている。この場合，厚生年金基金の請求手続は，企業年金連合会に対して行う。

　また，平成16年改正により，厚生年金基金・確定給付企業年金間でも相互の移動および確定拠出年金への移動（ポータビリティ）が平成17年10月より可能となった。

📖 **重要用語**

企業年金連合会

● 図表5-8-2　厚生年金基金の給付

【基金未加入者】／【基金加入者】

国から支給	厚生年金保険 （老齢厚生年金）	→	上乗せ給付 （プラスアルファ部分）	基金から支給
			基金代行部分	
			老齢厚生年金 （再評価・スライド部分）	国から支給
	国民年金 （老齢基礎年金）		国民年金 （老齢基礎年金）	

3 厚生年金基金の解散の特例

　存続厚生年金基金の早期解散などのために，次の制度見直しが実施されている。

---

①　施行日以後は，厚生午金基金の新設は認めない。

②　施行日から５年間の時限措置として特例解散制度を見直し，分割納付における事業所間の連帯債務をはずすなど，基金の解散時に国に納付する最低責任準備金の納付期限・納付方法の特例を設ける。

③　施行日から５年後以降は，代行資産保全の観点から設定した基準を満たさない基金については，厚生労働大臣が第三者委員会の意見を聴いて解散命令を発動することができる。

④　上乗せ給付の受給権保全を支援するために，厚生年金基金から他の企業年金等への積立金の移行について特例を設ける（施行日：平成26年４月１日）。

---

9 | 確定拠出年金

関連過去問題
/ 2024年 3月
問27
/ 2023年 10月
問27
/ 2023年 3月
問27
/ 2022年 10月
問27

重要用語

確定拠出年金
(DC)

1 確定拠出年金の仕組み

確定拠出年金（DC）とは，加入者が自己責任で掛金を運用した結果に対し，そのまま年金の受取り額とする趣旨の年金制度である。

従来の確定給付型の年金は，年金資産の移換が十分に確保されていない，現行の企業年金等だけでは加入者の老後の備えが不安定になりやすい，といった問題点が指摘されていた。その解消のため，平成13年10月１日から確定拠出年金制度が施行されることとなった。

確定拠出年金には，「企業型年金（企業型DC）」と「個人型年金（iDeCo)」の２種類があるが，働き方の多様化等に対応し，個人型年金について，図表5-9-1の第３号被保険者や共済組合加入者（公務員）も加入可能な制度とする改正法が平成28年５月24日に成立した（施行日：平成29年１月１日）。

確定拠出年金の加入者は，あらかじめ決められた一定額の掛金を拠出し，預貯金・公社債・投資信託・株式・保険商品等の運用商品のうち，年金資産をどの商品で運用するかを決定し，自己の責任において運用指図する。その結果として，拠出された掛金とその運用収益との合計額をもとに，年金の給付額が決定される。

受給開始時期については，企業型，個人型ともに，令和４年４月より上限年齢が75歳に引上げとなり，60歳〜75歳に拡大された。

● 図表5-9-1　DB等の他制度掛金相当額の反映後

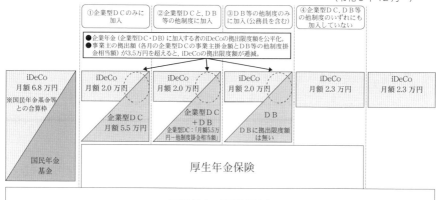

※1　企業型DCの拠出限度額は，月額5.5万円からDB等の他制度掛金相当額（仮想掛金額）を控除した額。他制度掛金相当額は，DB等の給付水準から企業型DCの事業主掛金に相当するものとして算定したもので，複数の他制度に加入している場合は合計額。他制度には，DBのほか，厚生年金基金・私立学校教職員共済制度・石炭鉱業年金基金を含む。

施行（令和6年12月1日）の際，現に事業主が実施する企業型DCの拠出限度額については，施行の際の企業型DC規約に基づいた従前の掛金拠出を可能とする（経過措置）。ただし，施行日以後に，確定拠出年金法第3条第3項第7号に掲げる事項を変更する規約変更を行った場合，確定給付企業年金法第4条第5号に掲げる事項を変更する規約変更を行うことによって同法第58条の規定により掛金の額を再計算した場合，DB等の他制度を実施・終了した場合等は，経過措置の適用は終了。

マッチング拠出を導入している企業の企業型DC加入者は，企業型DCの事業主掛金額を超えず，かつ，事業主掛金額との合計が拠出限度額（月額5.5万円からDB等の他制度掛金相当額を控除した額）の範囲内で，マッチング拠出が可能。マッチング拠出かiDeCo加入かを加入者ごとに選択することが可能。

※2　企業年金（企業型DC，DB等の他制度）の加入者は，月額2.0万円，かつ，事業主の掛出額（各月の企業型DCの事業主掛金とDB等の他制度掛金相当額）との合計が月額5.5万円の範囲内で，iDeCoの拠出が可能。公務員についても，同様に，月額2.0万円，かつ，共済掛金相当額との合計が月額5.5万円の範囲内で，iDeCoの拠出が可能。

● 図表5-9-2　DCの加入可能年齢の引上げと受給開始時期の選択肢の拡大（令和4年改正）

〈企業型DC〉

〈個人型DC（iDeCo）〉

（資料）厚生労働省

2　企業型確定拠出年金（企業型DC）

▶ 1. 加入者

企業型確定拠出年金（企業型DC）を実施することができるのは，厚生年金保険の適用事業所等である。なお，実施にあたっては，被保険者の過半数を代表する人の同意を得るなどして「企業型年金規約」を作成し，厚生労働大臣の承認を得る必要がある（確年法3条）。

加入者となるのは，厚生年金保険の適用事業所に使用される70歳未満の従業員（第1号・第4号厚生年金被保険者）である（確年法2条6項・9条）。令和4年4月までは加入年齢65歳未満であったが，改正により，規約で加入資格年齢を60歳以上70歳未満まで引き上げることが可能となった（施行日：令和4年5月1日）。

加入者が転職した場合に，転職先の企業に企業型DCがあれば，その加入者の年金資産を移換する。厚生年金基金・確定給付企業年金・企業年金連合会から確定拠出年金制度への資産移換が可能である。

▶ 2. 掛　　金

企業型DCの掛金は，事業主が全額負担する。ただし，年金確保支援法により，従業員拠出（マッチング拠出）が可能となった（施行日：平成24年1月1日）。

令和4年10月から改正により，企業型DC加入者の場合はマッチング拠出しか選択肢がなかったが，改正によりマッチング拠出かiDeCo加入かを加入者ごとに選択できる。なお，拠出限度額は事業主掛金との合算で計算する。

拠出限度額は，令和6年12月改正により，企業型DCの事業主掛金とDB等の掛金相当額を合算して月額55,000円である（確年

法施行令11条）。この改正により，確定給付型の制度に加入する人のiDeCoの拠出限度額は12,000円から20,000円に引上げとなる。

● 図表5-9-3　企業型DCの事業主掛金とiDeCoの掛金限度額（令和6年12月施行）

企業型 DC の事業主掛金額	月額 5.5 万円－ DB 等の他制度掛金相当額
iDeCo の掛金額	月額 5.5 万円－（各月の企業型 DC の事業主掛金額＋ DB 等の他制度掛金相当額） （月額2万円上限）

　加入者掛金の税制は，個人型確定拠出年金と同様に小規模企業共済等掛金控除の対象となる。

📖 重要用語

小規模企業共済
等掛金控除

3　個人型年金（愛称：iDeCo）

📖 重要用語

個人型年金（愛
称：iDeCo）

▶ 1. 加 入 者

　加入者は，令和4年5月より改正され，国民年金被保険者であれば60歳未満から最大65歳まで加入可能に引き上げとなった。この改正により，60歳以上の人は，国民年金第2号被保険者または，国民年金任意加入者であればiDeCoに加入可能となった。国民年金被保険者は①国民年金の第1号被保険者（60歳未満），②65歳未満の第2号被保険者，③第3号被保険者（60歳未満），④任意加入被保険者（65歳未満）となっている。

● 図表5-9-4　iDeCoの加入可能年齢の拡大（令和4年5月改正）

【改正前】
企業に
お勤めの方　　第2号被保険者
自営業または
専業主婦など　第1・3号被保険者
60歳

【改正後】
第2号被保険者
第1・3号被保険者　　任意加入
60歳　　65歳

第2号被保険者以外の方は国民年金に任意加入している方が対象です。なお，これまで海外居住の方は iDeCo に加入できませんでしたが，国民年金に任意加入していれば，iDeCo に加入できるようになります。

（資料）厚生労働省

第5編

ただし，国民年金保険料を免除・納付猶予されている者，農業者年金の被保険者は加入対象とされない。しかし，国民年金の保険料が免除されている障害基礎年金の受給権者は，個人型年金に加入することができる。

　　加入対象者の申込み手続きは，金融機関の窓口で行い，金融機関経由で，実施主体である国民年金基金連合会への申請により加入できる。

▶ 2. 掛　　　金

　　掛金の上限は，個人型の自営業者等は月額68,000円，会社員は月額23,000円である（確年法施行令36条）。ただし，国民年金の保険料を滞納している期間は拠出することができない。また，国民年金基金に加入している場合には，基金の掛金と確定拠出年金の掛金を足した額について68,000円を超えることはできない（確年法68条・69条）。制度ごとの上限額は図表5-9-1参照。

　　平成30年1月改正後，年単位で定められており，個人型年金の拠出限度額については，図表5-9-5のとおりである。令和6年12月から，確定給付型企業年金がある会社員と公務員の掛金上限（月額）が1万2,000円から2万円に引き上げられる。

　　加入者は，いつでも掛金の拠出を停止することができ，加入者資格を喪失する手続きにより「運用指図者」としてそれまでの積

● 図表5-9-5　個人型年金の拠出限度額（令和6年12月施行）

	月　額
国民年金の第1号被保険者	68,000円
国民年金の第2号被保険者（企業年金なし）	23,000円
企業型確定拠出年金のみ加入者	20,000円
確定給付型年金のみ加入者	20,000円
公務員等共済組合加入者	20,000円
国民年金の第3号被保険者	23,000円

（注）企業型DCとDB等の合算による限度額は，図表5-9-3参照

立金の運用を継続する。

▶ 3. 中小事業主掛金納付制度（iDeCoプラス）

平成30年5月より，企業年金を実施していない中小企業が，従業員の老後の所得確保支援を行うことができるよう，iDeCoに加入する従業員掛金に追加して，事業主が掛金を拠出することができる制度が創設された。

また，中小事業主掛金納付制度（iDeCoプラス）および簡易企業型年金を実施できる従業員規模は，令和2年10月より100人以下から300人以下に拡大した。

4 　年金給付

加入者や運用指図者は運営管理機関が提示する運用商品から運用商品を選択し，その運用収益と掛金の合計額にもとづいて，年金の給付額が決定される。なお，運営管理機関は，リスク・リターンの特性が異なる3つ（簡易企業型年金は2つ）以上の運用商品を選定・提示することが義務付けられている。

給付については，老齢給付金，障害給付金および死亡一時金，脱退一時金がある。老齢給付金および障害給付金は，年金または一時金として支給される。なお，老齢給付金は，加入者であった人で，図表5-9-7の受給要件を満たし，定められた年数以上の通算加入者等期間を有するときに支給を請求することができる（確年法33条）。

●図表5-9-6　給付の種類

	老齢給付金	障害給付金	死亡一時金	脱退一時金
給 付	5年以上20年以下の有期，または終身年金（規約の規定により一時金の選択可能）	5年以上20年以下の有期，または終身年金（規約の規定により一時金の選択可能）	一時金	一時金

（資料：厚生労働省）

● 図表5-9-7　確定拠出年金の受給要件

受給可能年齢	受　給　要　件
60 歳	通算加入者等期間が 10 年以上経過
61 歳	通算加入者等期間が 8 年以上経過
62 歳	通算加入者等期間が 6 年以上経過
63 歳	通算加入者等期間が 4 年以上経過
64 歳	通算加入者等期間が 2 年以上経過
65 歳	通算加入者等期間が1ヵ月以上経過

📖 重要用語
通算加入者等期間

　通算加入者等期間とは，次の期間を合算した期間のうち，60歳になるまでの期間をいう。加入者期間のうち，60歳到達月の翌月以降の期間は，通算加入者等期間に含まれない。

- ・企業型確定拠出年金の加入者期間および運用指図者期間
- ・個人型確定拠出年金（iDeCo）の加入者期間および運用指図者期間
- ・他の企業年金制度等からの資産移管があった場合は、資産移管の根拠となった期間

📖 重要用語
運用指図者

　また，**運用指図者**とは，掛金を拠出せず，運用指図のみ行う者をいう。

5 iDeCoの脱退一時金

　iDeCoの脱退一時金は，これまで国民年金保険料免除者に限られていたが，令和4年5月から受給要件が改正された。

　iDeCoは，制度に加入できない人（国民年金の保険料免除者）となったときには，過去の拠出年数が5年以下である，または資産額が一定額以下であるなどの一定の要件を満たした場合に，脱退一時金を受給することができる。令和3年4月より，脱退一時金の要件は，通算の掛金拠出期間が3年以下から5年以下へ拡大

されている。

　また，令和４年５月からは，iDeCoの脱退一時金の受給要件が改正され，外国籍人材が帰国する場合には，公的年金と同様に，脱退一時金を受給できる（令和４年５月施行）。

6 　税　　制

　税制は，老齢給付金として支給される年金には公的年金等控除の適用があり，一時金には退職所得控除が適用される。

　掛金は，企業型確定拠出年金の場合，拠出した事業主について全額損金算入される。個人型確定拠出年金の掛金は，全額所得控除（小規模企業共済等掛金控除）の対象となる。なお，国民年金の第３号被保険者である妻の個人型確定拠出年金の掛金を夫が拠出した場合，その掛金相当額は夫の所得控除の対象とならない。

重要用語

小規模企業共済等掛金控除

7 　老齢給付金の失権

　老齢給付金の受給権は，次のいずれかに該当したときは，消滅する（確年法36条）。

---

① 受給権者が死亡したとき
② 当該企業型年金の障害給付金の受給権者となったとき
③ 当該企業型年金に個人別管理資産がなくなったとき

第5編

理解度チェック

① 個人型確定拠出年金制度において，20歳未満の厚生年金保険の被保険者は，加入対象とされていない。

② 個人型確定拠出年金制度において，国民年金の第3号被保険者の掛金の拠出限度額は，年額144,000円である。

③ 個人型確定拠出年金制度において，運用指図者とは，掛金の拠出を行わず，運用指図のみを行う者をいう。

解答　① ×　加入対象とされている。
　　　② ×　年額276,000円である。
　　　③ ○

10 年金と税金

1 公的年金等の範囲

年金の給付額は，次表のとおり，税制上，「公的年金等」と「公的年金等以外の年金」に区分される。

関連過去問題
2024年 3月
問26, 49, 50
2023年 10月
問26, 49, 50
2023年 3月
問26, 49, 50
2022年 10月
問26, 49, 50

● 図表5-10-1　公的年金等の範囲

公的年金等	① 国民年金法，厚生年金保険法，国家公務員共済組合法などの法律の規定にもとづく年金 ② 恩給（一時恩給を除く） ③ 過去の勤務にもとづき使用者であった人から支給される年金 ④ 適格退職年金契約にもとづいて支給を受ける退職年金 ⑤ 確定拠出年金法の老齢給付金 ⑥ 確定給付企業年金法の老齢給付金　など
公的年金等以外の年金	① 生命保険契約や生命共済に関する契約にもとづく年金 ② 損害保険契約にもとづく年金　など

2 公的年金等の課税方式

国民年金・厚生年金保険の老齢給付などの公的年金等は，その収入金額が一定額以上の場合には，雑所得として所得税が課税される。

なお，公的年金等のうち，障害給付・遺族給付は非課税である。

▶ 1. 源泉徴収

老齢および退職を事由とする公的年金等は雑所得とされるため，原則として確定申告により所得税の精算が行われる。ただし，そ

📖 重要用語

非課税

第5編

の前提として，年金を支払う際に所得税を源泉徴収することになっている。

　源泉徴収の対象となるのは，その年の最初の支払日の前日の現況において，年金額が158万円（65歳未満は108万円）以上の人である。対象者については，毎年秋頃に，日本年金機構から「公的年金等の受給者の扶養親族等申告書」（以下「扶養親族等申告書」）の用紙が送付されることになっており，その記載内容に応じた所得税額が源泉徴収される。

　源泉徴収される所得税には各種の所得控除があり，源泉徴収の際にその適用を受けることができる。提出期限までに「扶養親族等申告書」を提出した場合，2月支払期より公的年金等について，公的年金等控除のほかに扶養控除，配偶者控除や基礎控除も受けることができる。

源泉徴収税額

　公的年金等の収入金額が公的年金等控除額を超える場合には，その超えた部分につき，令和6年は源泉徴収税額5.105%（5%

● 図表5-10-2　公的年金等控除額速算表

（令和6年度）

公的年金等に係る雑所得以外の所得に係る合計所得金額が 1,000 万円以下の場合

● 65 歳未満の人

公的年金等の収入金額（A）		公的年金等控除額
	130 万円未満	60 万円
130 万円以上	410 万円未満	(A) × 25% ＋ 27.5 万円
410 万円以上	770 万円未満	(A) × 15% ＋ 68.5 万円
770 万円以上	1,000 万円未満	(A) × 5% ＋145.5 万円
1,000 万円以上		195.5 万円

● 65 歳以上の人

公的年金等の収入金額（A）		公的年金等控除額
	330 万円未満	110 万円
330 万円以上	410 万円未満	(A) × 25% ＋ 27.5 万円
410 万円以上	770 万円未満	(A) × 15% ＋ 68.5 万円
770 万円以上	1,000 万円未満	(A) × 5% ＋145.5 万円
1,000 万円以上		195.5 万円

（注）　1．65 歳未満・65 歳以上は，その年の 12 月 31 日の年齢による。

＋復興特別所得税0.105％）で計算される。ただし，裁定等の遅延により数年分の公的年金等を一度に受給した場合には，それぞれの年ごとの収入金額として計算する。また，令和6年6月より年金受給者への定額減税が実施される。

　なお，源泉徴収額は，以前は「扶養親族等申告書」の提出の有無により異なった計算式および所得税率を用いて計算していたが，税制改正により，令和2年分から同じ税率（5.105％）が用いられるとともに，提出しない場合の計算式が変更された。それぞれの計算式は以下のとおりである。

○「扶養親族等申告書」を提出した場合（令和6年）

　源泉徴収税額＝(年金支給額－社会保険料＊－各種控除額)

　　　　　　　　　　　　　　　　　　　　　　　　×5.105％

○「扶養親族等申告書」を提出しない場合（令和6年）

　源泉徴収税額＝(年金支給額－社会保険料＊

　　　　　　　　－公的年金等控除・基礎控除）×5.105％

＊年金から特別徴収された介護保険料および国民健康保険料(または後期高齢者医療保険料）の合計額

● 図表5-10-3　雑所得の金額

　　●公的年金等

| 公的年金等の収入金額 | － | 公的年金等控除額 | ＝ | 雑所得の金額 |

　扶養親族等申告書は，提出しない場合も所得税率に差がなくなったので，控除対象となる配偶者や扶養親族がいない人で，本人が障害者，寡婦，ひとり親等に該当しない場合は，提出不要である。

▶ 2. 確定申告

　公的年金等の年金給付については，給与所得ではなく雑所得であるため年末調整は行われない。2つ以上の年金を受給していた

り，給与収入等の他の収入がある場合には確定申告を行い，源泉徴収税額との過不足を精算する。

また，源泉徴収時には，直接納付した国民健康保険料などの社会保険料控除や，生命保険料控除，損害保険料控除，医療費控除，小規模企業共済等掛金控除などは公的年金等から控除されていない。したがって，このような控除を受けることができる人は，確定申告により過払いとなっている税額の還付を受けることができる。

▶ 3. 確定申告不要制度

公的年金等の収入金額が400万円以下であり，かつ，公的年金等にかかる雑所得以外の所得金額が20万円以下のときは，確定申告は不要である。

●図表5-10-4　確定申告不要制度

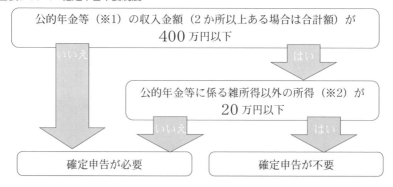

※１：公的年金とは
国民年金や厚生年金，共済組合から支給を受ける老齢年金（老齢基礎年金，老齢厚生年金，老齢共済年金），恩給（普通恩給）や過去の勤務に基づき使用者であった者から支給される年金，確定給付企業年金契約に基づいて支給を受ける年金　など
※２：公的年金等に係る雑所得以外の所得とは
生命保険や共済などの契約に基づいて支給される個人年金，給与所得，生命保険の満期返戻金　など
（資料：政府広報オンラインを一部加工）

▶ 4. 社会保険料控除

年金の保険料・掛金の取扱いについて，国民年金保険料・厚生年金保険料・国民年金基金・厚生年金基金掛金は全額が社会保険料控除となる。

なお，生計を一にする子が負担すべき保険料を親が支払った場合は，支払った人の社会保険料控除の対象となる。また，社会保険料控除額には上限額は設けられていない。

重要用語

社会保険料控除

●図表5-10-5　各年金の保険料控除一覧

年金保険料	対象となる控除
国民年金，厚生年金，国民年金基金，厚生年金基金	社会保険料控除
個人型確定拠出年金	小規模企業共済等掛金控除
確定給付企業年金	（本人拠出）生命保険料控除 ※事業主拠出は全額損金算入となる。
生命保険契約にもとづく個人年金保険の保険料	生命保険料控除

各年金保険料の対象となる控除について整理しておきましょう。

3 公的年金等にかかる税額計算の例

たとえば，65歳以上の人で令和5年中に老齢年金を年額で合計1,800,000円受給し，他に所得がなく，扶養親族はなしの場合を例とする。まず，雑所得の額は，「公的年金等の収入金額（年金支給額）－公的年金等控除額」で算出し，公的年金等控除額は速算表（図表5-10-2）をもとに算出する。

雑所得の額＝1,800,000円－1,100,000円＝700,000円

なお，課税の対象となる所得（課税所得金額）は，雑所得の額から配偶者控除および配偶者特別控除などの人的控除額や基礎控

第5編

除額，健康保険料などの社会保険料控除や，生命保険料控除など
を差し引いて算出する。

> 課税所得の金額＝雑所得の金額－（人的控除額＋基礎控除額）
> 　　　　　　　－社会保険料控除－生命保険料控除等

　したがって，社会保険料控除や生命保険料控除がない場合，課
税所得の金額は「700,000円－基礎控除480,000円＝220,000
円」となる。

　なお，生命保険料控除などの各種控除により，所得税が還付に
なる場合は確定申告が必要である。

4　未支給年金の税金

　未支給年金の請求は，死亡した受給権者の遺族が，未支給の年
金を自己の固有の権利として請求する。死亡した受給権者に係る
相続税の課税対象にはならず，遺族が受給した未支給年金は，遺
族の一時所得として一定額以上は課税対象となる。

5　退職金の税金

　退職一時金は，税法上，退職所得として課税される。課税対象
となる退職所得金額の算出方法は，退職所得控除が設けられてお
り（図表5-10-6），他の所得と分離して課税されるなど税負担
が軽く済むようになっている。具体的な税額は，図表5-10-7の
とおりである。

● 図表5-10-6　退職所得金額の算出方法（一般退職手当等の場合）

$$退職所得金額 = （退職金 - 退職所得控除額）\times \frac{1}{2}$$

● 退職所得控除額

勤続年数	退職所得控除額
20 年以下	400,000 円×勤続年数
20 年超	8,000,000 円 +700,000 円×（勤続年数 - 20 年）

（注1）　勤続年数に1年未満の端数があるときは，たとえ1日でも1年切り上げて1年として計算する。上記により計算した額が 800,000 円未満のときは 800,000 円となる。

（注2）　「特定役員退職手当等」と「短期退職手当等」に該当する場合は，上記計算式とは異なる。

● 図表5-10-7　退職金税額の算出方法

$$税額 = 退職所得の金額×税率 - 控除額$$

● 令和6年（2024 年）所得税の税額表　　　（令和6年4月現在）

課税所得金額	税率	控除額
195 万円以下	5%	0 円
195 万円超～330 万円以下	10%	97,500 円
330 万円超～695 万円以下	20%	427,500 円
695 万円超～900 万円以下	23%	636,000 円
900 万円超～1,800 万円以下	33%	1,536,000 円
1,800 万円超～4,000 万円以下	40%	2,796,000 円
4,000 万円超	45%	4,796,000 円

（注）　税法改正により，令和4年1月以後の退職手当について，短期退職手当等に係る退職所得の金額の計算が施行。

6　退職金にかかる税額計算の例

たとえば，37年6ヵ月勤務して定年退職した人が退職金 25,000,000円をもらった場合には，次のように計算する。

退職所得金額 ＝〔25,000,000円 - {8,000,000円 +700,000
　　　　　　　円×（38年 - 20年）}〕×1／2

　　　　　　＝2,200,000円

演習問題 Ⅵ
年金と税金

　A夫さん（昭和34年1月1日生まれ）は，令和5年12月31日付で35年6ヵ月間勤務した㈱〇社を退職した。退職一時金は2,000万円，令和6年の1年間に受給予定の年金見込額は次のとおりである。

・老齢厚生年金：175万円（加給年金額を含む）

・老齢基礎年金：80万円

・確定給付企業年金：120万円

　家族は，妻（昭和38年9月生まれ，パート年収およそ90万円）と2人暮らしである。

　●65歳以上の人

公的年金等の収入金額 （A）	公的年金等に係る雑所得以外の所得に係る合計所得金額（1,000万円以下の場合）の公的年金等控除額
330万円未満	110万円
330万円以上410万円未満	（A）×25％＋27.5万円
410万円以上770万円未満	（A）×15％＋68.5万円
770万円以上1,000万円未満	（A）×5％＋145.5万円
1,000万円以上	195.5万円

問題①　課税対象となる退職所得の金額

　A夫さんの退職一時金について，課税対象となる退職所得金額は次のうちどれですか。

(1)　800,000円

(2)　750,000円

(3) 400,000円

(4) 225,000円

(5) 100,000円

要点

●退職一時金は，退職所得として所得税の課税対象となる。

●課税対象となる退職所得金額（一般退職手当等）は，次の算式により計算する。

（退職一時金の額－退職所得控除額）×1／2＝退職所得金額

●退職所得控除額は，勤続20年以下のときは「40万円×勤続年数」（勤続年数が2年以下のときは80万円）で計算し，勤続年数が20年を超えるときは，「800万円＋70万円×（勤続年数－20年)」で計算する。なお，勤続年数の1年未満の端数の月は1年に切り上げて計算する。

問題② 公的年金等にかかる雑所得の金額

A夫さんが事例の年金を予定どおり受給した場合，令和6年分の公的年金等にかかる雑所得の金額として，正しいものは次のうちどれですか。

(1) 2,537,500円

(2) 2,394,000円

(3) 1,637,500円

(4) 1,346,000円

(5) 1,310,000円

要点

●老齢・退職を支給事由とする公的年金等は，雑所得として他の所得と合算して所得税の課税対象となる。公的年金等にかかる雑所得の金額は，その年中に受給した公的年金等の総収入から公的年金等控除額を差し引いた額である。

●公的年金等には，国民年金，厚生年金保険から支給される年金給付のほか，企業年金（厚生年金基金，確定給付企業年金など)，確定拠出年金，国民年金基金など

から支給される年金が含まれる。

解答

問題①

　A夫さんの課税対象となる退職所得金額は，次のように計算される。

　退職所得控除額：800万円＋70万円×（36年－20年）＝1,920万円

　課税対象となる退職所得金額：（2,000万円－1,920万円）×1／2＝40万円

答え：(3)

問題②

　A夫さんの公的年金等にかかる雑所得の金額は，次のように計算される。

　公的年金等控除額：（175万円＋80万円＋120万円）×25％＋

27.5万円＝1,212,500円

　雑所得の金額：（175万円＋80万円＋120万円）－1,212,500円＝2,537,500円

答え：(1)

資料編

（資料1）　老齢基礎年金・老齢厚生年金（第1号厚生年金被保険者）早見表 （令和6年度）

生年月日	令和6年度の年齢	必要な加入年数			老齢基礎年金		老齢厚生年金		
		厚生年金の加入期間特例	厚生年金の中高齢の特例	加入可能年数	振替加算額（年額）	定額部分の単価の乗率	報酬比例部分の乗率（平成15年4月前）	報酬比例部分の乗率（平成15年4月以降）	加給年金額（年額）
大15年4月1日以前	99歳以上				旧制度の老齢年金または通算老齢年金が支給される。				
大15年4月2日～昭 2年4月1日	98歳	20年	15年	25年	234,100円	1.875	1000分の9.500	1000分の7.308	234,800円
昭 2年4月2日～昭 3年4月1日	97歳	〃	〃	26年	227,779円	1.817	9.367	7.205	〃
昭 3年4月2日～昭 4年4月1日	96歳	〃	〃	27年	221,693円	1.761	9.234	7.103	〃
昭 4年4月2日～昭 5年4月1日	95歳	〃	〃	28年	215,372円	1.707	9.101	7.001	〃
昭 5年4月2日～昭 6年4月1日	94歳	〃	〃	29年	209,051円	1.654	8.968	6.898	〃
昭 6年4月2日～昭 7年4月1日	93歳	〃	〃	30年	202,965円	1.603	8.845	6.804	〃
昭 7年4月2日～昭 8年4月1日	92歳	〃	〃	31年	196,644円	1.553	8.712	6.702	〃
昭 8年4月2日～昭 9年4月1日	91歳	〃	〃	32年	190,323円	1.505	8.588	6.606	〃
昭 9年4月2日～昭10年4月1日	90歳	〃	〃	33年	184,237円	1.458	8.465	6.512	269,500円
昭10年4月2日～昭11年4月1日	89歳	〃	〃	34年	177,916円	1.413	8.351	6.424	〃
昭11年4月2日～昭12年4月1日	88歳	〃	〃	35年	171,595円	1.369	8.227	6.328	〃
昭12年4月2日～昭13年4月1日	87歳	〃	〃	36年	165,509円	1.327	8.113	6.241	〃
昭13年4月2日～昭14年4月1日	86歳	〃	〃	37年	159,188円	1.286	7.990	6.146	〃
昭14年4月2日～昭15年4月1日	85歳	〃	〃	38年	152,867円	1.246	7.876	6.058	〃
昭15年4月2日～昭16年4月1日	84歳	〃	〃	39年	146,781円	1.208	7.771	5.978	304,100円
昭16年4月2日～昭17年4月1日	83歳	〃	〃	40年	140,460円	1.170	7.657	5.890	338,800円
昭17年4月2日～昭18年4月1日	82歳	〃	〃	〃	134,139円	1.134	7.543	5.802	373,400円
昭18年4月2日～昭19年4月1日	81歳	〃	〃	〃	128,053円	1.099	7.439	5.722	408,100円
昭19年4月2日～昭20年4月1日	80歳	〃	〃	〃	121,732円	1.065	7.334	5.642	〃
昭20年4月2日～昭21年4月1日	79歳	〃	〃	〃	115,411円	1.032	7.230	5.562	〃
昭21年4月2日～昭22年4月1日	78歳	〃	〃	〃	109,325円	1.000	7.125	5.481	〃
昭22年4月2日～昭23年4月1日	77歳	〃	16年	〃	103,004円	〃	〃	〃	〃
昭23年4月2日～昭24年4月1日	76歳	〃	17年	〃	96,683円	〃	〃	〃	〃
昭24年4月2日～昭25年4月1日	75歳	〃	18年	〃	90,597円	〃	〃	〃	〃
昭25年4月2日～昭26年4月1日	74歳	〃	19年	〃	84,276円	〃	〃	〃	〃
昭26年4月2日～昭27年4月1日	73歳	〃	—	〃	77,955円	〃	〃	〃	〃
昭27年4月2日～昭28年4月1日	72歳	21年	—	〃	71,869円	〃	〃	〃	〃
昭28年4月2日～昭29年4月1日	71歳	22年	—	〃	65,548円	〃	〃	〃	〃
昭29年4月2日～昭30年4月1日	70歳	23年	—	〃	59,227円	〃	〃	〃	〃
昭30年4月2日～昭31年4月1日	69歳	24年	—	〃	53,141円	〃	〃	〃	〃
昭31年4月2日～昭32年4月1日	68歳	25年	—	〃	46,960円	〃	〃	〃	〃
昭32年4月2日～昭33年4月1日	67歳	〃	—	〃	40,620円	〃	〃	〃	〃
昭33年4月2日～昭34年4月1日	66歳	〃	—	〃	34,516円	〃	〃	〃	〃
昭34年4月2日～昭35年4月1日	65歳	〃	—	〃	28,176円	〃	〃	〃	〃
昭35年4月2日～昭36年4月1日	64歳	〃	—	〃	21,836円	〃	〃	〃	〃
昭36年4月2日～昭37年4月1日	63歳	〃	—	〃	15,732円	〃	〃	〃	〃
昭37年4月2日～昭38年4月1日	62歳	〃	—	〃	—	〃	〃	〃	〃
昭38年4月2日～昭39年4月1日	61歳	〃	—	〃	—	〃	〃	〃	〃
昭39年4月2日～昭40年4月1日	60歳	〃	—	〃	—	〃	〃	〃	〃
昭40年4月2日～昭41年4月1日	59歳	〃	—	〃	—	〃	〃	〃	〃
昭41年4月2日以後	58歳以下	〃	—	〃	—	〃	〃	〃	〃

（注）　1．報酬比例部分の乗率は，5％適正化後の新乗率。
　　　　2．令和6年度の年齢は誕生日以後の満年齢。誕生日前の人は1歳を減じる。

(資料2)　令和6年度の厚生年金保険(第1号厚生年金被保険者)の再評価率表

被保険者期間	生年月日に応じた新再評価率										旧再評価率
	昭5.4.1以前	昭5.4.2～6.4.1	昭6.4.2～7.4.1	昭7.4.2～8.4.1	昭8.4.2～10.4.1	昭10.4.2～11.4.1	昭11.4.2～12.4.1	昭12.4.2～13.4.1	昭13.4.2～31.4.1	昭31.4.2以後	
昭32.10～ 昭33.3	14.563	14.711	15.025	15.102	15.102	15.165	15.273	15.400	15.414	15.459	13.960
昭33.4 ～ 昭34.3	14.250	14.392	14.705	14.776	14.776	14.837	14.946	15.068	15.081	15.126	13.660
昭34.4 ～ 昭35.4	14.052	14.192	14.497	14.572	14.572	14.634	14.738	14.858	14.874	14.918	13.470
昭35.5 ～ 昭36.3	11.622	11.739	11.989	12.052	12.052	12.100	12.186	12.289	12.300	12.337	11.140
昭36.4 ～ 昭37.3	10.746	10.853	11.084	11.142	11.142	11.188	11.271	11.360	11.373	11.407	10.300
昭37.4 ～ 昭38.3	9.701	9.801	10.009	10.060	10.060	10.102	10.177	10.259	10.270	10.301	9.300
昭38.4 ～ 昭39.3	8.910	8.994	9.195	9.239	9.239	9.277	9.345	9.421	9.429	9.457	8.540
昭39.4 ～ 昭40.4	8.188	8.270	8.451	8.491	8.491	8.526	8.589	8.659	8.668	8.694	7.850
昭40.5 ～ 昭41.3	7.166	7.237	7.395	7.431	7.431	7.461	7.515	7.579	7.584	7.606	6.870
昭41.4 ～ 昭42.3	6.584	6.649	6.789	6.826	6.826	6.853	6.903	6.960	6.966	6.987	6.310
昭42.4 ～ 昭43.3	6.403	6.470	6.611	6.645	6.645	6.670	6.719	6.772	6.777	6.797	6.140
昭43.4 ～昭44.10	5.665	5.723	5.843	5.875	5.875	5.898	5.940	5.989	5.996	6.013	5.430
昭44.11～昭46.10	4.329	4.373	4.467	4.490	4.490	4.510	4.541	4.578	4.582	4.596	4.150
昭46.11～48.10	3.755	3.793	3.874	3.894	3.894	3.911	3.941	3.972	3.976	3.988	3.600
昭48.11～ 昭50.3	2.753	2.779	2.842	2.856	2.856	2.867	2.889	2.915	2.918	2.926	2.640
昭50.4 ～ 昭51.7	2.347	2.370	2.424	2.435	2.435	2.445	2.465	2.481	2.483	2.490	2.250
昭51.8 ～ 昭53.3	1.940	1.961	2.003	2.013	2.013	2.021	2.034	2.051	2.053	2.059	1.860
昭53.4 ～ 昭54.3	1.783	1.802	1.840	1.851	1.851	1.859	1.872	1.887	1.888	1.894	1.710
昭54.4 ～ 昭55.9	1.690	1.707	1.742	1.751	1.751	1.758	1.771	1.786	1.788	1.794	1.620
昭55.10～ 昭57.3	1.523	1.538	1.572	1.580	1.580	1.586	1.596	1.608	1.610	1.615	1.460
昭57.4 ～ 昭58.3	1.448	1.466	1.497	1.505	1.505	1.511	1.521	1.533	1.534	1.538	1.390
昭58.4 ～ 昭59.3	1.400	1.414	1.442	1.448	1.448	1.455	1.467	1.480	1.481	1.485	1.340
昭59.4 ～ 昭60.9	1.346	1.361	1.389	1.396	1.396	1.403	1.413	1.424	1.424	1.429	1.290
昭60.10～ 昭62.3	1.273	1.284	1.313	1.319	1.319	1.325	1.335	1.346	1.347	1.352	1.220
昭62.4 ～ 昭63.3	1.241	1.254	1.280	1.286	1.286	1.291	1.300	1.311	1.313	1.317	1.190
昭63.4 ～平元.11	1.210	1.221	1.249	1.255	1.255	1.260	1.269	1.279	1.280	1.284	1.160
平元.12～ 平3.3	1.138	1.148	1.173	1.178	1.178	1.183	1.192	1.202	1.203	1.206	1.090
平3.4 ～ 平4.3	1.085	1.097	1.120	1.126	1.126	1.131	1.139	1.147	1.148	1.151	1.040
平4.4 ～ 平5.3	1.054	1.064	1.087	1.093	1.093	1.098	1.107	1.115	1.116	1.119	1.010
平5.4 ～ 平6.3	1.033	1.043	1.065	1.071	1.071	1.076	1.083	1.092	1.093	1.096	0.990
平6.4 ～ 平7.3	1.025	1.025	1.045	1.051	1.051	1.055	1.062	1.071	1.071	1.075	0.990
平7.4 ～ 平8.3	1.024	1.024	1.024	1.029	1.029	1.033	1.040	1.049	1.050	1.053	0.990
平8.4 ～ 平9.3	1.020	1.020	1.020	1.015	1.015	1.020	1.028	1.036	1.037	1.040	0.990
平9.4 ～平10.3	0.998	0.998	0.998	0.998	1.001	1.005	1.013	1.023	1.024	1.027	0.990
平10.4～平11.3	0.992	0.992	0.992	0.992	0.992	0.996	1.001	1.010	1.011	1.014	0.990
平11.4～平12.3	0.995	0.995	0.995	0.995	0.995	0.995	1.000	1.009	1.010	1.013	0.990
平12.4～平13.3	1.000	1.000	1.000	1.000	1.000	1.000	1.000	1.009	1.010	1.013	0.917
平13.4～平14.3	1.007	1.007	1.007	1.007	1.007	1.007	1.007	1.007	1.009	1.012	0.917
平14.4～平15.3	1.017	1.017	1.017	1.017	1.017	1.017	1.017	1.017	1.015	1.018	0.917
平15.4～平16.3	1.022	1.022	1.022	1.022	1.022	1.022	1.022	1.022	1.018	1.021	0.917
平16.4～平17.3	1.023	1.023	1.023	1.023	1.023	1.023	1.023	1.023	1.020	1.022	0.917
平17.4～平18.3	1.024	1.024	1.024	1.024	1.024	1.024	1.024	1.024	1.022	1.024	0.923
平18.4～平19.3	1.024	1.024	1.024	1.024	1.024	1.024	1.024	1.024	1.022	1.024	0.926
平19.4～平20.3	1.022	1.022	1.022	1.022	1.022	1.022	1.022	1.022	1.018	1.021	0.924
平20.4～平21.3	1.003	1.003	1.003	1.003	1.003	1.003	1.003	1.003	1.001	1.004	0.924
平21.4～平22.3	1.016	1.016	1.016	1.016	1.016	1.016	1.016	1.016	1.014	1.017	0.914
平22.4～平23.3	1.023	1.023	1.023	1.023	1.023	1.023	1.023	1.023	1.020	1.022	0.927
平23.4～平24.3	1.025	1.025	1.025	1.025	1.025	1.025	1.025	1.025	1.023	1.025	0.934
平24.4～平25.3	1.026	1.026	1.026	1.026	1.026	1.026	1.026	1.026	1.024	1.027	0.937
平25.4～平26.3	1.028	1.028	1.028	1.028	1.028	1.028	1.028	1.028	1.026	1.029	0.937
平26.4～平27.3	0.998	0.998	0.998	0.998	0.998	0.998	0.998	0.998	0.996	0.999	0.932
平27.4～平28.3	0.993	0.993	0.993	0.993	0.993	0.993	0.993	0.993	0.991	0.994	0.909
平28.4～平29.3	0.996	0.996	0.996	0.996	0.996	0.996	0.996	0.996	0.994	0.997	0.909
平29.4～平30.3	0.992	0.992	0.992	0.992	0.992	0.992	0.992	0.992	0.990	0.993	0.910
平30.4～平31.3	0.983	0.983	0.983	0.983	0.983	0.983	0.983	0.983	0.981	0.984	0.910
平31.4～令2.3	0.980	0.980	0.980	0.980	0.980	0.980	0.980	0.980	0.978	0.981	0.903
令2.4～令3.3	0.980	0.980	0.980	0.980	0.980	0.980	0.980	0.980	0.978	0.978	0.899
令3.4～令4.3	0.983	0.983	0.983	0.983	0.983	0.983	0.983	0.983	0.981	0.981	0.900
令4.4～令5.3	0.958	0.958	0.958	0.958	0.958	0.958	0.958	0.958	0.956	0.956	0.904
令5.4～令6.3	0.928	0.928	0.928	0.928	0.928	0.928	0.928	0.928	0.926	0.926	0.879
令6.4～令7.3	0.928	0.928	0.928	0.928	0.928	0.928	0.928	0.928	0.926	0.926	0.853

（資料3）　年齢早見表

| 生年 | | 年齢 | | | 到達年 | | |
邦暦	西暦	令和6年	昭和36年	昭和61年	20歳	60歳	65歳
大元	1912	112歳	49歳	74歳	昭7	昭47	昭52
2	1913	111	48	73	8	48	53
3	1914	110	47	72	9	49	54
4	1915	109	46	71	10	50	55
5	1916	108	45	70	11	51	56
6	1917	107	44	69	12	52	57
7	1918	106	43	68	13	53	58
8	1919	105	42	67	14	54	59
9	1920	104	41	66	15	55	60
10	1921	103	40	65	16	56	61
11	1922	102	39	64	17	57	62
12	1923	101	38	63	18	58	63
13	1924	100	37	62	19	59	平元
14	1925	99	36	61	20	60	2
昭元	1926	98	35	60	21	61	3
2	1927	97	34	59	22	62	4
3	1928	96	33	58	23	63	5
4	1929	95	32	57	24	平元	6
5	1930	94	31	56	25	2	7
6	1931	93	30	55	26	3	8
7	1932	92	29	54	27	4	9
8	1933	91	28	53	28	5	10
9	1934	90	27	52	29	6	11
10	1935	89	26	51	30	7	12
11	1936	88	25	50	31	8	13
12	1937	87	24	49	32	9	14
13	1938	86	23	48	33	10	15
14	1939	85	22	47	34	11	16
15	1940	84	21	46	35	12	17
16	1941	83	20	45	36	13	18
17	1942	82		44	37	14	19
18	1943	81		43	38	15	20
19	1944	80		42	39	16	21
20	1945	79		41	40	17	22
21	1946	78		40	41	18	23
22	1947	77		39	42	19	24
23	1948	76		38	43	20	25
24	1949	75		37	44	21	26
25	1950	74		36	45	22	27
26	1951	73		35	46	23	28
27	1952	72		34	47	24	29
28	1953	71		33	48	25	30
29	1954	70		32	49	26	令和元
30	1955	69		31	50	27	2
31	1956	68		30	51	28	3
32	1957	67		29	52	29	4
33	1958	66		28	53	30	5
34	1959	65		27	54	令和元	6
35	1960	64		26	55	2	7
36	1961	63		25	56	3	8
37	1962	62		24	57	4	9
38	1963	61		23	58	5	10
39	1964	60		22	59	6	11

| 生年 | | 年齢 | | 到達年 | | |
邦暦	西暦	令和6年	昭和61年	20歳	60歳	65歳
昭40	1965	59歳	21歳	昭60	令7	令12
41	1966	58	20	61	8	13
42	1967	57		62	9	14
43	1968	56		63	10	15
44	1969	55		平元	11	16
45	1970	54		2	12	17
46	1971	53		3	13	18
47	1972	52		4	14	19
48	1973	51		5	15	20
49	1974	50		6	16	21
50	1975	49		7	17	22
51	1976	48		8	18	23
52	1977	47		9	19	24
53	1978	46		10	20	25
54	1979	45		11		
55	1980	44		12		
56	1981	43		13		
57	1982	42		14		
58	1983	41		15		
59	1984	40		16		
60	1985	39		17		
61	1986	38		18		
62	1987	37		19		
63	1988	36		20		
平元	1989	35		21		
2	1990	34		22		
3	1991	33		23		
4	1992	32		24		
5	1993	31		25		
6	1994	30		26		
7	1995	29		27		
8	1996	28		28		
9	1997	27		29		
10	1998	26		30		
11	1999	25		令和元		
12	2000	24		2		
13	2001	23		3		
14	2002	22		4		
15	2003	21		5		
16	2004	20		6		
17	2005	19				
18	2006	18				
19	2007	17				
20	2008	16				
21	2009	15				
22	2010	14				
23	2011	13				
24	2012	12				
25	2013	11				
26	2014	10				
27	2015	9				
28	2016	8				
29	2017	7				
30	2018	6				
令和元	2019	5				
2	2020	4				
3	2021	3				
4	2022	2				

（注）　年齢は誕生日以降の満年齢。

（資料4）　一般の第1号厚生年金被保険者（厚生年金基金加入員以外）の保険料額表

厚生年金保険料率：平成29年9月以降は18.30%で固定

（単位：円）

標準報酬			報酬月額 円以上　円未満	保険料（被保険者負担分）
等級	月額	日額		平成29年9月〜
1	88,000	2,930	〜93,000	8,052
2	98,000	3,270	93,000〜101,000	8,967
3	104,000	3,470	101,000〜107,000	9,516
4	110,000	3,670	107,000〜114,000	10,065
5	118,000	3,930	114,000〜122,000	10,797
6	126,000	4,200	122,000〜130,000	11,529
7	134,000	4,470	130,000〜138,000	12,261
8	142,000	4,730	138,000〜146,000	12,993
9	150,000	5,000	146,000〜155,000	13,725
10	160,000	5,330	155,000〜165,000	14,640
11	170,000	5,670	165,000〜175,000	15,555
12	180,000	6,000	175,000〜185,000	16,470
13	190,000	6,330	185,000〜195,000	17,385
14	200,000	6,670	195,000〜210,000	18,300
15	220,000	7,330	210,000〜230,000	20,130
16	240,000	8,000	230,000〜250,000	21,960
17	260,000	8,670	250,000〜270,000	23,790
18	280,000	9,330	270,000〜290,000	25,620
19	300,000	10,000	290,000〜310,000	27,450
20	320,000	10,670	310,000〜330,000	29,280
21	340,000	11,330	330,000〜350,000	31,110
22	360,000	12,000	350,000〜370,000	32,940
23	380,000	12,670	370,000〜395,000	34,770
24	410,000	13,670	395,000〜425,000	37,515
25	440,000	14,670	425,000〜455,000	40,260
26	470,000	15,670	455,000〜485,000	43,005
27	500,000	16,670	485,000〜515,000	45,750
28	530,000	17,670	515,000〜545,000	48,495
29	560,000	18,670	545,000〜575,000	51,240
30	590,000	19,670	575,000〜605,000	53,985
31	620,000	20,670	605,000〜635,000	56,730
32	650,000	21,670	635,000〜	59,475

資料編

309

(資料5) 厚生年金保険(第1号厚生年金被保険者)の標準報酬月額の推移 （単位：円）

期間 等級	昭29.5 〜 昭35.4	35.5 〜 40.4	40.5 〜 44.10	44.11 〜 46.10	46.11 〜 48.10	48.11 〜 51.7	51.8 〜 55.9	55.10 〜 60.9	60.10 〜 平元.11	平元.12 〜 6.10	6.11 〜 12.9	12.10 〜 28.9	28.10 〜 令2.8	令2.9 〜
1	3,000	3,000	7,000	10,000	10,000	20,000	30,000	45,000	68,000	80,000	92,000	98,000	88,000	
2	4,000	4,000	8,000	12,000	12,000	22,000	33,000	48,000	72,000	86,000	98,000	104,000	98,000	
3	5,000	5,000	9,000	14,000	14,000	24,000	36,000	52,000	76,000	92,000	104,000	110,000	104,000	〃
4	6,000	6,000	10,000	16,000	16,000	26,000	39,000	56,000	80,000	98,000	110,000	118,000	110,000	
5	7,000	7,000	12,000	18,000	18,000	28,000	42,000	60,000	86,000	104,000	118,000	126,000	118,000	
6	8,000	8,000	14,000	20,000	20,000	30,000	45,000	64,000	92,000	110,000	126,000	134,000	126,000	
7	9,000	9,000	16,000	22,000	22,000	33,000	48,000	68,000	98,000	118,000	134,000	142,000	134,000	
8	10,000	10,000	18,000	24,000	24,000	36,000	52,000	72,000	104,000	126,000	142,000	150,000	142,000	〃
9	12,000	12,000	20,000	26,000	26,000	39,000	56,000	76,000	110,000	134,000	150,000	160,000	150,000	
10	14,000	14,000	22,000	28,000	28,000	42,000	60,000	80,000	118,000	142,000	160,000	170,000	160,000	
11	16,000	16,000	24,000	30,000	30,000	45,000	64,000	86,000	126,000	150,000	170,000	180,000	170,000	
12	18,000	18,000	26,000	33,000	33,000	48,000	68,000	92,000	134,000	160,000	180,000	190,000	180,000	
13		20,000	28,000	36,000	36,000	52,000	72,000	98,000	142,000	170,000	190,000	200,000	190,000	〃
14		22,000	30,000	39,000	39,000	56,000	76,000	104,000	150,000	180,000	200,000	220,000	200,000	
15		24,000	33,000	42,000	42,000	60,000	80,000	110,000	160,000	190,000	220,000	240,000	220,000	
16		26,000	36,000	45,000	45,000	64,000	86,000	118,000	170,000	200,000	240,000	260,000	240,000	
17		28,000	39,000	48,000	48,000	68,000	92,000	126,000	180,000	220,000	260,000	280,000	260,000	
18		30,000	42,000	52,000	52,000	72,000	98,000	134,000	190,000	240,000	280,000	300,000	280,000	〃
19		33,000	45,000	56,000	56,000	76,000	104,000	142,000	200,000	260,000	300,000	320,000	300,000	
20		36,000	48,000	60,000	60,000	80,000	110,000	150,000	220,000	280,000	320,000	340,000	320,000	
21			52,000	64,000	64,000	86,000	118,000	160,000	240,000	300,000	340,000	360,000	340,000	
22			56,000	68,000	68,000	92,000	126,000	170,000	260,000	320,000	360,000	380,000	360,000	
23			60,000	72,000	72,000	98,000	134,000	180,000	280,000	340,000	380,000	410,000	380,000	〃
24				76,000	76,000	104,000	142,000	190,000	300,000	360,000	410,000	440,000	410,000	
25				80,000	80,000	110,000	150,000	200,000	320,000	380,000	440,000	470,000	440,000	
26				86,000	86,000	118,000	160,000	220,000	340,000	410,000	470,000	500,000	470,000	
27				92,000	92,000	126,000	170,000	240,000	360,000	440,000	500,000	530,000	500,000	
28				100,000	98,000	134,000	180,000	260,000	380,000	470,000	530,000	560,000	530,000	〃
29					104,000	142,000	190,000	280,000	410,000	500,000	560,000	590,000	560,000	
30					110,000	150,000	200,000	300,000	440,000	530,000	590,000	620,000	590,000	
31					118,000	160,000	220,000	320,000	470,000				620,000	620,000
32					126,000	170,000	240,000	340,000						650,000
33					134,000	180,000	260,000	360,000						
34						190,000	280,000	380,000						
35						200,000	300,000	410,000						
36							320,000							

（資料6）国民年金・厚生年金保険（第1号厚生年金被保険者）受給権者の主要手続一覧

請求または届出を必要とする場合	厚生年金保険				国民年金			
	届書などの名称	届書に添付する書類	提出期限	提出先	届書などの名称	届書に添付する書類	提出期限	提出先
引き続いて年金を受けようとするとき（誕生月がきたときなど）	年金受給権者現況届（*1）	障害年金の場合は障害年金診断書	毎年誕生月の末日	日本年金機構	年金受給権者現況届（*1）	障害年金の場合は障害年金診断書	毎年誕生月の末日。	日本年金機構
年金を受けている人の住所が変わったとき	年金受給権者住所変更届（*2）	なし	10日以内	最寄りの年金事務所	年金受給権者住所変更届（*2）	なし	14日以内	最寄りの年金事務所
年金を受けている人の受取機関が変わったとき	年金受給権者受取機関変更届	金融機関の証明または預貯金通帳等の写し	そのつど	最寄りの年金事務所	年金受給権者受取機関変更届	金融機関の証明または預貯金通帳等の写し	そのつど	最寄りの年金事務所
年金証書をよごしたりなくしたりしたとき	年金証書再交付申請書	き損の場合はその年金証書	そのつど	最寄りの年金事務所	年金証書再交付申請書	き損の場合はその年金証書	そのつど	最寄りの年金事務所
氏名を変えたとき	年金受給権者氏名変更届（*3）	年金証書、届書に市区町村長の証明	10日以内	最寄りの年金事務所	年金受給権者氏名変更届	年金証書、届書に市区町村長の証明	14日以内	同上。ただし、旧制度の年金は、住所地の市区役所、町村役場
未支給年金を受けようとするとき	未支給年金・保険給付請求書	年金証書、死亡を証する書類、戸籍謄本・生計同一の証明	すみやかに	最寄りの年金事務所	未支給年金請求書	年金証書、死亡を証する書類、戸籍謄本・生計同一の証明	すみやかに	最寄りの年金事務所
2つ以上の年金を受ける権利を得たとき	年金受給選択申出書	戸籍抄本など	すみやかに	最寄りの年金事務所	年金受給選択申出書	戸籍抄本など	すみやかに	最寄りの年金事務所
年金を受けている人が死亡したとき	年金受給権者死亡届（報告書）（*2）	年金証書、死亡を証する書類	10日以内	最寄りの年金事務所	年金受給権者死亡届（報告書）（*2）	年金証書、死亡を証する書類	14日以内	最寄りの年金事務所

＊1　年金受給権者現況届は、住基ネットワーク活用により現況確認できる人は不要。平成29年1月から、マイナンバー（個人番号）を記載した届出を提出すると、その後は、現況届や住所変更届などの提出が不要。
＊2　平成23年7月より受給権者の住所変更届・死亡届は、年金事務所への届出は原則として不要。平成30年3月より、国民年金第1号被保険者および第3号被保険者はマイナンバー（個人番号）と基礎年金番号が紐付いている人は届出不要。
＊3　平成30年3月より、被保険者・受給権者の氏名変更届はマイナンバー（個人番号）と基礎年金番号が紐付いている人は届出不要。

📖 重要用語索引

＜執筆協力＞

山本礼子（社会保険労務士，年金特別アドバイザー）

┌───┐
☆　**本書の内容等に関する追加情報および訂正等について**　☆

本書の内容等につき発行後に追加情報のお知らせおよび誤記の訂正
等の必要が生じた場合には，当社ホームページに掲載いたします。

（ホームページ 書籍・DVD・定期刊行誌 メニュー下部の 追補・正誤表 ）
└───┘

銀行業務検定試験　公式テキスト

年金アドバイザー3級　2024年度受験用

2024 年 7 月 29 日　第 1 刷発行	編　者　経済法令研究会
	発行者　髙　橋　春　久
	発行所　㈱経済法令研究会
	〒 162-8421　東京都新宿区市谷本村町 3-21
	電話 代表 03-3267-4811 制作 03-3267-4897
	https : //www.khk.co.jp/

営業所／東京 03(3267)4812　大阪 06(6261)2911　名古屋 052(332)3511　福岡 092(411)0805

制作／経法ビジネス出版㈱・佐々木健志　印刷／あづま堂印刷㈱　製本／㈱ブックアート

© Keizai-hourei Kenkyukai 2024　　　　　　　　　ISBN978-4-7668-4456-6
定価は表紙に表示してあります。無断複製・転用等を禁じます。　落丁・乱丁本はお取替えします。